UTB **2630**

W0041418

Eine Arbeitsgemeinschaft der Verlage

Beltz Verlag Weinheim · Basel
Böhlau Verlag Köln · Weimar · Wien
Wilhelm Fink Verlag München
A. Francke Verlag Tübingen · Basel
Haupt Verlag Bern · Stuttgart · Wien
Lucius & Lucius Verlagsgesellschaft Stuttgart
Mohr Siebeck Tübingen
C. F. Müller Verlag Heidelberg
Ernst Reinhardt Verlag München · Basel
Ferdinand Schöningh Verlag Paderborn · München · Wien · Zürich
Eugen Ulmer Verlag Stuttgart
UVK Verlagsgesellschaft Konstanz
Vandenhoeck & Ruprecht Göttingen
Verlag Recht und Wirtschaft Frankfurt am Main
VS Verlag für Sozialwissenschaften Wiesbaden
WUV Facultas Wien

Jussi Baade / Holger Gertel / Antje Schlottmann

Wissenschaftlich arbeiten
Ein Leitfaden für Studierende der Geographie

Haupt Verlag
Bern Stuttgart Wien

Die Autoren

Jussi Baade, Dr., ist Hochschuldozent an der Friedrich-Schiller-Universität
Jena. Er hat an der Universität Heidelberg Geographie (Diplom) mit den
Nebenfächern Geologie und Politische Wissenschaften studiert und dort auch
promoviert. Seit 1993 ist er am Institut für Geographie der Universität Jena
am Lehrstuhl für Physische Geographie tätig.

Holger Gertel, M.A., war von 1999 bis 2004 wissenschaftlicher Mitarbeiter
am Lehrstuhl für Sozialgeographie an der Friedrich-Schiller-Universität
Jena. Er hat an der Universität Freiburg und an der University of London
Geographie mit den Nebenfächern Soziologie und Wirtschaftspolitik studiert.
Er promoviert an der Universität Jena zum Thema »Globalisierung, Jugend
und Identität«.

Antje Schlottmann, Dr. M.A., ist wissenschaftliche Assistentin an der
Friedrich-Schiller-Universität Jena. Sie hat an der Universität Freiburg
Geographie (Magister) mit den Nebenfächern Geologie und Ur- und
Frühgeschichte studiert und an der Universität Jena promoviert. Dort ist sie
seit 1998 am Lehrstuhl für Sozialgeographie tätig.

Bibliographische Information der Deutschen Bibliothek

Die Deutsche Bibliothek verzeichnet diese Publikation in der Deutschen
Nationalbibliographie; detaillierte bibliographische Daten sind im Internet über
<http://dnb.ddb.de> abrufbar.

ISBN 3-8252-2630-1

Umschlagfoto: Jussi Baade mit frdl. Genehmigung der Thüringer Universitäts- und
Landesbibliothek Jena.
Satz: Die Werkstatt, Göttingen

Alle Rechte vorbehalten
Copyright © 2005 by Haupt Berne
Jede Art der Vervielfältigung ohne Genehmigung des Verlages ist unzulässig
Printed in Germany

www.haupt.ch

Inhaltsübersicht

Inhaltverzeichnis

5 Wissenschaftlich präsentieren

Abbildungen

Tabellen

Vorwort

Wer heute an einer Universität studieren will, soll dies schnell tun und effizient. Für interdisziplinäre Seitensprünge und allgemeine Weiterbildung, das »Studium Generale«, bleibt kaum Zeit, insbesondere dann nicht, wenn Studierende auf staatliche Förderung angewiesen sind. Durch eine fortgeschrittene fachdisziplinäre Aufspaltung ist das universitäre Studium heutzutage weitgehend spezialisiert und hat mit einer »universalen« Ausbildung im klassischen Sinne nur noch wenig zu tun.

Umso mühsamer wird es da für die »hochschulreifen« Schulabgänger, sich neben neuartigen Modullogiken und einer inhaltlichen Stofffülle auch noch ein Verständnis von Wissenschaftlichkeit und die Grundlagen des wissenschaftlichen Arbeitens anzueignen. In den meisten Studiengängen wird heute keine Semesterwochenstunde für eine entsprechende Unterweisung hergegeben. Studierende, wenn sie die erwarteten Fähigkeiten nicht mitbringen, werden stillschweigend zum *learning by doing* angehalten.

Dieser Anspruch kann jedoch gerade in den ersten Semestern überfordern. Denn zu verstehen, was eine wissenschaftliche Abhandlung von einem Aufsatz unterscheidet, zu begreifen, was mit der Teilnahme am wissenschaftlichen Diskurs an Literatur- und Textarbeit anfällt, einen eigenen wissenschaftlichen (Schreib-)Stil zu entwickeln und zu lernen, wie man sich und seine Ergebnisse effektvoll und noch dazu formal korrekt präsentiert, das alles vollzieht sich nicht im Moment der Einschreibung an einer Universität, sondern ist ein Lernprozess, der hinweisende Hilfestellung erfordert. In der Praxis wird jedoch nur allzu oft den Studierenden zugemutet, die Vorgaben einzelner Abteilungen oder gar Dozierender auf eigene Faust »auszukundschaften« – wobei sie nicht selten in ein unüberschaubares, doktrinäres Dickicht »einzig richtiger« Methoden und Systeme geraten.

In einem so heterogenen Studiengang wie dem der Geographie, der natur- und gesellschaftswissenschaftliche Sicht- und Herangehensweisen unter einem Institutsdach vereint, ist die Gefahr studentischer Rat- und Orientierungslosigkeit besonders hoch. Was sich von außen als Einheit darstellt, zerfällt in höchst unterschiedliche wissenschaftstheoretische Auffassungen und Herangehensweisen, und es steht zu befürchten, dass neben den fachlichen auch die formalen disziplininternen Differenzen dringend benötigte integrative Lehrveranstaltungen eher verhindern als fördern.

Diesen Schwierigkeiten entgegenzuwirken ist das Anliegen des vorliegenden
Leitfadens. In der Phase seiner Entstehung hatten wir zwei wesentliche Ziele im
Blick: Wir wollten, *erstens,* den Studierenden eine grundlegende Einführung in
die Theorie, Methodik und die Arbeitstechniken der Geographie und eine verlässliche Orientierungshilfe beim selbständigen wissenschaftlichen Arbeiten in
die Hand geben, *zweitens* den Lehrenden der Geographie eine Referenz bieten,
die es erlaubt, fach- und institutsinterne Anforderungen zu vereinheitlichen
und zudem – ohne zeitlichen Mehraufwand – auch die Qualität der Lehre zu
steigern. In Seminaren, die wesentlich von studentischen Referaten und Hausarbeiten leben, bleibt bei wachsender Teilnehmerzahl ja oft kaum Zeit, angemessen auf inhaltliche *und* formale Fragen einzugehen. Ein verlässlicher Leitfaden, so unsere Idee, würde zu einer erheblichen Entlastung zu Gunsten der
Lehrinhalte führen.

Im Sinne eines integrativen Konzepts ist das Buch ein Produkt der Zusammenarbeit von Vertretern der Physischen Geographie und der Humangeographie
und vermittelt formale Richtlinien, entlang denen natur- *und* humanwissen-
schaftlich gearbeitet werden kann – wobei wir freilich auf die Darstellung spe-
zifischer Besonderheiten und Gepflogenheiten nicht verzichtet haben. Anhand
von Beispielen aus beiden Teilbereichen der Geographie werden dabei zwar
sehr konkrete Vorlagen gegeben, der Schwerpunkt liegt aber auf der Vermittlung der allgemein gültigen Prinzipien von Prägnanz, Stringenz, Adäquanz und
Konsistenz. Entsprechend soll das Buch auch nicht zur Passivität im Umgang
mit den Regeln und Standards wissenschaftlichen Arbeitens verleiten, sondern
auch »Hilfe zur Selbsthilfe« sein.

In dieser Form haben sich diverse Vorläuferversionen dieses Leitfadens bereits seit einigen Jahren in der universitären Lehrpraxis bewährt – und dabei,
nicht zuletzt infolge vieler Rückmeldungen der »Zielgruppe«, einen langen
Prozess der Erweiterung, Erneuerung und Umgestaltung durchlaufen. Diesen
Prozess der Optimierung fortzuführen ist uns ein großes Anliegen, das maßgeblich der Mithilfe der zukünftigen Anwender bedarf. Jede Kritik und jeder
Kommentar ist wertvoll und willkommen!

Unser Dank gilt allen an der bisherigen Entwicklung Beteiligten, insbe-
sondere aber Karsten Gäbler, der als studentische Hilfskraft wesentlich an der
Ausgestaltung mitwirkte. Rosemarie Mendler danken wir für die kompetente
Umsetzung unserer Abbildungsentwürfe.

Jena im Januar 2005

Antje Schlottmann, Holger Gertel und Jussi Baade

1 Einleitung

Ein Studium an einer Universität oder Hochschule setzt sich aus verschiedenen Lehr- und Lernformen zusammen. Neben dem Besuch von Vorlesungen und Seminaren, dem so genannten Kontaktstudium, ist ein zentraler Teil das »Selbststudium«, in dem vom Studierenden eigenständiges wissenschaftliches Arbeiten gefordert wird, das nicht nur inhaltlich korrekt ist, sondern auch den geltenden formalen Standards entspricht.

»Ist das nicht etwas zu viel verlangt?«, mag da manch ein Hochschulneuling denken. Denn schon die Frage »Was ist Wissenschaft?« gehört nicht zum Standardprogramm schulischer Ausbildung. Bei der ersten Hausarbeit bereits wissenschaftlichen Standards gerecht zu werden erscheint da schnell als dramatische Herausforderung. Und Studierende der Geographie, an die sich dieses Buch vorrangig richtet, sollen und wollen sich ja auch noch diverse Inhalte ihres vielgestaltigen Faches erschließen.

Mit dem vorliegenden Leitfaden – richtig genutzt – sollten diese Aufgaben jedoch problemlos zu bewältigen sein. Was aber bedeutet »richtig nutzen«? Dazu sollen nun einige Anmerkungen zur Funktion dieses Leitfadens folgen, also gewissermaßen eine »Gebrauchsanleitung« für die Arbeit mit diesem Buch.

Erstens handelt es sich nicht um ein dogmatisches Programm, sondern eher um einen Wegweiser im Umgang mit den Richtlinien wissenschaftlichen Arbeitens. Die einzig wahre Methode der Datenerhebung gibt es ebenso wenig wie eine universell gültige Zitierweise. Es kommt maßgeblich darauf an, Sinn und Zweck der Regeln zu begreifen, um sie in verschiedensten Kontexten anwenden zu können. Das Buch ist also in erster Linie als verlässliche Begleitung für einen soliden Einstieg ins Studium gedacht und soll mit Tipps und Anregungen zum selbständigen wissenschaftlichen Arbeiten anleiten. Dazu gehören auch Motivationsanstöße und eine gute arbeitstechnische Ausrüstung für alles, was in den folgenden Semestern kommt. Im Idealfall hilft der Leitfaden, sich die Prinzipien wissenschaftlichen Arbeitens zu Beginn des Studiums so anzueignen, dass man sich bald intensiv allein den (wirklich spannenden) fachspezifischen Inhalten widmen kann. Denn Spaß machen soll das Ganze – bei allen Regeln, die es zu beachten gilt – ja auch!

Die Frage, ob auf ein lustvolles Studium genügend Aussicht besteht, sollte übrigens alle Studierenden gerade in den ersten Semestern beschäftigen. Denn: sich jahrelang lustlos durch die angebotenen (Pflicht-)Veranstaltungen zu schleppen ist vergeudete Lebenszeit. Dies zu vermeiden erfordert allerdings sowohl eine aktive Auseinandersetzung mit der Theorie der Disziplin als auch eine Reflexion der persönlichen Stärken und Schwächen im Hinblick auf das wissenschaftliche Arbeiten als solches.

Ein *zweiter* Punkt, den es bei der Arbeit mit diesem Buch zu berücksichtigen gilt, ist dessen charakteristische Ausgestaltung. In seiner Form unterscheidet es sich stellenweise beträchtlich von einer wissenschaftlichen Buch- oder Zeitschriftenpublikation oder einer Studienarbeit. Aus Gründen der Klarheit haben wir zum Beispiel viele Themen visuell hervorgehoben, haben diverse Aufzählungen eingeflochten und – was den Stil betrifft – sowohl mit ausschmückenden, plakativen Vergleichen als auch mit knappen Imperativen nicht gespart. Kurz gesagt: Das Handbuch beinhaltet mancherlei Stilelemente, auf die in einer wissenschaftlichen Seminar- oder Abschlussarbeit besser verzichtet wird. Es kann also in einigen Bereichen formal nicht als direkte Vorlage dienen. Demgegenüber besitzen die vorgeschlagenen Richtlinien und Anleitungen selbstverständlich Gültigkeit!

Allerdings gibt es an verschiedenen Universitäten und Fachbereichen im In- und Ausland ganz verschiedene Regeln und Standards wissenschaftlichen Arbeitens, und jedes Jahr kommen neue Publikationen zu einzelnen Themen hinzu. Aus genau diesem Grund sind im Buch viele Hinweise auf weiterführende Literatur zu finden, und ein jeder Nutzer sei hiermit zu Eigeninitiative bezüglich der Aktualisierung aufgefordert, gerade im Hinblick auf sich heute schnell ändernde Bedingungen im Bereich digitaler Informationsverarbeitung!

Abschließend nun noch ein paar Worte zum Aufbau des Buches. Es umfasst vier Hauptteile (Kapitel zwei bis fünf), die in ihrer Abfolge den Prozess wissenschaftlichen Arbeitens widerspiegeln. Während der erste Teil allgemeine theoretische und methodische Grundlagen behandelt – das Fundament aller weiter gehenden wissenschaftlich-geographischen Beschäftigung – sind die drei folgenden Teile konkret mit praktischen Fragen wissenschaftlichen Arbeitens befasst. Im Einzelnen gliedern sich die vier Hauptteile wie folgt:

»**Wissenschaftlich arbeiten in der Geographie**« dreht sich um die Themen »Wissenschaft« und »wissenschaftliche Geographie«. Es werden nicht nur Definitionen angeboten, die diese komplexen Gebilde begreifbarer machen, es wird auch eine Vorstellung wissenschaftlicher Forschungsabläufe vermittelt.

Erste strukturelle Hinweise für das Verfassen von Seminararbeiten finden sich am Ende des Teils.

»**Wissenschaftliche Literaturarbeit**« behandelt Fragen rund um die Arbeit mit Daten und Texten. Wer studiert, muss wissen, wie man Quellen sinnvoll und »sauber« recherchiert, speichert und verwaltet – Anleitung dazu findet sich in diesem Teil. Vor allem aber muss im Studium sehr viel Literatur gelesen und dabei inhaltlich durchdrungen und angeeignet werden. Wie das möglichst effizient zu bewältigen ist, dazu stellt der Abschnitt ebenfalls Hinweise und Anregungen bereit.

»**Wissenschaftlich schreiben**« beantwortet Fragen zur schriftlichen Ausarbeitung von Arbeiten. Formale Richtlinien werden zusammengestellt und erläutert, es werden Tipps zum Layout gegeben und allgemeine Grundlagen zur Bewertung schriftlicher Arbeiten als Orientierungsmarken für die selbständige Leistungskontrolle skizziert.

»**Wissenschaftlich präsentieren**« hat schließlich die Kür wissenschaftlichen Arbeitens zum Gegenstand: die Darstellung der Ergebnisse im Rahmen eines Vortrags. Es wird gezeigt, was alles zu einer gelungenen Präsentation gehört, wie man sich sinnvoll vorbereitet und wie die Darstellung – unter Einhalten der formalen Richtlinien – so anschaulich wird, dass sie ihr Publikum auch erreicht.

Am Ende vieler Unterkapitel wird **weiterführende Literatur** zu den behandelten Themen angegeben. Wer seine Kenntnisse vertiefen will oder spezielle Fragen und Probleme hat, findet hier eine Auswahl einschlägiger und aktueller Publikationen. Abschließend ist am Ende des Buches die zitierte **Literatur** zusammengestellt. Im **Anhang** finden sich außerdem eine Liste mit Grundlagenliteratur zum Geographiestudium und zwei **Checklisten**, eine für das Schreiben, die andere für das Präsentieren wissenschaftlicher Arbeiten. Zu guter Letzt folgt am Ende des Buches ein **Register**, um das schnelle Nachschlagen von bestimmten Themen oder Begriffen zu erleichtern.

Aber damit genug der einleitenden Worte: **Los geht's!**

2 Wissenschaftlich arbeiten in der Geographie

Wissenschaft, Wissenschaftler, wissenschaftlich – die Wörter sind uns aus dem alltäglichen Sprachgebrauch vertraut. Man sagt, etwas sei »sicher richtig«, wenn es denn »wissenschaftlich erwiesen« sei, oder Fußball sei eine »Wissenschaft für sich«.

Sobald wir allerdings selbst geographisches »Wissen schaffen« sollen, nützen uns solche Redewendungen nicht mehr viel. Spätestens zu diesem Zeitpunkt taucht die Frage auf, was sich hinter dem Begriff des »wissenschaftlichen Arbeitens« genau verbirgt und wie diese Aufgabe am besten anzugehen ist. Dann wird es auch wichtig, den Unterschied zwischen dem, was gemeinhin unter »Erdkunde« verstanden wird, und der »wissenschaftlichen Geographie«, ihrem System, ihren Ansprüchen und ihren Konventionen zu verstehen.

Dieser erste Teil des Studienleitfadens beinhaltet eine auf die Geographie ausgerichtete Einführung in das wissenschaftliche Arbeiten, wie es an der Hochschule erwartet und praktiziert wird (»Was ist Wissenschaft?«, »Was ist Geographie?«). Er skizziert allgemeine und spezifisch geographische Arbeitsweisen (»Forschen: Wie geht das?«, »Wie forschen Geographen?«) und umreißt grob das Prozedere von Seminar- und Forschungsarbeiten, die den Studienalltag an der Hochschule bestimmen (»Was kommt auf mich zu?«).

2.1 Was ist Wissenschaft?
Definitionen, Anforderungen, zentrale Begriffe und Etikette wissenschaftlichen Arbeitens

Studieren, so heißt es, ist wissenschaftliches Arbeiten und Arbeit an der Wissenschaft. Im Verlauf des Studiums wird an Studierende in zunehmendem Maße der Anspruch der Wissenschaftlichkeit gestellt: Beginnend im Grundstudium mit Referatsarbeiten, (Exkursions-)Protokollen und kleineren Untersuchungen über Studienprojektberichte und umfangreichere Seminararbeiten im Hauptstudium bis hin zur Abschlussarbeit. Doch was bedeutet es überhaupt, *wissenschaftlich* tätig zu sein, eine *wissenschaftliche* Arbeit anzufertigen?

Dieses Kapitel bietet eine erste einführende Erklärung des Wissenschaftsbegriffs und stellt die Anforderungen dar, denen eine Arbeit genügen muss, um als wissenschaftlich zu gelten. Danach werden einige zentrale Begriffe erläutert, mit denen im Rahmen wissenschaftlichen Arbeitens hantiert wird. Abschließend wird der Prozess wissenschaftlichen Erkenntnisgewinns aufgezeigt.

2.1.1 Definitionen und Anforderungen

»Wenn die Wahrheit aller Verhältnisse für jedermann offen zutage läge und alle Dinge spontan mit ihren richtigen Namen aufgerufen würden, wäre Wissenschaft überflüssig«, bemerkt der Soziologe Wolfgang ESSBACH (1996:99). Da wir wohl kaum alle physischen und sozialen Gegebenheiten kennen, ist es nach BORSDORF (1999:19) die Aufgabe der Wissenschaft, »Fragen zu stellen, zu beantworten, Erkenntnisse zu gewinnen und eine geistige Ordnung in das Chaos der Welt zu bringen«. Dabei sei Wissenschaft im Gegensatz zu anderen Ordnungssystemen wie etwa dem gesunden Menschenverstand oder der Religion, die sich ebenfalls mit diesem »Chaos der Welt« beschäftigen, in hohem Grade formalisiert und institutionalisiert. Dies allein unterscheide sie allerdings noch nicht von Religion oder Ideologie. Erst die Tatsache, dass Wissenschaft über entsprechende Regeln und Standards verfüge, mit deren Hilfe ihre Aussagen überprüft und dadurch entsprechend weiterentwickelt werden könnten, verleihe dem Stellen von Fragen und deren Beantwortung den Charakter von Wissenschaftlichkeit (ebd.). Etwas anders formuliert:

> »**Wissenschaft** ist eine soziale Institution mit der Funktion, intersubjektiv [...] überprüfbare Aussagen über zu untersuchende Tatbestände zu formulieren. Neben den Naturwissenschaften gehören die Sozialwissenschaften und die so genannten Geisteswissenschaften zum Bereich der Wissenschaft, sowie Logik und Mathematik. Die beiden Letzteren verstehen sich im Vergleich zu den anderen nicht als empirische [...] Wissenschaften. Im Rahmen der empirischen Wissenschaften ist man bestrebt, systematische Beschreibungen [...] und Erklärungen [...] von ›Realität‹ zu formulieren und zu diesem Zwecke auch Normen für die Methoden der Realitätserfahrung anzubieten« (WERLEN 2002c:47).

Aus der fortwährenden Überprüfung der gewonnenen Erkenntnisse ergeben sich die spezifischen Anforderungen an die Wissenschaft und damit an alle Formen wissenschaftlichen Arbeitens (BORSDORF 1999:20). Dies bedeutet, dass die entsprechenden Arbeitsmethoden und Grundannahmen ausgewiesen und erklärt werden müssen und dass darüber hinaus die Argumentation stringent und logisch aufgebaut sein muss. Mit anderen Worten und einfacher ausgedrückt: Wissenschaftliche Diskussionen werden nicht im Stil von »ich sach mal ...«

oder »meiner Meinung nach ist das ja so …« geführt, sondern über begründete Argumente (»das ist so, weil …«) oder mit Bezug auf die Quelle (»Der Autor XY konnte zeigen, dass es sich so und so verhält«) und die daraus folgenden Ableitungen (»gesetzt den Fall, dem wäre so, dann folgt daraus, dass …«).

Neben der Nachvollziehbarkeit und einer über den Einzelfall hinausgehenden Relevanz der Forschungsfragen und -ergebnisse zeichnen sich wissenschaftliche Disziplinen »durch eine *kritische Grundhaltung* aus, die sich darin von dem eher auf Gewissheit ausgerichteten alltäglichen Denken und Handeln unterscheidet. Die wissenschaftliche Haltung ist von der kritischen Frage: ›Könnte es nicht auch anders sein?‹ geleitet« (WERLEN 2002c:47; eigene Hervorhebung.).

Damit Gewähr besteht, dass Erkenntnisse transparent und nachvollziehbar sind, muss jedes Produkt wissenschaftlicher Arbeit (auch auf der Ebene von Hausarbeiten oder Thesenpapieren) bestimmten Kriterien genügen. Sie werden in der folgenden Liste zusammengefasst, wobei wir uns an die Ausführungen von THEISEN (1993) und RAUSCHER (1991) anlehnen. Einige der hier auftauchenden Begriffe werden im nächsten Abschnitt »Zentrale Begriffe« noch detaillierter besprochen.

Anforderungen an eine wissenschaftliche Arbeit
- Die Arbeit muss einen erkennbaren Gegenstand behandeln, der so genau umrissen ist, dass er auch für Dritte erkennbar ist.
- Die Bedingungen sind festzulegen, unter denen der Gegenstand auf der Grundlage von Regeln behandelt wird.
- Die Arbeit muss Angaben enthalten, die es ermöglichen nachzuprüfen, ob ihre Hypothesen logisch stringent sind.
- Die Arbeit muss den aktuellen Stand der Forschung zu ihrem Gegenstand kritisch berücksichtigen.

2.1.2 Zentrale Begriffe

Im Rahmen des wissenschaftlichen Forschungsprozesses werden eine Reihe von begrifflichen Konventionen genutzt. Nachfolgend eine Auswahl der für das wissenschaftliche Arbeiten relevanten Begriffe – ohne Anspruch auf Vollständigkeit oder universelle Gültigkeit. Und schon geht es los: Was ist denn eigentlich ein »Begriff«? Im wissenschaftlichen Sinne handelt es sich dabei nämlich keineswegs um ein bloßes Wort:

> Ein Wort wird zum **Begriff,** wenn mehr oder weniger allgemein akzeptierte *Vorstellungsinhalte* damit verbunden sind. In Form eines Begriffes werden die wesentlichen Merkmale von »konkret Seiendem«, z. B. einem »Tisch«, abstrakt, gedanklich und komplex dargestellt (z. B. »waagerecht aufgelegte Platte«, »nicht zum Sitzen« etc.) (PRIM & TILMAN 1989:32).

Entsprechend ist »Begriff« auch von »Bedeutung« zu unterscheiden. Eine Bedeutung bezeichnet nämlich »Sinn und Wert« einer Information, Sache oder Handlung. Sprachwissenschaftlich lässt sich knapp festhalten: Begriffe sind Instrumente des Denkens und Bedeutungen Instrumente der Kommunikation (HOMBERGER 2000:74).

Eine inhaltliche Klärung und die Abgrenzung von Begriffen erfolgt mittels *Definitionen*. Wie lässt sich aber »Definition« selbst begrifflich fassen, also definieren?

> **Definition** ist nach HOMBERGER (2000:95) ein Sammelname für eine Reihe von Verfahren zur fachsprachlichen Begriffsfestlegung. Das heißt, in einer Definition werden Bedeutung und Verwendungsweise eines sprachlichen Ausdrucks exakt (also kontrolliert und eindeutig) festgelegt. Definitionen sind folglich »explizit getroffene Konventionen über die Bedeutung von sprachlichen Zeichen« (WERLEN 2000:381), sie können »weder wahr noch falsch sein [...], sondern zweckmäßig oder unzweckmäßig bzw. brauchbar oder unbrauchbar« (ebd.). Eine umfassende Diskussion zur Gültigkeit und Brauchbarkeit von Definitionen findet sich bei PRIM & TILMAN (1989:36ff.).

Definitionen haben also konventionellen Charakter, das heißt, es handelt sich um Vereinbarungen, die weitgehend akzeptiert werden. Einen ersten Zugang zu solchen intersubjektiv gültigen Begriffsbestimmungen bieten Standardnachschlagewerke, die allgemeinen wie die fachspezifischen. Eine Auswahl wichtiger geographischer Nachschlagewerke ist im Anhang dieses Buches zusammengestellt.

Um wissenschaftlich arbeiten zu können, um Fragen an einen Gegenstand zu richten, ist es zweckmäßig, Vermutungen zu äußern, wie sich der Gegenstand in Bezug auf die Frage verhält. Diese Vermutungen, die keinen scharfen Kriterien entsprechen müssen, werden als *Thesen bezeichnet*.

> Eine **These** kann als Behauptung verstanden werden, deren Begründung in Frage steht. Dabei handelt es sich beispielsweise um eine Vermutung, die noch auf ihre »Wahrheit« anhand des Forschungsstandes oder empirischer Arbeit überprüft werden müsste. Thesen sind häufig in Form von Lehr- und Leitsätzen formuliert, die aber bestimmten Voraussetzungen genügen müssen (KROMREY 1990:14). Erstens müssen sie eine Beschreibung von Sachverhalten bieten, die prinzipiell nachprüfbar sind (nicht: »Es gibt Leben im Nirwana«). Zweitens müssen sie so formuliert sein, dass sie prinzipiell widerlegbar sind (nicht: »Kräht der Hahn auf dem Mist, ändert sich das Wetter oder es bleibt, wie es ist«). Drittens dürfen sie keine logischen Fehler (Tautologien, Widersprüche etc.) enthalten (nicht: »Der heutige Klimawandel ist auf den Wandel des Klimas zurückzuführen«).

Für die wissenschaftliche Form der These wird auch der Begriff *Hypothese* verwendet. Oft wird auch von *Arbeitshypothesen* gesprochen. Solche »Unter-Thesen« oder »Annahmen« unterliegen in ihrer Formulierung im Gegensatz zu allgemeinen Thesen strengeren Anforderungen, insofern sie enger mit einem empirischen Forschungsprozess, also der Überprüfung anhand eines konkreten Gegenstandes, verknüpft sind.

> »Eine **Hypothese** ist ein mit Begriffen formulierter Satz, der empirisch falsifizierbar ist« (ATTESLANDER 2000:45). Das heißt, Hypothesen stellen wissenschaftlich fundierte Annahmen dar, die so formuliert sind, dass sie durch Erfahrungen oder Experimente widerlegt werden können. Die wichtigsten Kriterien, die nach ATTESLANDER (2000:45 f.) bei der Formulierung von Hypothesen beachtet werden müssen, sind:
> * Eine Hypothese ist eine Aussage, keine Frage, kein Befehl.
> * Die Aussage ist widerspruchsfrei.
> * Hypothesen müssen überprüfbar sein, die Aussage ist falsifizierbar.
> * Es darf sich nicht um Singularitäten – also nicht verallgemeinerbare Einzelfälle – handeln.

Als so genannte Arbeitshypothesen sind Hypothesen forschungsleitend, d. h. sie bestimmen den wissenschaftlichen Erkenntnisgewinn. Häufig treten sie in Form von Konditionalbeziehungen *(wenn – dann)* oder Proportionalbeziehungen *(je – desto)* auf (SCHNELL et al. 1999:51). Zur weiteren Untergliederung und zur Bildung von Hypothesen lohnt sich neben den bereits zitierten Quellen ein Blick in die Publikation von ENGEL & WOITZIK (1997:129–134).

Wenn Hypothesen also die Basis für wissenschaftliche Theorien bilden, muss der Begriff »Theorie« etwas Übergeordnetes beschreiben.

Als **Theorie** kann »ein thematisch und logisch systematisierter Komplex allgemeiner Sätze« (WERLEN 2000:398) verstanden werden. Dabei soll jeder dieser Sätze auf mehr als nur einen Einzelfall Bezug nehmen. Sie müssen jedoch das gleiche Forschungsobjekt bzw. denselben Themenbereich umfassen (thematische Systematisierung). Die formulierten Aussagen sollen ferner »den logischen Regeln nicht widersprechen und als deduktive Systeme geordnet sein« (ebd.), das heißt, es soll vom Allgemeinen zum Besonderen geschlossen werden können (vgl. empirische Forschung). Theorien haben mehrere Funktionen. Sie »dienen vor allem der Zusammenfassung, Koordination, Reproduktion, Erklärung und *Prognose*, d.h. Vorhersage, von Phänomenen« (ebd.).

In den Naturwissenschaften umfassen Theorien »empirisch überprüfbare, genaue Beschreibungen der Zustände der physischen Welt« (WERLEN 2000:398), das heißt, sie machen in der Regel Aussagen über Kausalbeziehungen und geben diese als »Ursache-Wirkungs-Zusammenhänge« in Form von physikalischen Gesetzen und qualitativen Gesetzmäßigkeiten wieder. Dagegen ist es in den Sozialwissenschaften nicht das Anliegen, mit Theorien »Detailaussagen« über die soziale Wirklichkeit zu treffen, es soll vielmehr eine Betrachtungsperspektive für die soziale Welt geboten werden, gleich einer Brille, durch die in die Welt beziehungsweise auf den jeweiligen Forschungsgegenstand geschaut wird (ausführlich: WERLEN 2002b:342 f.).

Nach KROMREY (1990:25) liefert die Theorie als Zugangsmöglichkeit zur Realität

- die grundlegende Orientierung, das heißt, sie definiert den Objektbereich und den Gegenstand mit den entsprechenden Objekten;
- das begriffliche Bezugssystem, das erlaubt, systematisch darzustellen, zu klassifizieren und Beziehungen zu postulieren;
- einen Gültigkeitsbereich bzw. eine Reichweite;
- eine Vorhersagemöglichkeit zukünftiger Ereignisse;
- Hinweise auf zu schließende Wissenslücken.

Zu unterscheiden sind dabei insbesondere zwei Ansätze (KROMREY 1990:29 f.):
1. analytisch-nomologische Richtung (erfahrungsorientierte Theorie);
2. hermeneutisch-dialektische Richtung (kritische Theorie).

Im ersten Fall stehen Erfahrung, Beschreibung und Erklärung im Vordergrund des Erkenntnisinteresses. Die Wirklichkeit wird quasi »von außen« wissenschaftlich untersucht, der Gegenstand kann beliebig sein und wird als Objekt konzeptionalisiert.

Im zweiten Fall wird auch die Beurteilung der empirisch untersuchten sozialen Tatbestände zum Gegenstand. Die Kritik an der Wirklichkeit resultiert dabei aus einem konstruktivistischen Grundansatz: Soziale Tatbestände gelten als Produkt gesellschaftlicher Verhältnisse, in denen auch der Forscher agiert und somit seinen Gegenstand (mit) bestimmt. »Will der Forscher aus dieser Situation ausbrechen, muss er die eigene Situation in ihren Abhängigkeiten reflektieren – er muss den Sinn dieses Zusammenhangs und dessen Einflüsse auf die Erkenntnis zu durchdringen suchen« (KROMREY 1990:30).

Um die theoretisch betrachteten Gegebenheiten und Wirkungszusammenhänge anschaulich zu machen, werden sie in Modellversuchen simuliert, das heißt, man »baut sie nach« und ist dabei bemüht, der Wirklichkeit möglichst nahe zu kommen. Solche realen oder virtuellen Modelle geben Aufschluss darüber, wie sich etwas – unter bestimmten Bedingungen – verhält, und sind gleichermaßen ein Indikator für die Triftigkeit von Forschungsannahmen und -ergebnissen.

> Ein **Modell** kann definiert werden als eine Abbildung eines genau bestimmten Sachverhalts unter einem bestimmten Gesichtspunkt. Wie es »aussieht«, das heißt, in welcher Form ein Sachverhalt veranschaulicht wird, hängt vom leitenden Forschungsinteresse ab, das zum Modell geführt hat. In der Regel stellt es einen Kompromiss zwischen Einfachheit, Übersichtlichkeit und Brauchbarkeit dar (WERLEN 2002d:392).

Bisher wurde schon viel gesagt über die »empirische Forschung«, den Zugang der »empirischen Wissenschaften« zur Wirklichkeit – aber was bedeuten die Begriffe »Empirie« und »empirisches Forschen« genau? Welche Anforderungen werden gestellt an einen Prozess, der aller Wissenserzeugung dieser Disziplinen offenbar vorangeht?

> **Empirie** bezeichnet allgemein die Methode, aus Erfahrung, Beobachtung oder Experimenten Kenntnisse zu gewinnen, bzw. das so gewonnene »Erfahrungswissen« (EBSTER & STALZER 2003:158). Als **empirische Forschung** ist »die Überprüfung und Erweiterung der bestehenden Wissensbestände auf der Basis wissenschaftlicher Beobachtungen« (WERLEN 2000:381) zu verstehen, deren Ziel es ist, bestehende Theorien und Modelle zu überprüfen, zu erweitern und zu verbessern.

Empirie, die darüber hinaus versucht, durch **induktive Verfahren** (also durch Schlüsse vom Besonderen zum Allgemeinen) Theorien zu entwickeln, ist jedoch mit Vorsicht zu genießen, da induktive Schlüsse immer unsicher sind und es kaum möglich ist, alle Einzelfälle (also alles Besondere) zu prüfen (SEIFERT 1980:135).

In der Wissenschaftstheorie gibt es seit langem einen Diskurs über den »Königsweg« der wissenschaftlichen Forschung und Erkenntnis zwischen Empiristen, die behaupten, nur durch die »Wiedergabe der objektiven Struktur des Gegenstandes« (ESSBACH 1996:103) sei wissenschaftliche Wahrheit zu erlangen, und Rationalisten (Theoretikern), die davon ausgehen, dass die »wissenschaftliche Wahrheit [...] eine strukturierende Leistung des erkennenden Subjekts« (ebd.) ist. Gegenwärtig scheint sich ein Kompromiss, der mehr an die theoretische Seite anknüpft, zu etablieren: die »theoriegeleitete Empirie«.

Geforscht wird, um einen Sachverhalt zu erklären, eine offene Frage zu beantworten. Doch auch unter »Erklären« kann Verschiedenes verstanden werden. Wissenschaftliches Erklären hat nur bedingt etwas mit einer Liebes-, Steuer- oder Einverständniserklärung zu tun.

> Erklären ist eine Hauptaufgabe wissenschaftlichen Arbeitens und besteht, einfach ausgedrückt, in der Beantwortung einer »Warum-Frage«. **Erklärung** bezeichnet somit einen »Oberbegriff für verschiedene Arten der Begründung einer Einzeltatsache als Ausdruck eines allgemeinen Zusammenhanges« (WERLEN 2001b:331). In Bezug auf die Geographie sind dabei zwei Erklärungsmuster zu unterscheiden. Im Bereich der physischen Geographie liefern »Kausalerklärungen«, also auf Ursache-Wirkungs-Zusammenhänge rekurrierende Erklärungen, Erkenntnisgewinne. Anders geht die sozialwissenschaftliche Geographie vor: »Eine problematische Gegebenheit [wird] nicht durch die Zurückführung auf eine Ursache, sondern auf einen Grund (notwendige Bedingung) und die Subsumtion unter eine regelmäßige Grund-Folge-Beziehung verständlich gemacht« (ebd.).

Bei allem wissenschaftlichen Tun, dies sollte bereits deutlich geworden sein, ist eine kritische Grundhaltung gefordert. »Kritik« wird im umgangssprachlichen Gebrauch häufig als etwas grundsätzlich Negatives oder negativ Gemeintes verstanden. Im wissenschaftlichen Kontext ist mit Kritik jedoch eine bewertungsneutrale Auseinandersetzung gemeint.

Kritik bezeichnet die nach begründetem Maßstab vorgehende Abwägung, Infragestellung oder Beurteilung einer Sache oder Handlung unter Berücksichtigung unterliegender Normen und Ziele. Bezogen auf den wissenschaftlichen Forschungsprozess, bedeutet Kritik, wissenschaftliche Erkenntnisse sowie die Art und Weise, wie diese Erkenntnisse gewonnen wurden, distanziert zu prüfen oder zu beurteilen. Dazu gehört auch – dem obersten Ziel der »Wissenschaftlichkeit« folgend – die Selbstkritik bzw. Reflexion des eigenen Handelns im Forschungsprozess. Die Kritik selbst ist dabei an Normen orientiert, das heißt, ihre Inhalte und Methoden richten sich nach der sie jeweils anwendenden Wissenschaft.

Ohne Kritik ist kein wissenschaftlicher Austausch, kein Erkenntnisgewinn und keine Entwicklung denkbar. Darum ist es wichtig, bereits in frühen Phasen des Studiums die eigenen Arbeiten der Kritik auszusetzen und zu lernen, diese nicht personenbezogen, sondern sachbezogen zu interpretieren (Stichwort: »Kritikfähigkeit«). Nur so kann das in einer Kritik steckende Potenzial so effizient wie möglich (und nötig) genutzt werden! Wenn sich niemand mit der Präsentation, dem Referat, der Hausarbeit kritisch auseinander setzt, ist das nicht der beste, sondern der schlimmste Fall!

2.1.3 Etikette

Wissenschaftliches Arbeiten lehnt sich an bestimmte Regeln an, die geschriebenen und ungeschriebenen Verpflichtungen zur »intellektuellen Redlichkeit«. Ein gravierender Verstoß gegen dieses Abkommen ist das Plagiieren, das Abschreiben oder Kopieren vorhandener Texte ohne Verweis auf Herkunft und Urheber. Das gilt nicht nur für Veröffentlichungen (auch wenn erst dann ein zivilrechtliches oder strafrechtliches Vergehen vorliegt). Die Verpflichtung zur Redlichkeit gilt bereits für das Verfassen von Hausarbeiten, für die Verarbeitung jeglicher Quellen (auch und vor allem aus dem Internet!) und für jegliches wissenschaftliche Arbeiten. Im folgenden Kasten sind, angelehnt an RAUSCHER (1991:20), die zentralen Punkte »unredlichen« Vorgehens aufgeführt.

Intellektuell unredlich ist, wer

- wissentlich die Anfangsbedingungen eines Forschungsprojektes manipuliert;
- Gedanken, Thesen, Formulierungen, Erkenntnisse, Schlussfolgerungen anderer nicht als deren geistiges Eigentum ausweist oder sie gar als seine eigenen ausgibt;
- die Quellen eigener Forschungstätigkeit verborgen hält oder gar falsche Fährten legt;
- subjektive Glaubensbekenntnisse oder Interpretationen als objektiv bewiesene Tatsachen darstellt bzw. objektive Tatsachen als subjektive Interpretationen oder als Ergebnis eigenen Forschens präsentiert;
- fremde Hilfe in Anspruch nimmt, bei den daraus resultierenden Ergebnissen, auch wenn sie nicht mehr in unmittelbarem Zusammenhang stehen, jedoch darauf verzichtet, auf sie hinzuweisen.

Selbst ein »unbewusster« Verstoß gegen diese Etikette birgt nicht nur die Gefahr von Standpauken oder kollegialer Ausgrenzung, sondern kann gar das Ende einer wissenschaftlichen Karriere bedeuten! Es ist also in der Wissenschaft und im Forscherleben wichtig, die Grundregeln zu kennen und immer eine »weiße Weste« zu behalten.

Weiterführende Literatur

ATTESLANDER, P. (2003¹⁰): Methoden der empirischen Sozialforschung. Berlin: de Gruyter.

BORSDORF, A. (1999): Geographisch denken und wissenschaftlich arbeiten. Eine Einführung in die Geographie und in Studiertechniken. Gotha: Klett-Perthes.

BROAD, W. & N. WADE (1984): Betrug und Täuschung in der Wissenschaft. Basel: Birkhäuser.

DFG (Deutsche Forschungsgemeinschaft) (1998): Empfehlungen der Kommission »Selbstkontrolle der Wissenschaft«. Vorschläge zur Sicherung guter wissenschaftlicher Praxis. Bonn. <http://www.dfg.de/aktuelles_presse/reden_stellungnahmen/download/empfehlung _wiss_praxis_0198.pdf> (Stand: 1998-01) (Zugriff: 2005-10-02).

EBSTER, C. & L. STALZER (2003²): Wissenschaftliches Arbeiten für Wirtschafts- und Sozialwissenschaftler. UTB 2471. Wien: WUV Facultas.

ENGEL, S. & A. WOITZIK (Hrsg.) (1997): Die Diplomarbeit. UTB 1917. Stuttgart: Schaeffer-Poeschel.

GRUNWALD, K. & J. SPITTA (1999²): Wissenschaftliches Arbeiten. Grundlagen zu Herangehensweisen, Darstellungsformen und Regeln. Eschborn: Klotz.

KARMASIN, M., W. REHBERG & M. THEIL (1994): Wissenschaftlich arbeiten. Form, Funktion, Vorgangsweise. Wien: Service Fachverlag.

KUHN, T. S. (1976²): Die Struktur wissenschaftlicher Revolution. Suhrkamp Taschenbuch Wissenschaft 25. Frankfurt a.M.: Suhrkamp.

PETERSSEN, W. H. (1999⁶): Wissenschaftliche(s) Arbeiten. Eine Einführung für Schule und Studium. München: Ehrenwirth.

PRIM, R. & H. TILMAN (1989⁶): Grundlagen einer kritisch-rationalen Sozialwissenschaft. Studienbuch zur Wissenschaftstheorie. UTB 221. Heidelberg: Quelle & Meyer.

RAUSCHER, E. (1991): Wissenschaft lernen. Beiträge zur Lehrerfortbildung 35. Wien: Österreichischer Bundesverlag.

SEIFFERT, H. (1980⁹): Einführung in die Wissenschaftstheorie Bd. 1. Sprachanalyse, Deduktion, Induktion in Natur- und Sozialwissenschaften. Beck'sche Schwarze Reihe 60. München: Beck.

WAGNER, W. (1992³): Uni-Angst und Uni-Bluff. Wie studieren und sich nicht verlieren. Rotbuch Taschenbuch 65. Hamburg: Rotbuch.

WENTURIS, N., W. VAN HOVE & V. DREIER (1992): Methodologie der Sozialwissenschaften. Eine Einführung. UTB 1704. Tübingen: Francke.

WERLEN, B. (2000): Sozialgeographie. Eine Einführung. UTB 1911. Bern: Haupt.

2.2 Was ist Geographie?
Anspruch und Struktur wissenschaftlicher Geographie

Die wissenschaftliche Geographie ist nicht gleichzusetzen mit dem, was im All-tagsverständnis als »Erdkunde« bezeichnet wird – auch wenn Geographen und solche, die es werden wollen, immer wieder mit dem veralteten und höchst un-vollständigen Bild einer Stadt-, Land-, Fluss-Erdkunde konfrontiert werden. Dieses Bild zu erweitern und den heutigen Auffassungen zum Gegenstand und zur Methodik der wissenschaftlichen Geographie anzupassen ist Ziel der fol-genden Ausführungen. Dabei wird in aller gebotenen Kürze auch auf die Ent-wicklung der Geographie eingegangen, denn in der Geschichte der Disziplin liegt der Schlüssel zu einem tieferen Verständnis der aktuellen Entwicklungen des Faches. Abschließend wird das System der »modernen Geographie« vorge-stellt, wie es heute an vielen Hochschulen vermittelt wird.

2.2.1 Definitionen wissenschaftlicher Geographie

Als eigenständige Disziplin hat sich die Geographie seit Mitte des 19. Jahr-hunderts an Hochschulen etabliert, ihre Wurzeln reichen aber bis in die Anti-ke (JAMES 1972:X f.) – das Fach sieht also auf eine lange Tradition zurück! Der Gegenstand der Geographie ist komplex und ihr Selbstverständnis hat sich lau-fend verändert. Wenn LIVINGSTONE (1997:223) schreibt: »*The term ›geography‹ means, and has meant, different things to different people in different times and places*«, so muss das also nicht verwundern. Im Laufe ihrer Entwicklung war die Geographie dementsprechend immer wieder Wandlungen ihres zentralen Forschungsparadigmas unterworfen. Die folgende, unsere Problematik nicht erschöpfend behandelnde Auswahl an Definitionen von Geographie mag einen ersten Eindruck vermitteln.

Schon vor etwa 2000 Jahren äußerte STRABO (ca. 64 BC–AD 20, JAMES 1972:47), dass die Geographie »uns bekannt [macht] mit den Bewohnern von Land und Meer, mit der Vegetation, den Besonderheiten der verschiedenen Teile der Erde« (frei übersetzt von CAROL 1963:24). Ende des 19. Jahrhunderts wird die wissenschaftliche Geographie maßgeblich von Friedrich RATZEL und Alfred HETTNER ausformuliert. RATZEL (zit. in BARTELS 1968:179) sieht im Er-kennen der »Erscheinungen der Erdoberfläche in allen Wechselbeziehungen« die Aufgabe der Geographie. Sie umfasst ihm zufolge »die Vertheilung der Völ-ker über die Erde, die Lage und Größe ihrer Staaten und Städte und herkömmlicherweise sogar ihren allgemeinen Zustand, vorzüglich soweit er sich statistisch darstellen läßt« (RATZEL 1881:378). Diese länderkundliche Interpretation der Geographie wird von RATZELs Schüler HETTNER weitergeführt und systematisiert. Er sieht dabei allerdings nicht nur Vermessung und Beschreibung, sondern auch die »Auffassung der Landesnatur« als Aufgabe der Geographie (HETTNER 1925:a) und ist der Ansicht, dass Geographie »Länderkunde oder die Wissenschaft von den verschiedenen Räumen der Erdoberfläche [...] nach ihrer ganzen Eigenart« sei (HETTNER 1895/1975).

HARVEY (1973:3) definiert später: »*Geography is concerned with the description and explanation of the areal differentiation of the earth's surface*«, und BIRD (1989:218): »*Geography is the scientific study [...] of changing [...] spatial relationships [...] of terrestrial phenomena [...] viewed as the world of man.*« HAGGETT (1990:8) wiederum beschreibt Geographie als »*the study of the Earth's surface as the space within which the human population lives*«, während TUAN (1991:99) kurz und bündig von »*the study of the Earth as the home of people*« spricht. Während allen Definitionen ein gemeinsamer Kern, nämlich der Bezug zur Erde, gemeinsam ist, lassen sich selbst in diesen stark komprimierten Definitionen Verschiebungen der implizierten Forschungsparadigmen feststellen. In einer etwas ausführlicheren Definition der Geographie hat BLOTEVOGEL (2002:15) versucht, der historischen Entwicklung und der Vielfältigkeit der Disziplin Rechnung zu tragen (s. Kasten). BLOTEVOGELs Ausführungen stellen aber auch nur eine mögliche Definition der Geographie dar. Insgesamt wird demzufolge aus den vielfältigen Wendungen ersichtlich, dass es so etwas wie »die Geographie« nicht gibt. Es finden sich in differenzierter Form, je nachdem, aus welcher Perspektive die jeweiligen Wissenschaftler »die« bzw. »ihre« Geographie betrachten, unterschiedliche wissenschaftliche Standortbestimmungen.

> **»Geographie** als Wissenschaft wird üblicherweise definiert als die Wissenschaft von der Erdoberfläche in ihrer räumlichen Differenzierung, ihrer physischen Beschaffenheit sowie als Raum und Ort des menschlichen Lebens und Handelns. Sie beschäftigt sich insofern nicht nur mit der Erdoberfläche, sondern auch mit dem Menschen und seiner physischen und sozialen Umwelt. Im wörtlichen Sinne definiert als »Erdbeschreibung«, gilt die Geographie als die Disziplin, die Informationen und Wissen über die Erde als den Lebensraum der Menschen erzeugt, ordnet und in Texten, Karten und anderen Repräsentationsformen für die Bevölkerung, den Staat und die Wirtschaft bereitstellt« (BLOTEVOGEL 2002:15).

WERLEN (2000:13) argumentiert in diesem Zusammenhang, Forschungs-
ansätze könne man »mit Brillen vergleichen, durch die man die Wirklichkeit – oder zumindest das, was wir dafür halten – unterschiedlich sieht. Jede
Forschungsperspektive hat [...] spezifische Sehschärfen, aber auch tote Winkel.«
Schaut man durch die verschiedenen »Brillen«, durch welche Geographen ihren
Forschungsgegenstand zu den jeweiligen Zeiten sahen, so lässt sich feststellen,
dass geographischer Erkenntnisgewinn anfänglich ganz wesentlich durch die
Naturwissenschaften geprägt wurde. Alexander von HUMBOLDT (1769–1859),
der Begründer der modernen Geographie, war primär Naturwissenschaftler.
Es gab zwar auch »sozialwissenschaftliche« Untersuchungen, die jedoch in ih-
ren Methoden und Deutungsmustern auf naturwissenschaftliche Erklärungs-
muster zurückgriffen. So thematisierte Friedrich RATZEL (1844–1904), der als
Begründer der Anthropogeographie angesehen werden kann, zwar bereits das
»Mensch-Natur-Verhältnis«, jedoch primär aus naturdeterministischer Sicht
(WERLEN 2000:92–100). In der Geographie entwickelte sich – neben dem wei-
terhin bestehenden naturwissenschaftlichen Zweig (Physische Geographie) –
erst in den dreißiger Jahren des 20. Jahrhunderts (Walter CHRISTALLER, Hans
BOBEK u. a.) auch eine moderne Sozialwissenschaft.

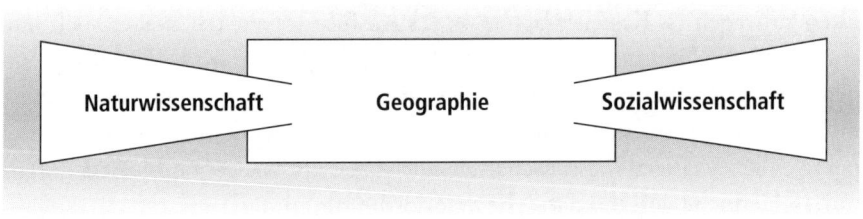

Abb. 2-1: Die Geographie im Gefüge der Wissenschaften

Wie in Abbildung 2-1 dargestellt, kann Geographie gegenwärtig als Natur- *und*
Sozialwissenschaft betrieben werden. Wobei die Graphik nicht so zu deuten
ist, dass die Geographie lediglich an der Schnittstelle zwischen zwei geschlos-
senen, eigenständigen Wissenschaftsbereichen liegt, sondern eher so, dass es
sowohl einen naturwissenschaftlichen als auch einen sozialwissenschaftlichen
Blick auf den Gegenstand der Geographie, das Verhältnis von Umwelt, Raum
und menschlichem Handeln, gibt. Abhängig von der jeweiligen Perspektive
formieren sich Teildisziplinen der wissenschaftlichen Geographie.

2.2.2 Struktur wissenschaftlicher Geographie

Obwohl auch der »Anhäufung individueller Entdeckungen und Erfindungen« (KUHN 1976:19) eine gewisse Bedeutung für die Entwicklung eines Faches zukommt, vollzieht sich Erkenntnisfortschritt selten in Form eines kontinuierlichen Prozesses (WENTURIS et al. 1992:247 f.). Vielmehr sind revolutionäre Veränderungen, so genannte Paradigmenwechsel (KUHN 1976), für die Entwicklung auch der geographischen Forschung entscheidend (u. a. SCHRAMKE 1975).

Bis in die zweite Hälfte des 19. Jahrhunderts lag – wie in der wörtlichen Übersetzung des Begriffes Geographie aus dem Griechischen ersichtlich (*Geo* = »Erde«, *graphein* = »schreiben, ritzen«) – das Hauptinteresse geographischen Erkenntnisgewinns in der »Erdbeschreibung« (KLUGE 2002:347, 369). Geographie war die »Kunde von der Erde« im Sinne einer Aufzeichnung ihrer Formen und Aufnahme ihres Bestandes. Der Geograph zu dieser Zeit ist als »reisender Berichterstatter« (WERLEN 2000:92) vorstellbar, der von seinen Reisen durchaus elaborierte und möglichst auf Messungen beruhende Beschreibungen von Klima, Relief, Bewohnern und weiteren typischen »Eigenschaften« ferner Länder mitbringt. Als Beispiel sei hier auf die Dokumentation der Ergebnisse von HUMBOLDTs Forschungsreisen in die Tropen Amerikas verwiesen (zwischen 1987 und 1997 als Studienausgabe der wissenschaftlichen Buchgesellschaft Darmstadt erschienen, herausgegeben von Hanno BECK).

Aufbauend auf dieser Phase »enzyklopädischer Registrierung«, entwickelte sich Ende des 19. Jahrhunderts die »Allgemeine Geographie«, die den Stoff der Geographie »ohne Rücksicht auf die einzelnen Erdräume [...] nach Kategorien von Gegenständen und Erscheinungen [...] zusammenfasst« (RICHTHOFEN 1883/1975:22 ff.). Allerdings erhält diese Allgemeine Geographie – so HETTNER (1895/1975:45) – »erst durch die Erklärung [...] ihren Abschluss«. Ein Bild vom damaligen Stand der Methodik und der Erklärungsansätze zum physisch-geographischen Wirkungsgefüge vermittelt der 1886 von Ferdinand von RICHTHOFEN (1886/1983) verfasste Führer für Forschungsreisende. Gleichzeitig vollzog sich, wie RICHTHOFEN (1883/1975:26) mit gewissem Bedauern feststellt, unter dem Einfluss von Carl RITTER ein weiterer Paradigmenwechsel, denn nun galt »der Mensch [...] als Ziel und Zweck geographischer Untersuchungen«. Parallel zur Ausbildung der Allgemeinen Geographie, die sich im Laufe der Zeit weiter differenziert und aus der sich schon relativ früh zahlreiche eigenständige Nachbarwissenschaften entwickeln (SCHREPFER 1934/1975), eta-

bliert sich die »Spezielle Geographie« (HETTNER 1895/1975:40) oder Regionale
Geographie. Dieser Dualismus, der übrigens schon bei VARENIUS (1650, zit. in
VIDAL DE LA BLACHE 1896/1975:52 f.) beschrieben ist, prägt das Bild der traditionellen Geographie (Abb. 2-2).

Mit dem Beginn des Zweiten Weltkrieges gerät auch die Geographie als
wissenschaftliche Disziplin unter machtpolitischen Einfluss, wie SCHULTZ
(1989) anhand seiner Betrachtung »geographischen Großraumdenkens« ausführlich darlegt. Die Trennlinie zwischen einer ideologiedurchdrungenen »Geopolitik« und einer wissenschaftlichen und neutralen »Erdbeschreibung« verschwimmt. Die insbesondere mit dem Namen Karl HAUSHOFER und seinem
Wirken verbundene geopolitische Periode wird nach dem Krieg einer Aufarbeitung unterzogen. Während jedoch rechtfertigende Aufsätze wie der von
TROLL (1947) die Idee einer »guten« politischen Geographie und einer »bösen«
Geopolitik verschärfen, stellen aktuelle Arbeiten einer kritischen politischen
Geographie die Frage, inwiefern gerade eine derartige Abgrenzung die immer
vorhandene Machtdurchdrungenheit des geographischen Diskurses verschleiert (WARDENGA 2001:21 ff.). Einen Überblick über die aktuellen Forschungsausrichtungen der politischen Geographie geben REUBER & WOLKERSDORFER
(2001) sowie REUBER (2002).

Ein weitreichender Paradigmenwechsel erfolgte nach dem Zweiten Weltkrieg im Zuge der Adaption der Elektronischen Datenverarbeitung (EDV), die
mit dem Einzug statistischer Methoden in die Geographie einherging. Mit der
EDV stand und steht ein analytisches Instrument zur Verfügung, das statistisch
basierte, quantitative Untersuchungen der komplexen Zusammenhänge an der
Erdoberfläche möglich macht, die »früher einfach ausgeschlossen waren« (HÄ
GERSTRAND 1970:278). Insbesondere die damit verbundene Möglichkeit, »beobachtete Ereignisketten geographischer Art nachzuvollziehen oder hypothetisch zu schaffen« (ebd.), förderte bzw. erforderte »die Entwicklung einer theoretischen, Modelle bildenden Geographie« (BURTON 1970:101). Nun standen
nicht mehr die bloße Beschreibung beobachteter Phänomene oder qualitative Erklärungsansätze im Zentrum des Forschungsinteresses, sondern es entwickelte sich der Wunsch nach »Erklärungen des Raumes« und einer quantitativen Modellentwicklung auf physikalischer Grundlage. So sollten im Zuge der
»quantitativen Revolution« in den fünfziger und sechziger Jahren des 20. Jahrhunderts auch in der Humangeographie »Raumgesetze« aufgedeckt werden,
wobei die Wahrscheinlichkeitsstatistik »das Prinzip der zwangsläufigen Wirkung durch das des wahrscheinlichen Trends« ersetzte (BRONOWSKI zit. in BUR

TON 1970:96). Demgegenüber entwickelten sich in der Folgezeit gesellschaftswissenschaftliche Ansätze der Geographie, die nicht scharf messbare Faktoren wie z. B. »Territorialität« (SACK 1986) oder »Macht« (TAYLOR 1992) im Zusammenhang mit Raum thematisieren. Bislang vorrangig naturwissenschaftlich erforschte Bereiche, wie etwa so genannte Naturrisiken, werden nun auch gesellschaftswissenschaftlich untersucht, beispielsweise im Rahmen einer wahrnehmungsorientierten »Hazard-Forschung« (POHL 1998). WERLEN (1993, 1997, 2000) lenkt in jüngsten sozialgeographischen Forschungen insgesamt den Blick weg von einer gegebenen »Geographie der Dinge« auf das »alltägliche Geographie-Machen« der Individuen und vollzieht mit seinem Entwurf einer modernen Geographie auch im deutschsprachigen Bereich einen deutlichen »Paradigmenwechsel« (Abb. 2-2 u. 2-3).

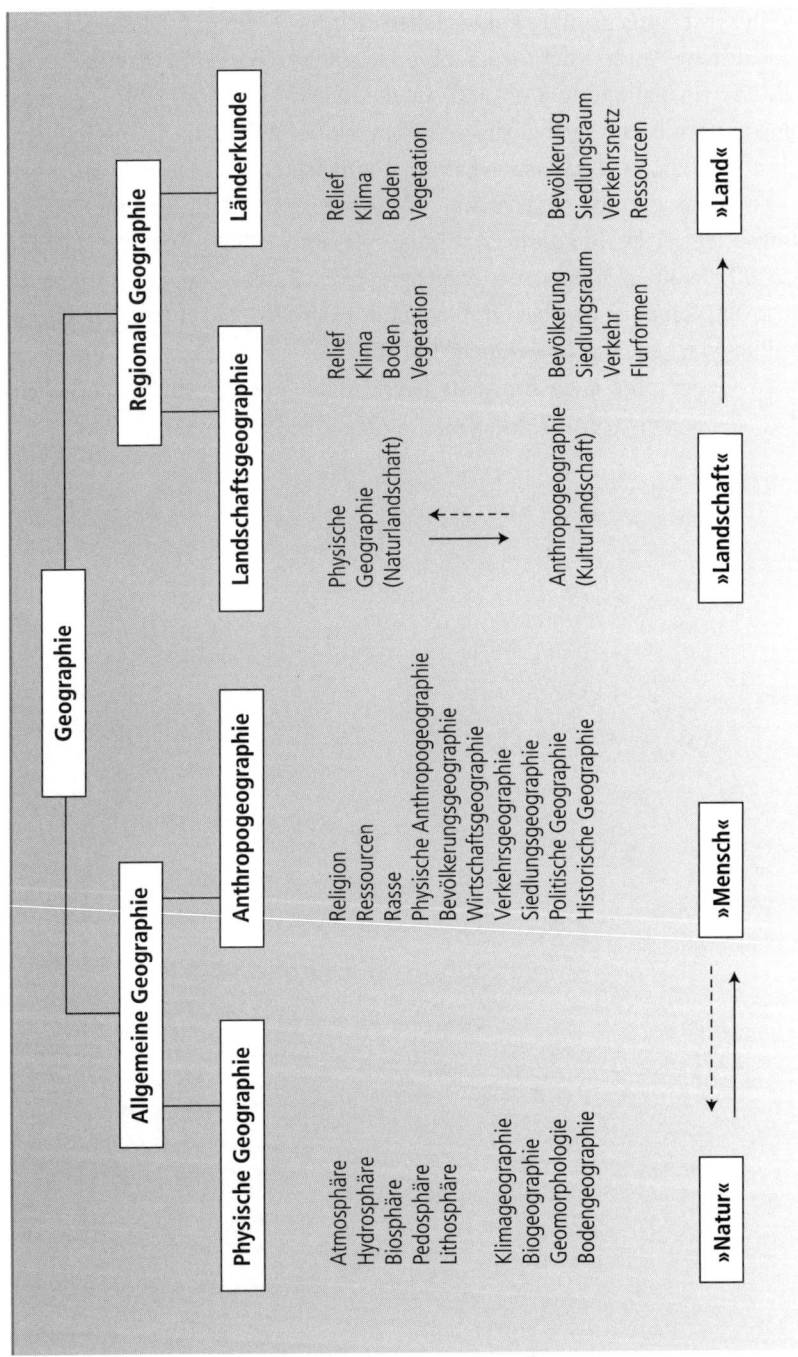

Abb. 2-2: Das System der traditionellen Geographie (nach WERLEN 1997:45)

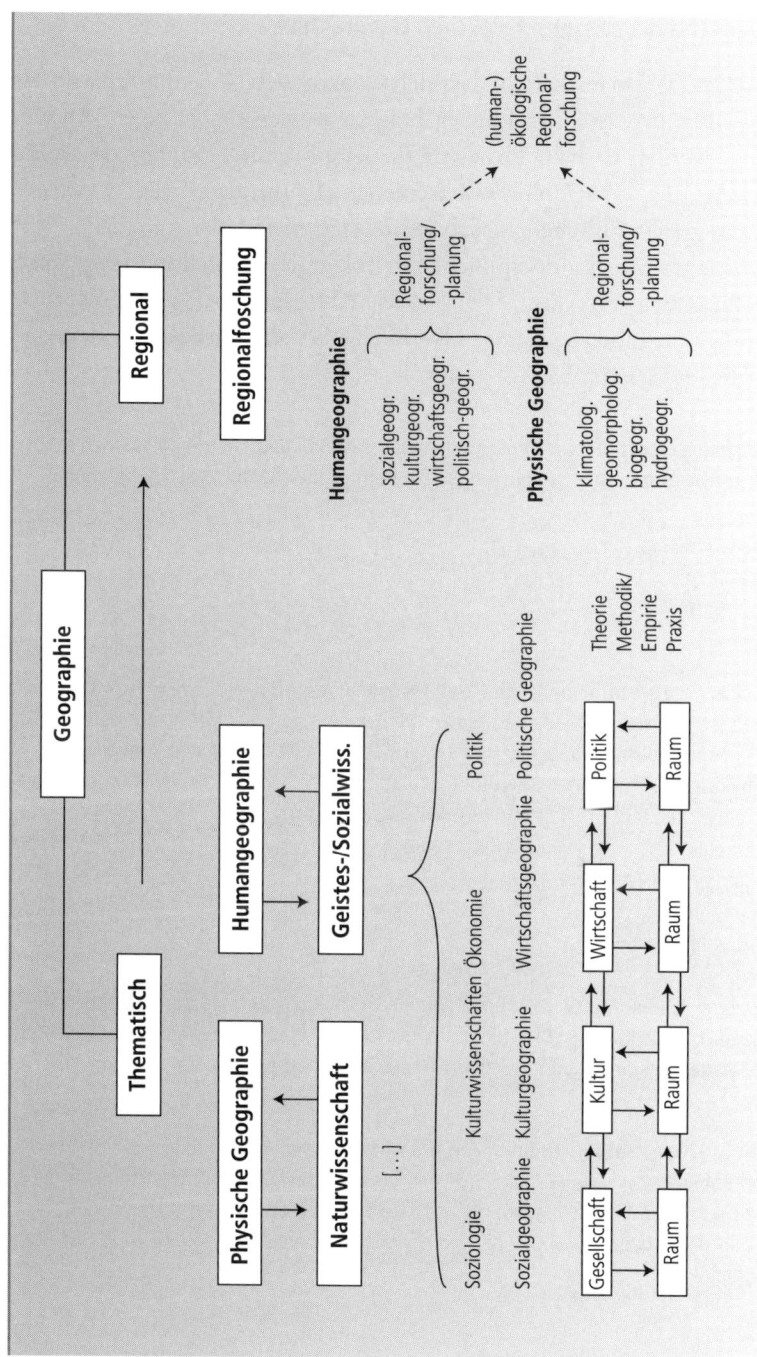

Abb. 2-3: Das System moderner Geographie (nach WERLEN 1993:247)

2.2.3 Teilbereiche der wissenschaftlichen Geographie

Allgemein lässt sich also festhalten, dass sich Geographen sowohl mit natur- als auch mit gesellschaftswissenschaftlichen Fragestellungen beschäftigen. An vielen Instituten werden deshalb Physische Geographie und Humangeographie als Hauptzweige der Geographie unterschieden. Darunter existieren vielerlei Spezialbereiche geographischen Forschungsinteresses und der jeweiligen Ausrichtung entsprechende Teildisziplinen. Die folgende Darstellung geographischer Teilgebiete (s. a. HEINRITZ & WIESSNER 1994) erhebt keinen Anspruch auf Vollständigkeit, gibt aber einen Überblick über die Vielfalt der Bereiche wissenschaftlicher Geographie.

»Human«- bedeutet hier so viel wie »vom Menschen handelnd« und »auf den Menschen bezogen«. Die **Humangeographie** kann in folgende Hauptteilbereiche untergliedert werden:
- Sozialgeographie
- Wirtschaftsgeographie
- Kulturgeographie
- Politische Geographie

Die **Physische Geographie** betrachtet das System »Erde« mit naturwissenschaftlichem Blick. Sie befasst sich dabei mit den so genannten Geofaktoren und betrachtet deren Wirkungsprozesse und Zusammenhänge. Dabei haben sich im Laufe ihrer knapp hundertfünfzigjährigen Entwicklung, entsprechend den fünf Geofaktorengruppen (NOLZEN 1988:1), folgende Teilbereiche entwickelt:
- Klimageographie
- Geomorphologie
- Hydrogeographie
- Bodengeographie
- Biogeographie

Seit den siebziger Jahren des 20. Jahrhunderts hat sich sowohl innerhalb der Physischen Geographie als auch außerhalb der Disziplin ein neuer Bereich etabliert, in dem die genannten Teilbereiche wieder zusammengeführt und systemisch betrachtet werden: die Geoökologie.

Die **Regionale Geographie** legt ihr »Schwergewicht auf die Verflechtungen zwischen der individuellen Entwicklung einzelner Regionen und übergeordneten sachlichen Rahmenbedingungen und räumlichen Entwicklungen« (HEINRITZ & WIESSNER 1994:34). Als Landes- oder Länderkunde kann die Regionale Geographie verschiedene Teilbereiche der Physischen und der Humangeographie verbinden.

Ein Arbeitsgebiet jüngeren Datums stellt die **Geoinformatik** dar. Sie hat eine Brückenfunktion zwischen der Informatik und den Geowissenschaften. Das Anliegen der Geoinformatik ist die Entwicklung und Anwendung von digitalen Datengrundlagen, Modellen und Methoden zur computergestützten Lösung fachspezifischer Probleme in den Geowissenschaften (z. B. Geographie, Geologie, Geophysik, Landschaftsökologie). Besonders Berücksichtigung finden dabei der räumliche Bezug von Informationsschichten und die veranschaulichende Projektion von Daten auf den vermessenen Erdraum (z. B. »Geographische Informationssysteme«, »Fernerkundung«).

Didaktik ist die wissenschaftliche Disziplin, die sich mit allen Fragen des Lernens und Lehrens befasst. Sie ist Mittlerin zwischen der fachlichen Perspektive (Fachwissenschaft) und der beruflichen Perspektive. Sie befasst sich nicht nur mit den Methoden der Vermittlung (dem »Wie?«), sondern auch mit der Ausrichtung und Legitimation der relevanten Inhalte (dem »Was?«). Im Fokus stehen dabei nicht nur Schule und Schüler, sondern auch die Lehrer und Lehramtsstudierenden, die ihr eigenes geographisches Weltbild entwickeln und vertreten müssen. Insofern sind auch Diplom-Studierende Adressaten einer Ausbildung zu Selbst- und Faktenbewusstsein und Vermittlungskompetenz.

Weiterführende Literatur

BARTELS, D. (1968): Zur wissenschaftstheoretischen Grundlegung einer Geographie des Menschen. Erdkundliches Wissen 15. Wiesbaden: Steiner.

BATHELT, H. & J. GLÜCKLER (2002): Relationale Wirtschaftsgeographie. Ökonomische Beziehungen in räumlicher Perspektive. UTB 8217. Stuttgart: Ulmer.

HAGGET, P. (1990): The Geographer's Art. Oxford: Blackwell.

HEINRITZ, G. & R. WIESSNER (1994): Studienführer Geographie. Braunschweig: Westermann.

HOLT-JENSEN, A. (1999[3]): Geography: History and Concepts. A Student's Guide. London: Sage.

KNOX, P. L. & S. A. MARSTON (2001): Humangeographie. Heidelberg: Spektrum.

LESER, H. (1980): Geographie. Braunschweig: Westermann.

NOLZEN, H. (Hrsg.) (1988): Handbuch des Geographieunterrichts. Köln: Aulis.

REUBER, P. & G. WOLKERSDORFER (Hrsg.) (2001): Politische Geographie. Handlungsorientierte Ansätze und Critical Geopolitics. Heidelberger Geographische Arbeiten 112. Heidelberg: Selbstverlag der Universität Heidelberg.

SCHULTZ, H.-D. (1989): Versuch einer Historisierung der Geographie des Dritten Reiches am Beispiel des geographischen Großraumdenkens. – Urbs et Regio 51: 1–75.

2.3 Forschen: wie geht das?
Grundlagen und Ablauf eines empirischen Forschungsprozesses

Die wissenschaftliche Forschung ist der Kern jeglichen wissenschaftlichen Arbeitens. Daher sollen hier einige grundlegende Aspekte bezüglich »Forschung« und des »Forschungsprozesses« angesprochen werden. Wie wird überhaupt »wissenschaftlich« geforscht? Wozu sind Forschungsmethoden notwendig? Wie sieht ein Forschungsprozess aus? Die spezifischen Forschungsmethoden werden in einer Vielzahl von Publikationen beschrieben, auf die hier nur verwiesen werden kann. Studierende müssen sie sich im Laufe des Studiums sowohl theoretisch als auch praktisch aneignen.

2.3.1 Grundlagen

Der Weg wissenschaftlichen Erkenntnisgewinns lässt sich auf verschiedene Weise beschreiten. Im 19. Jahrhundert und bis ins 20. Jahrhundert hinein glich wissenschaftliche Forschung in den Naturwissenschaften einem Mosaikstein-puzzle – Wissenschaftler setzten aus einer Vielzahl beobachteter Einzelphänomene ein Modell oder eine Theorie zusammen. Diese Vorgehensweise wird *induktive Methode* oder kurz Induktion genannt. Der umgekehrte Weg, bei dem theoretische Überlegungen den Ausgangspunkt und nicht das Resultat wissenschaftlichen Erkenntnisgewinns bilden, heißt *Deduktion* (WERLEN 2001a:235; 2002a:151).

> »Unter **empirischer Forschung** versteht man den systematisch vollzogenen Blick eines Forschers in die Realität, in dessen Rahmen versucht wird, reale Tatbestände systematisch zu erfassen bzw. auszudeuten. Im Gegensatz zur rein theoretischen ist die empirische Forschung eine erfahrungsgemäße Form des Erkenntnisgewinns« (STICKEL-WOLF & WOLF 2001:158).

Die zu untersuchende »Realität« ist jedoch unter sozial- respektive naturwissenschaftlicher Perspektive eine jeweils andere. Der unterschiedlichen Seinsweise von gesellschaftlichen Tatsachen, z. B. »Urbanität«, und natürlichen Tatsachen, z. B. einer Sedimentablagerung, muss im Forschungsprozess Rechnung getragen werden (s. a. Kap. 2.4). Während Sedimentablagerungen quantitativ erfasst und gemessen werden können und dabei allenfalls die Zweckmäßigkeit der ausgewählten Messmethodik zu diskutieren ist, ist ein abstraktes und dynamisches Phänomen wie »Urbanität« weniger eindeutig zu definieren und stark von individuellen, gruppenspezifischen oder gesellschaftlichen Einstellungen und Bewertungen abhängig. Der Zugang ergibt sich hier insbesondere über die »qualitative Forschung« und ihre Methodik, über die Sammlung und Erhebung von Dokumenten und persönlichen Aussagen, deren strukturelle Analyse oder sinnbezogene Deutung (die so genannte Hermeneutik). Innerhalb der Sozialforschung spricht man daher weniger von »Realität« als von »sozialer Wirklichkeit«, die es zu erforschen gilt.

2.3.2 Ablauf und Struktur eines Forschungsprozesses

Nach allgemein akzeptierten wissenschaftlichen Regeln lässt sich der Ablauf eines Forschungsprozesses grob in fünf Phasen einteilen (ATTESLANDER 2000:22):

1. *Problembenennung:* Formulierung von Problemen in Form wissenschaftlicher Fragestellungen, Abgrenzung des Problems, Nachweis seiner Erklärungsbedürftigkeit und des Bedarfs empirischer Untersuchung;
2. *Gegenstandsbenennung:* Abgrenzung und Formulierung des zu untersuchenden Gegenstandes;
3. *Durchführung:* Anwendung von Forschungsmethoden;
4. *Analyse:* Auswertungsverfahren;
5. *Verwendung von Ergebnissen.*

Dabei stellt das deduktive Verfahren die am meisten verbreitete Forschungslogik der letzten Jahrzehnte dar. Hier steht, wie in Abbildung 2-4 verdeutlicht, eine Theorie oder eine Fragestellung am Beginn des Forschungsprozesses. In einem zweiten Schritt werden Hypothesen aufgestellt, in denen mögliche Antworten auf Theorie oder Fragestellung formuliert sind. Danach wird die Methodik festgelegt, mit der die aufgestellten Hypothesen auf ihren »Wahrheitsgehalt« überprüft werden sollen (Operationalisierung). Anschließend erfolgen Datenerhebung und Datenauswertung. Alle diese Prozessschritte bedingen die intensive Auseinandersetzung mit dem Forschungsstand eines Sachgebietes und den dazugehörigen Veröffentlichungen. Als Resultat des deduktiven wissenschaftlichen Forschungsprozesses steht die Verifizierung bzw. Falsifizierung der zuvor formulierten Hypothesen.

Wenn die im Vorfeld formulierten theoretischen Annahmen an mehreren »Fällen« praktisch überprüft werden, deren Vergleich wiederum die Basis einer neuen Theorie bildet, spricht man von einem zirkulären Forschungsprozess.

Ein solches Vorgehen wird vorrangig in der qualitativen Forschung eingesetzt, weil es deren »entdeckendem Charakter« eher gerecht wird (FLICK 1998:61). Das heißt, dass Vorannahmen, Theorie und Ergebnisse einer stetigen Revision und Dynamik unterzogen werden. Die Abfolge eines solchen dynamischen Prozesses ist in Abbildung 2-5 verdeutlicht.

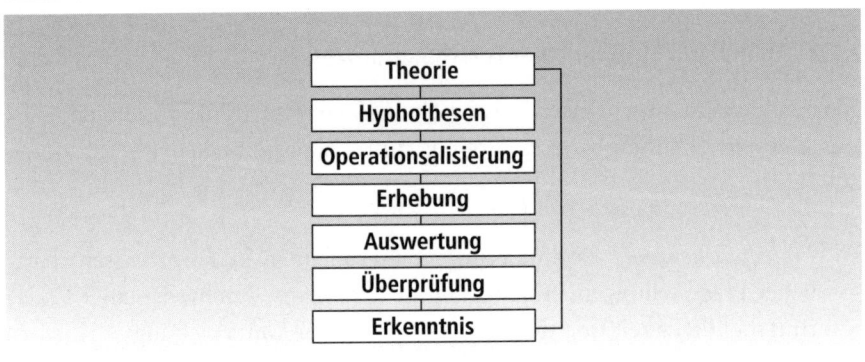

Abb. 2-4: Lineares Modell des Forschungsprozesses (verändert nach FLICK 1998:61)

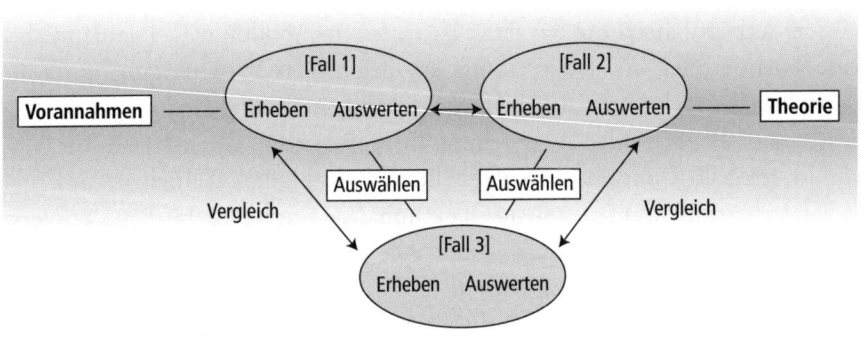

Abb. 2-5: Zirkuläres Modell des Forschungsprozesses (verändert nach FLICK 1998:61)

2.3.3 Wer soll das bezahlen? – Forschungsmittel

Forschungen kosten nicht nur Zeit, sondern auch Geld. Im naturwissenschaftlichen Bereich sind vor allem die Kosten für Geräte und labortechnische Einrichtungen hoch. Räume müssen zur Verfügung stehen und genügend forschendes und unterstützendes Personal, das auch bezahlt werden will. Sind Forschungen »im Feld« geplant, auch für den sozialwissenschaftlichen Bereich bedeutsam, fallen zudem Reisekosten und Aufwendungen für die Ausrüstung an (s. a. DODDS 2001:404 f. zu »Forschungsreisen«). Verbrauchsmaterialien wie Tonträger, Filme etc. sind weitere Kostenfaktoren.

Aber auch »weiche« Faktoren der »Forschungsinfrastruktur« spielen eine Rolle für den Forschungsprozess: Bietet eine Forschungsstätte den Austausch mit anderen Wissenschaftlern? Wie ist das soziale Umfeld »vor Ort«? Ist der Zugang zum Gegenstand respektive zu den Quellen gewährleistet?

Forschung wird in Deutschland staatlich und privat gefördert. Universitäten und staatliche Forschungseinrichtungen sind die maßgeblichen Institutionen der über Bund und Länder finanzierten Forschung. Kommt das Geld für ein geplantes Forschungsprojekt nicht direkt von der durchführenden Institution (dem Haushalt der Hochschule), spricht man von »Drittmitteln«.

> »**Drittmittel** der Hochschulen sind solche Mittel, die zur Förderung von Forschung und Entwicklung sowie des wissenschaftlichen Nachwuchses und der Lehre zusätzlich zum regulären Hochschulhaushalt (Grundausstattung) von öffentlichen oder privaten Stellen eingeworben werden« (Def. d. Statistischen Bundesamtes und des Wissenschaftsrates zit. in UNIVERSITÄT OLDENBURG [2000, o.S.]).

Drittmittel sind direkt an das jeweilige Forschungsprojekt gebunden und werden zeitlich befristet gewährt. In Deutschland sind die DFG (Deutsche Forschungsgemeinschaft), das Bundesministerium für Bildung und Forschung (BMBF) und die Volkswagenstiftung, gemessen am Volumen der bereitgestellten Mittel, wichtige Drittmittelgeber. Zudem erhält die Forschungsförderung aus EU-Mitteln eine immer größere Bedeutung.

Darüber hinaus fördern private, industrie- bzw. parteinahe sowie staatliche und kirchliche Stiftungen die Forschung, insbesondere in Form von Stipendien für Nachwuchswissenschaftler. Eine weitere Quelle der Forschungsförderung, die jedoch im Bereich der Geographie nur von marginaler Bedeutung ist, sind große Industrieunternehmen, die sich insbesondere im Bereich der Ingenieurwissenschaften engagieren. Einen umfassenden aktuellen Überblick zur Forschungsförderung in Deutschland bieten HERRMANN & SPATH (2003).

Aber auch private Wirtschaftsbetriebe können Forschung an Universitäten fördern, das wird insbesondere dann der Fall sein, wenn ein ökonomisches Interesse an den Ergebnissen besteht. Entsprechend hoch kann dann auch die Einflussnahme auf den Forschungsprozess, die Wahl der Methoden und die Laufzeit der Untersuchungen sein.

Darüber hinaus fördern private und (parteinahe) staatliche Stiftungen (Heinrich-Böll-Stiftung, Friedrich-Ebert-Stiftung, Konrad-Adenauer-Stiftung) die Forschung. Sie stellen auch Stipendien für Nachwuchswissenschaftler zur Unterstützung von deren Forschungsvorhaben bereit.

Weiterführende Literatur

ATTESLANDER, P. (2003[10]): Methoden der empirischen Sozialforschung. Berlin/New York: de Gruyter.

BOHNSACK, R. (1999[3]): Rekonstruktive Sozialforschung. Einführung in Methodologie und Praxis qualitativer Forschung. Opladen: Leske + Budrich.

BUNDESVERBAND DEUTSCHER STIFTUNGEN (Hrsg.) (2000): Verzeichnis deutscher Stiftungen. Darmstadt.

DENZIN, N. K. & Y. S. LINCOLN (eds.) (1998): Strategies of Qualitative Inquiry. Thousand Oaks: Sage.

FLICK, U. (1998[3]): Qualitative Forschung. Theorie, Methoden, Anwendung in Psychologie und Sozialwissenschaften. Reinbek: Rowohlt.

FLICK, U., E. von KARDORFF & I. STEINKE (Hrsg.) (2000): Qualitative Forschung. Ein Handbuch. Reinbek: Rowohlt.

HERRMANN, D. & K. P. C. SPATH (2003[7]): Forschungshandbuch 2003/2004. Förderprogramme und Förderinstitutionen für Wissenschaft und Forschung. Lampertheim: Alpha.

2.4 Wie forschen Geographen?
Wissenschaftliche Methoden der Geographie

Geographen machen Expeditionen in fremde Länder. Geographen stehen am Straßenrand hinter Messgeräten. Geographen bohren im Eis. Geographen sammeln Regenwasser und sagen das Wetter voraus. Geographen zeichnen Karten von Bergen, Bodenschätzen und Bevölkerungsdichte. So in etwa stellt sich das Normalverständnis geographischer Tätigkeit dar. Und die Sache hört sich ziemlich spannend und irgendwie auch einfach an: Reisen, Messen, Zeichnen. Aber wenn es darum geht, wissenschaftliche Erkenntnisse zu erzielen, ja, was sind dann die von Geographen angewendeten Methoden? Was hat Geographie mit Rechnen, Wiegen oder Fernsehen zu tun?

2.4.1 Methodendifferenzierung

Jede Wissenschaft arbeitet mit bestimmten Methoden, um neue Erkenntnisse zu gewinnen – so auch die Geographie. Dabei ist grundsätzlich zu beachten, dass keine Methode als »Selbstzweck« betrieben werden darf. Die angewandten Methoden müssen auf den jeweiligen Untersuchungsgegenstand abgestimmt sein. Eine Orientierung erfolgt in der Regel an den dokumentierten Vorgehensweisen und Ergebnissen anderer Wissenschaftler, die sich mit ähnlichen Fragen auseinander setzen. Der Forschungsdialog ist entscheidend für die Optimierung und die Weiterentwicklung der Methodik.

Eine erste **Differenzierung der Methoden** kann zwischen naturwissenschaftlichen und sozialwissenschaftlichen Methoden vorgenommen werden. Es wäre offenkundig unsinnig, Bodentypen mit Interviewverfahren bestimmen zu wollen (die erhaltenen Auskünfte wären sehr dürftig, es sei denn, man befragt Menschen, die den Boden bearbeiten). Genau so wenig ist es sinnvoll, soziale Beziehungen mit »Tracertechniken« zu analysieren. Studenten der Geographie müssen sich während des Studiums sowohl Methoden der physischen Geographie als auch sozialwissenschaftliche Methoden aneignen. Genauso wichtig wie das reine Handwerk ist dabei, die Angemessenheit der Methode in Bezug auf die jeweilige Fragestellung und den Forschungsgegenstand abschätzen zu lernen (**Methodenadäquanz**). Ferner ist zu unterscheiden zwischen Methoden, die der Erhebung, und solchen, die der Auswertung von Daten dienen.

Da sich im Laufe der Entwicklungsgeschichte der Geographie eine Vielzahl von Arbeitsmethoden herausgebildet haben (und Bücher darüber ganze Re-

gale in Bibliotheken füllen), sollen im Folgenden nur einige Methoden beispielhaft genannt und auf Grundlagenliteratur verwiesen werden. Das Curricu-
lum der Geographie sieht in der Regel vor, dass ausgewählte Methoden in den
verschiedenen Veranstaltungen des Studienganges (Kartographie- und Statis-
tikkurse, Geländeübungen und -praktika, Studienprojekte sowie Vorlesungen
und Seminare) eingeübt und vertieft werden.

Vor allem die so genannten **Geländeübungen** (Lehrveranstaltungen, die außerhalb der Universität, »im Feld«, durchgeführt werden) ermöglichen erste
praktische Erfahrungen mit angewandter Methodik auf der Basis einer selbst
entwickelten Fragestellung. Sie bereiten auf eigenständig durchzuführende
Studienprojekte und die praktischen Arbeiten im Zusammenhang mit der Abschlussarbeit vor. Gleichzeitig sind sie das Handwerkszeug, das Geographen in
einer späteren beruflichen Tätigkeit beherrschen müssen. Im Grunde lässt sich
praktisches Forschen übrigens gar nicht genug üben, denn das Know-how angewandter Forschung muss zwar theoretisch wohl überlegt sein, richtig gelernt
wird es aber erst beim Selbermachen *(»learning by doing«)* – mit allen anfäng-
lichen Fehlern.

Nicht immer gilt es, a priori (also vorab) *die* einzig richtige, adäquate Methode auszuwählen. Häufig ist es durchaus sinnvoll, einen Untersuchungsgegenstand mit verschiedenen Methoden und aus unterschiedlichen Perspektiven zu
untersuchen (**Methodenmix, Methodentriangulation**). Dabei ist allerdings
darauf zu achten, dass *alle* verwendeten Methoden sinnvoll auf den Untersuchungsgegenstand ausgerichtet sind. Diesbezüglich führt WERLEN (2000:16)
aus, dass Vielfalt nur dann sinnvoll sein kann, wenn innerhalb verschiedener
Ansätze eine möglichst große Methodenstrenge praktiziert wird. Damit ist gemeint, dass eine Einheitlichkeit der zu verwendenden Methoden nicht generell
und für alle Perspektiven und Disziplinen gelten kann. Dagegen ist eine **Rein-
heit der Methode** (ebd.) für die Vertreter einer bestimmten Richtung verbind-
lich, das heißt, dass die Methode im Hinblick auf den verfolgten Zweck wider-
spruchsfrei zu konzipieren ist. Die Abwägung der geeigneten Methode(n) ist
somit immer aufgrund der Spezifik des Einzelfalles vorzunehmen.

2.4.2 Kartierung

»Die« klassische geographische Arbeitsmethode ist das Kartieren. Dabei ist Kartieren nicht zu verwechseln mit dem Anfertigen einer Karte, die den letzten Schritt einer Kartierung darstellt und eine Wissenschaft für sich, nämlich die Kartographie, repräsentiert. Die Kartierung ist eine Methode zur Erfassung und Repräsentation der räumlichen Ausdehnung oder Verteilung eines zuvor definierten und abgegrenzten Forschungsgegenstandes.

Es gibt allerdings zahlreiche praktische und erkenntnistheoretische Gründe dafür, dass es sich bei einer Kartierung *niemals* um eine realitätsgetreue »1:1«-Abbildung handeln kann. Alleine die formalen und technischen Beschränkungen, denen kartographische Darstellungen unterliegen (HAKE et al. 2002), verhindern dies. Zudem beinhaltet das Kartieren eine inhaltliche Selektion, eine Abgrenzung und Zusammenfassung von Objekten in Klassen sowie das Anlegen einer bestimmten Perspektive. Eine intensive Auseinandersetzung mit der jeweiligen Aufnahmetechnik (z. B. bei Satellitenbildern, aber auch bei manuellen Erhebungsmethoden) sowie mit den Besonderheiten der gewählten Darstellung von Ergebnissen ist daher unerlässlich.

> »In möglichst kurzer und doch allgemeiner Form läßt sich **Kartographie** bezeichnen als Wissenschaft und Technik des Entwurfs, der Herstellung und des Gebrauchs kartographischer Darstellungen; diese vermitteln raumbezogene Informationen durch ein System geometrisch gebundener Zeichen« (HAKE 1982:13).

Bei aller Restriktion sind physische Karten (z. B. topographische oder hydrologische Verteilungen), thematische Karten (z. B. demographische, politische Verteilungen) und in neuerer Zeit auch »kognitive Karten« (subjektive Wahrnehmungen und Bewertungen von Distanz) *das* Mittel, um geographische Erkenntnisse zu repräsentieren. Es ist aber lange Zeit sehr selbstverständlich mit diesen Mitteln als Spiegel einer (einzigen, wahren) neutralen Realität umgegangen worden. Vor allem jene thematischen Karten, die humangeographische Sachverhalte darstellen, werden heute bezüglich ihres unaufgelösten Zusammenhangs von Repräsentation und Macht – im Sinne einer subtilen Einflussnahme auf die Entstehung von politischen und normativen »Weltbildern« – kritisiert (HARLEY 2002, AGNEW 1999).

2.4.3 Statistik

Unausweichlich für Studierende der Geographie, gleich ob Bachelor-, Diplom-, Lehramts- oder Magisterstudenten, ist es, grundlegende Kenntnisse statistischer Erhebungs- und Auswertungsmethoden und -verfahren zu erwerben und einige von ihnen auch praktisch zu beherrschen.

> Unter **Statistik** versteht man nach NIPPER (2002:286):
> - eine Liste mit Daten zur Kennzeichnung von Sachverhalten für einzelne Objekte,
> - eine Teildisziplin der Mathematik, die sich mit der Erhebung und Auswertung von Daten beschäftigt,
> - die Anwendung statistischer Methoden in empirischen Wissenschaften.

Die Anwendung der Statistik in der Geographie begann sich vor ca. 50 Jahren zu etablieren, und inzwischen sind statistische Methoden aus vielen Bereichen der Geographie nicht mehr wegzudenken. Gerade weil aber die statistisch aufbereitete Datenflut immer größer wird, ist es für die wissenschaftliche Arbeit mit Statistiken wichtig, aufgrund eigener Kenntnisse der Bedeutung statistischer Parameter, den Zahlenwerken gegenüber kritisch sein zu können. Das beginnt mit der Frage nach der Aussagekraft eines Mittelwerts einer Verteilung und führt – selbst für einen nicht spezialisierten Geographen – bis hin zur Beurteilung der Güte (Signifikanz) von Korrelations-, Regressions-, Faktoren- und Clusteranalysen (BAHRENBERG et al. 1992; BAHRENBERG et al. 1999; SCHNELL et al. 1999; BACKHAUS et al. 2003).

2.4.4 Physisch-geographische Messungen und Labormethoden

Innerhalb der physischen Geographie gibt es zahlreiche Methoden, um im Gelände, also in einem Untersuchungsgebiet, Daten zu erheben. Dazu gehören Messungen des Abflusses in Fließgewässern oder das Erfassen von Wetterdaten (Messung von Temperatur, Luftdruck etc.). Aber auch die bereits oben angesprochenen Kartierungen, in Form von geomorphologischer (DEMEK 1976), bodenkundlicher (AG BODEN 1994) und geoökologischer Kartierung (LESER & KLINK 1988) sind hier zu nennen. Eine weitreichende, aktuelle Sammlung physisch-geographischer Geländemethoden findet sich in ZEPP & MÜLLER (1999). Darüber hinaus gehören Laboruntersuchungen, z. B. Korngrößen- und Wassergehaltsbestimmungen an Bodenproben, chemische Untersuchungen an

Sedimenten und an Wasser zum Handwerkszeug eines Geographen. In der Regel handelt es sich bei den im Gelände und im Labor eingesetzten Methoden um standardisierte Verfahren, die in entsprechenden Methodensammlungen dokumentiert sind und die sicherstellen sollen, dass die Messergebnisse nicht subjektiv beeinflusst sind. Neben den bereits mit Literaturhinweisen versehenen Geländemethoden ist zur Vertiefung insbesondere auf AMTHAUER & PAVICEVIC (2001), PAVICEVIC & AMTHAUER (2000), UTERMANN (2000) und auf die einschlägigen DIN-Normen zu verweisen.

Die weitgehende Standardisierung der Messverfahren in der physischen Geographie garantiert allerdings noch keine sinnvollen Ergebnisse. Denn die angesprochenen Standardisierungen beziehen sich in der Regel nur auf das »Wie« des Messens, nicht jedoch auf das »Wo« oder das »Wann« einer Messung bzw. Beprobung im Gelände. Die Standardisierung einer Messung sagt also noch nichts darüber aus, ob eine Messung oder Beprobung im Gelände repräsentativ für ein Untersuchungsgebiet, einen Standort bzw. repräsentativ für einen Untersuchungszeitraum ist. Statistische und geostatistische Verfahren können in diesem Zusammenhang zwar hilfreich sein. Aber auch diese Verfahren lassen sich nur sinnvoll einsetzen, wenn durch unterstützende Untersuchungen Kenntnisse zur räumlichen oder zeitlichen Variabilität eines Phänomens vorliegen.

2.4.5 Methoden empirischer Sozialforschung

Im Gegensatz zur physischen Geographie gibt es in der Humangeographie keine Laborversuche und keine so weit reichende Standardisierung von Messverfahren. Methoden der primären Datengewinnung beziehen sich auf Daten, die mit Hilfe von quantitativen und/oder qualitativen Methoden der empirischen Sozialforschung gewonnen werden. Auch diese Methoden unterliegen Regeln, vor allem aber ist gerade bei den qualitativen Methoden die Abstimmung auf Fragestellung und Forschungsgegenstand wichtig.

Mit dieser Kurzcharakterisierung sind zum Beispiel Messungen und Zählungen (etwa zum Autoverkehr), standardisierte Formen von Interviews (Fragebögen), und neuere qualitative Formen der Datengewinnung, wie etwa offene Interviewsituationen (beispielsweise Leitfadeninterviews) und spezifische Beobachtungsverfahren (beispielsweise Ethnographie) angesprochen. Qualitative Methoden bedürfen allerdings auch – neben statistischen Verfahren – besonderer Auswertungsmethoden, etwa der Konversations- oder Diskursanalyse (s. FLICK et al. 2000; KELLER et al. 2001).

Empirische Sozialforschung ist die systematische Erfassung und Deutung sozialer Tatbestände. *Empirisch* bedeutet »erfahrungsgemäß«, *systematisch* bedeutet, dass die Erfahrung der Umwelt nach Regeln zu geschehen hat, und *soziale Tatbestände* reichen von beobachtbarem menschlichem Verhalten, über von Menschen geschaffene Gegenstände (»Artefakte«) und durch Sprache vermittelte Meinungen oder Informationen bis hin zu Erfahrungen, Einstellungen, Werturteilen und Absichten (nach ATTESLANDER 2000:3 f.).

Eine spezifisch humangeographische Methode ist die Hermeneutik, »die Lehre vom interpretativen Vorgehen« (SOEFFNER 2000:164), oder aber auch die »Lehre vom Verstehen« (JUNG 2001:7). Das Ziel dieser qualitativen Methode ist die Erfassung von Bedeutung und Sinn, wie wir ihn über die Sprache und Symbolik herstellen. Nicht »Messen«, sondern »deutendes Verstehen« von Sachverhalten und Phänomenen steht dabei im Vordergrund. Anwendungsbereich der Hermeneutik sind im weitesten Sinne »Texte«, also dokumentierte Aussagen von Interviewpartnern, oder Zeitungsberichte und Fernsehfilme. Das heißt nicht, dass die hermeneutischen Methoden auf das gesprochene oder geschriebene Wort festgelegt sind. Auch Handlungen oder Bilder werden untersucht, sie müssen jedoch, auch weil Wissenschaft auf Sprache basiert, zur Analyse »transkribiert« (verschriftet) werden. Das heißt, es ist ein Text herzustellen, der das Ton- oder Bilddokument möglichst genau wiedergibt. Der Forscher muss sich dabei jedoch immer mit der Tatsache auseinander setzen, dass er mit Dokumentation und Transkription eine neue Realität konstruiert, also aktiv in die Wirklichkeit seines Gegenstandes eingreift (FLICK 1998:193 ff.).

Die weitreichenden Implikationen und die Problematik qualitativer Forschung werden in verschiedenen Online-Foren fortlaufend diskutiert. Besonders empfehlenswert ist das »Forum qualitative Sozialforschung« (FQS). Unter der URL <http://www.qualitative-research.net> finden sich nicht nur Hinweise und Diskussionsmöglichkeiten zu Forschungsmethoden, es werden dort regelmäßig auch aktuelle Beiträge publiziert, die kostenlos genutzt werden können.

Weiterführende Literatur

BACKHAUS, K., B. ERICHSON, W. PLINKE & R. WEIBER (2003[10]): Multivariate Analysemethoden. Eine anwendungsorientierte Einführung. Berlin: Springer.

BAHRENBERG, G., E. GIESE & J. NIPPER (1992[2]): Statistische Methoden in der Geographie, Bd. 2. Multivariate Statistik. Teubner Studienbücher der Geographie. Stuttgart: Teubner.

BAHRENBERG, G., E. GIESE & J. NIPPER (1999[4]): Statistische Methoden in der Geographie, Bd. 1. Univariate und Bivariate Statistik. Teubner Studienbücher der Geographie. Stuttgart: Teubner.

DENZIN, N. K. & Y. S. LINCOLN (eds.) (1998): Strategies of Qualitative Inquiry. Thousand Oaks: Sage.

DENZIN, N. K. & Y. S. LINCOLN (eds.) (2001[2]): The Handbook of Qualitative Research. Thousand Oaks: Sage.

FLICK, U. (1998[3]): Qualitative Forschung. Theorie, Methoden, Anwendung in Psychologie und Sozialwissenschaften. Reinbek: Rowohlt.

FLICK, U., E. VON KARDORFF & I. STEINKE (Hrsg.) (2000): Qualitative Forschung. Ein Handbuch. Reinbek: Rowohlt.

FREIS, B. & M. JOPP (1998): Messen und Verstehen in der Wissenschaft. Eine vergleichende Einführung in qualitative und quantitative Verfahren in der sozialwissenschaftlichen Geographie. Bochum: Geographisches Institut der Ruhr-Universität.

HAKE, G., D. GRÜNREICH & LIQIU MENG (2002[8]): Kartographie: Visualisierung raum-zeitlicher Informationen. Berlin: de Gruyter.

HAY, I. (ed.) (2000): Qualitative Research Methods in Human Geography. Oxford: Oxford University Press.

HEINZE-PRAUSE, R. & T. HEINZE (1996): Kulturwissenschaftliche Hermeneutik: Fallrekonstruktionen der Kunst-, Medien- und Massenkultur. Opladen: Westdeutscher Verlag.

KANWISCHER, D. & T. RHODE-JÜCHTERN (Hrsg.) (2002): Qualitative Forschungsmethoden in der Geographiedidaktik. Bericht über einen HGD-Workshop in Jena, 21.–23. Juni 2001. Geographiedidaktische Forschungen 35. Nürnberg: Selbstverlag des Hochschulverbandes für Geographie und ihre Didaktik.

KELLER, R., A. HIRSELAND, W. SCHNEIDER & W. VIEHÖVER (Hrsg.) (2001): Handbuch Sozialwissenschaftliche Diskursanalyse, Bd. 1. Theorien und Methoden. Opladen: Leske + Budrich.

LAMNEK, S. (1993[2]): Qualitative Sozialforschung, Bd. 1. Methodologie. Weinheim: Beltz.

LAMNEK, S. (1995[3]): Qualitative Sozialforschung, Bd. 2. Methoden und Techniken. Weinheim: Beltz.

LIMB, M. & C. DWYER (eds.): Qualitative Methodologies for Geographers. Issues and Debates. London: Arnold.

MORSE, J.M. (ed.) (1994): Critical Issues in Qualitative Research Methods. Thousand Oaks: Sage.

2.5   Was kommt auf mich zu?
Das Prozedere von Seminar- und Forschungsarbeiten

Nachdem in diesem ersten Hauptteil einige grundlegende Aspekte zu »Wissenschaft« und »Forschung« dargelegt wurden und bevor die wissenschaftliche Arbeit bezüglich studentischer sowie wissenschaftlicher Abhandlungen im Einzelnen und dezidiert erläutert wird, soll an dieser Stelle skizzenhaft eine vorläufige Zusammenfassung der jeweiligen Schritte im wissenschaftlichen Arbeitsprozess erfolgen. Kurz: Was kommt nun eigentlich auf Studierende zu?

Neben dem Erlernen von Fakten und Daten und der Ausbildung von Methoden- und Sozialkompetenzen (z. B. Teamfähigkeit) gilt es, das im Laufe des Studiums erworbene Wissen und eigene Forschungsergebnisse »aufzubereiten« und in schriftlicher und mündlicher Form anderen (Kommilitonen, Dozenten, Wissenschaftlern, Mitbürgern etc.) zu präsentieren. In der Tat handelt es sich hierbei für die meisten Studierenden um den wohl schwierigsten, wenngleich wichtigsten Teil ihrer studentischen Karriere. Besonders wenn es an das Abfassen der Abschlussarbeit geht, stellen sich mitunter ganz unerwartete und bislang durchaus unbekannte (sicherlich individuell verschiedene) psychologische Zustände ein. Schon alleine der verlangte Seitenumfang und die absolut strikte Terminierung der Abschlussarbeit reichen über die Anforderungen an eine klassische Studienarbeit hinaus. Die gesetzten Termine sind natürlich auch bei Studienarbeiten einzuhalten, nur sind die Folgen bei Nichteinhaltung ungleich schwerwiegender, wenn es sich um die Abschlussarbeit handelt.

Wie bereits in Kapitel 2.3.2 dargestellt, kann ein Forschungsprozess allgemein in fünf aufeinander folgende Phasen eingeteilt werden (ATTESLANDER 2000:22). Diese Phasen sind – mit anderen Inhalten angefüllt – mehr oder weniger äquivalent zum allgemeinen Prozedere beim Erstellen von Studien- und Abschlussarbeiten sowie Präsentationen. Tabelle 2-1 fasst die Phasen wissenschaftlichen Arbeitens im Forschungsprozess zusammen und gibt darüber hinaus Auskunft über die psychologischen Zustände, die sich typischerweise in den jeweiligen Phasen einstellen. Dabei wird auch auf die Tätigkeiten, die beim Anfertigen von Seminararbeiten beziehungsweise Präsentationen anfallen, eingegangen. Die Tabelle soll verdeutlichen, dass auch bei »gestandenen« und »erfahrenen« Wissenschaftlern in gewissen Phasen eines Forschungsprozesses die anfallende Arbeit unübersichtlich und hoch komplex werden kann, so dass es notwendig wird, sich immer wieder von neuem Klarheit zu verschaffen und sich zu motivieren, um schließlich in den Genuss eines erfolgreichen Ab-

Tab. 2-1: Die fünf Phasen wissenschaftlichen Arbeitens

Phase:	Forschung »Wissenschaftler«	Studienarbeit/ Präsentation »Studierende«	Psychologischer Zustand
Problemstellung	Wissenschaftliches Problem fassen	Thema wählen/erhalten/ akzeptieren	Anfangseuphorie Aufbruchsstimmung
Gegenstandsbenennung	Problem formulieren Problem eingrenzen Arbeitshypothesen generieren	Thema abgrenzen Fragen formulieren Teilthemen festlegen	Ernüchterung Die Menge an Arbeit wird ersichtlich
Durchführung	Methodenauswahl Instrumente und Versuchsanordnung festlegen	Literatur sammeln, sichten und exzerpieren Beginn der Textarbeit Ideen zur Präsentation sammeln	Völlige Verwirrung und Verzweiflung »Ich kapier's nicht« »Das schaff' ich nie!«
Analyse/ Interpretation	Auswertung der Versuche Überprüfung der Hypothesen	Literatur ordnen und auswerten Studienarbeit konkret verfassen Präsentationsinhalte Fallbeispiele Medieneinsatz	Erstes »Aha-Erlebnis« »Jetzt wird's richtig spannend!«
Verwertung	Problemlösung Publikationen Forschungsberichte	Folien produzieren Abbildungen suchen Thesenpapier erstellen Vortrag halten	Zeit sinnvoll einteilen Lampenfieber bewältigen Erfolgserlebnis genießen

schlusses des jeweiligen Projektes (ob es sich um einen Forschungsauftrag oder eine Studienarbeit handelt) zu kommen. In der Regel generieren beim Forscher neue Einsichten oder Erkenntnisse Motivationsschübe; beim Studierenden sind dies häufig die berühmten »Aha-Erlebnisse«. Anzumerken ist jedoch, dass die einzelnen inhaltlichen Punkte der jeweiligen Phasen in der Praxis nicht immer so klar voneinander abgetrennt sind: Vielmehr ergeben sich meistens fließende Übergange zwischen den Phasen, oder bereits »abgehandelte« Phasen müssen nochmals durchlaufen werden, um etwa die Arbeitshypothesen zu spezifizieren.

Die erste Phase (**Problemstellung**) ist für den Wissenschaftler eigentlich die zentrale Phase, da mit dem Erfassen der Problemstellung bereits viele »Weichen« für den zukünftigen Verlauf des Forschungsprozesses gestellt werden.

Studierende haben es in dieser Phase vergleichsweise einfach, da sie in aller Regel ein zu behandelndes Thema zugewiesen bekommen oder einen Arbeitsgegenstand aus einem Themenkatalog auswählen müssen. Den positiv gestimmten Typus Studierender vorausgesetzt, sollte diese Phase von einer gewissen Anfangseuphorie oder Aufbruchsstimmung gekennzeichnet sein. Gerade Geographen wollen ja »Neuland« entdecken, und dieses findet sich nicht nur als »weiße Flecken« auf Landkarten, sondern gerade auch in unseren individuellen Wissensvorräten – quasi als kognitive weiße Flecken, die es zu kolorieren gilt. Zugegebenermaßen können nicht immer alle Studierende bezüglich der Themenauswahl oder des zugewiesenen Themas zufrieden gestellt werden, was sicherlich die Anfangseuphorie mindern kann. Die Erfahrung lehrt jedoch, dass, je intensiver in das zu behandelnde Thema »eingetaucht« wird, gleichzeitig das Interesse an der Bearbeitung der Problemstellung wächst.

Wenn ersichtlich wird, welche Menge an Arbeit man sich mit der ursprünglichen Idee eingehandelt hat, erfolgt, wie im täglichen Leben auch, auf die Euphoriephase häufig eine gewisse Ernüchterung. In dieser Phase (**Gegenstandsbenennung**) fängt die harte wissenschaftliche Arbeit an. Das zu behandelnde Problem muss dezidiert formuliert und der zu bearbeitende Gegenstand klar umrissen und eingeordnet werden. Schließlich kann nicht alles auf einmal behandelt werden. Dies würde nicht nur die geistigen Kapazitäten überstrapazieren, sondern auch die zeitlichen Ressourcen über die Maßen beanspruchen. Die Forschung ist somit auf die Durchführbarkeit hin zu prüfen. An dieser Stelle des Forschungsprozesses werden in der Regel Arbeitshypothesen formuliert und operationalisiert (Kap. 2.3.2). Bei Studienarbeiten wird in dieser Phase das Thema abgegrenzt, es werden Teilthemen festgelegt und eigene Fragen an das zu behandelnde Thema entwickelt (Fragenkatalog, Kap. 4.2.1). Dabei ist es unbedingt erforderlich, die Fragen nicht nur »im Kopf« zu haben, sondern präzise auszuformulieren. Durch die Eingrenzung des Themas und die Formulierung von Fragen sollte im besten Falle auch eine Komplexitätsreduktion erfolgen, damit die anstehende Arbeit »handhabbar« und überschaubar wird.

Zu Beginn der **Durchführungsphase** wählt der Wissenschaftler (wenn dies nicht schon vorher geschehen ist) seine Methoden und gegebenenfalls seine Arbeitsinstrumente aus. Werden Laborversuche durchgeführt, muss die Versuchsanordnung festgelegt und schriftlich festgehalten werden (Kap. 2.4.4).

Bei Untersuchungen mit Methoden der empirischen Sozialforschung wird vorab ein Arbeitsplan erstellt (Kap. 2.4.5). Die eigentliche Durchführung ist dann beispielsweise gekennzeichnet von Wasserprobenanalysen und Messungen der Leitfähigkeit von Böden oder Beobachtungen und Befragungen verschiedener sozialer Gruppen. Zeigen die Versuche nicht die erwarteten Ergebnisse (was durchaus häufig der Fall ist und was auch »gut« ist, denn sonst wäre diese Arbeit ja unnötig), oder ergibt es sich etwa, dass der Zugang zur vorgesehenen Befragungsgruppe nicht möglich ist, gerät der Wissenschaftler mitunter in einen Zustand »völliger Verzweiflung«.

Für Studierende ist in dieser Phase Verzweiflung und Verwirrung häufig dadurch gegeben, dass die bearbeitete Literatur entweder zu umfangreich oder zu komplex ist (Kap. 3). Hier besteht die Gefahr, dass einem das Thema »aus den Händen gleitet«. Häufig hilft es an dieser Stelle, die Problematik Freunden, Kommilitonen, Mitbewohnern oder Familienangehörigen zu schildern, da die eigene Formulierung des (wissenschaftlichen) Problems zur Klärung beitragen kann. Auch erste Schritte zur eigenständigen textlichen Fassung (Studienarbeit) können einen Beitrag zur Ordnung der eigenen Gedanken liefern (Kap. 4). Sollte dies nicht erfolgreich sein, ist es ratsam, den Veranstaltungsleiter oder Betreuer zu kontaktieren. In diesem Fall sind jedoch unbedingt konkrete Fragen vorzubereiten! Auf die allgemeine Aussage, »Ich kapier' das nicht« kann und wird kein Veranstaltungsverantwortlicher eine befriedigende Auskunft geben (können).

Nach Beendigung der Untersuchungen werden die abschließenden Ergebnisse einer (vorläufig) endgültigen **Auswertung** unterzogen. Dies ist die Phase im Forschungsprozess, in der es sehr, sehr spannend wird. Wie bei einem Detektiv, der kurz vor der Lösung eines schweren Falles steht, nimmt die Ausschüttung von Adrenalin im Körper des Wissenschaftlers in Erwartung der Ergebnisse zu. Zweifelsohne ist wissenschaftliche Arbeit in gewissem Sinne vergleichbar mit Detektivarbeit. Die eingangs getroffenen Hypothesen werden schließlich vom Wissenschaftler anhand der neu generierten Ergebnisse überprüft und gegebenenfalls vorläufig bestätigt (verifiziert) oder für unhaltbar erklärt (falsifiziert). Die gewonnenen Daten werden also entsprechend den zugrunde liegenden theoretischen Annahmen interpretiert (Kap. 2.1.2 und 2.3).

Bei Studienarbeiten ist dies die Phase, in der sich regelmäßig »Aha-Erlebnisse« einstellen (sollten). Die gelesene Literatur ist zu ordnen und auszuwerten (Kap. 3). Schließlich ist an dieser Stelle bereits an die Verwertung in Form einer schriftlichen Darstellung (Kap. 4) oder mündlichen Präsentation (Kap. 5) zu denken. Oftmals erhellt sich das bearbeitete Thema (wenn noch nicht geschehen) erst und gerade durch das Verfassen der Arbeit oder des Manuskriptes (Kap. 5.1.3).

Die abschließende **Verwertungsphase** ist für den Wissenschaftler wiederum eine Phase des Genusses. Wurde an einem Gutachten, etwa zum Image einer Stadt oder zur Umweltverträglichkeit einer Baumaßnahme gearbeitet, konnte konkret zur Lösung eines Problems beigetragen werden. Darüber hinaus werden die gewonnenen Ergebnisse meistens in Form eines Buches oder als Zeitschriftenbeitrag publiziert. Dadurch steigt das Renommee des Wissenschaftlers innerhalb der *Scientific Community*.

Für Studierende kann die Phase der Verwertung allerdings auch eine Zeit kleinerer und/oder größerer Krisen sein, insbesondere wenn die Verwertung in Form einer mündlichen Präsentation erfolgt, was für Ungeübte meistens eine angespannte, von Nervosität gekennzeichnete Situation ist. Hier gilt es, ruhig zu bleiben und die Tipps in Kapitel fünf dieses Buches zu beachten (Kap. 5.5). Sowohl für das Schreiben einer Studienarbeit als auch bezüglich mündlicher Präsentationen hat der altbekannte Satz »Übung macht den Meister!« weiterhin Gültigkeit. Auf jeden Fall sollte das Erfolgserlebnis einer gelungenen (aber auch einer »hinter sich gebrachten«) Präsentation entsprechend genossen werden!

Die nun folgenden Kapitel geben Auskunft darüber, wie durch entsprechende Erarbeitung, Einhaltung und Übung formaler und methodischer Techniken Reibungsverluste (und damit negative psychologische Zustände), insbesondere bei der Durchführungsphase (Kap. 3), der Analyse- und Interpretationsphase (Kap. 4) und der Verwertungsphase (Kap. 5) minimiert werden können. Schließlich sollte, trotz aller Härte der alltäglichen wissenschaftlichen und studentischen Arbeit, das wissenschaftliche Prozedere auch Spaß machen und der individuelle psychologische Zustand positiv aufgeladen sein. Mit »Lust und Laune« arbeitet es sich kreativer und besser!

3 Wissenschaftliche Literaturarbeit

Wissenschaftliche Arbeiten zeichnen sich dadurch aus, dass sie auf den Erträgen der Forschung aufbauen, die andere auf dem Gebiet bisher geleistet haben, und dass sie sich explizit auf den Forschungsstand beziehen. Deshalb beginnt wissenschaftliches Arbeiten mit einem intensiven Studium der einschlägigen, das Gebiet betreffenden Literatur.

Die in dieser Phase von Studierenden wohl am häufigsten gestellte Frage ist, wie und wo Literatur zu einem Thema zu finden ist. Daran schließen sich weitere Fragen an: Wie wähle ich die relevante Literatur aus? Wie können wissenschaftliche Abhandlungen sinnvoll und effizient gelesen werden? Welche Textinhalte sollen gespeichert werden, und wie sind sie in die eigene Arbeit einzubauen? Diese Fragen leiten zu den anfallenden Arbeitsschritten bei der Literaturarbeit hin, wie sie Abbildung 3-1 schematisch aufzeigt.

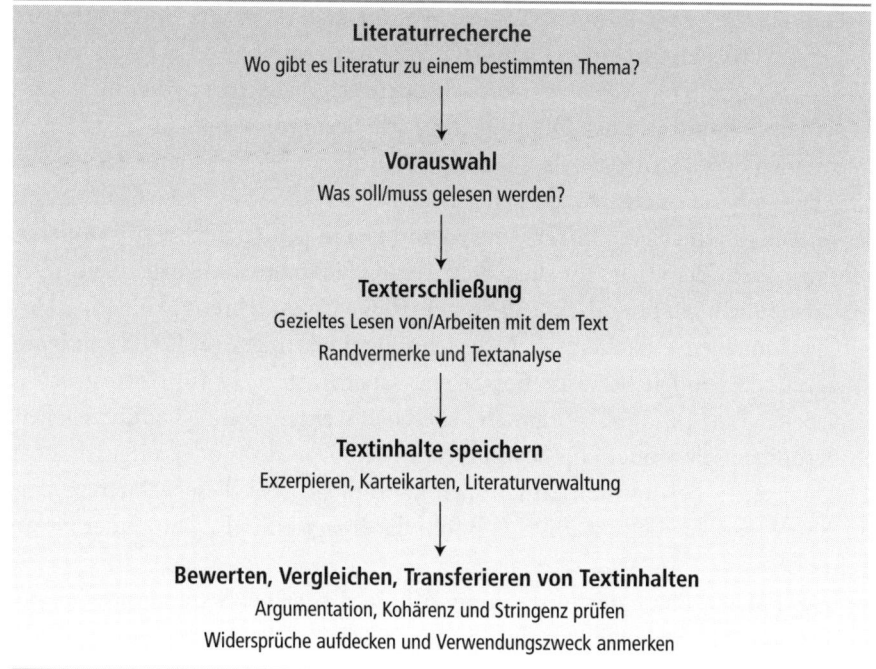

Abb. 3-1: Schritte der Literaturarbeit

Im folgenden Kapitel wollen wir versuchen, die im Zusammenhang mit der Literaturarbeit stehenden Fragen zu beantworten. Unter der Überschrift »Wo gibt's Literatur?« werden die verschiedenen Möglichkeiten der Literaturrecherche vorgestellt. Der Teilbereich »Alles lesen?« beschäftigt sich mit Techniken des Lesens von Texten und der Textanalyse. In »Kaum gelesen – schon vergessen?« werden abschließend Methoden vorgestellt, wie Textinhalte sinnvoll gespeichert und verwaltet werden können. Diese Gliederung folgt dem gängigen Weg der Literaturarbeit, der in Abbildung 3-1 visualisiert ist. Schließlich finden sich unter der Überschrift »Ist Literatur gleich Literatur?« einige wichtige Vorbemerkungen zur Qualität und allgemeinen Bewertung von Quellen. Denn bei der Suche nach Literatur oder, allgemeiner formuliert, nach Quellen für die eigene Arbeit, ist es bei weitem nicht notwendig und angebracht, sich auf alles zu stürzen, was einem in die Finger kommt.

3.1   Ist Literatur gleich Literatur?
Primär- und Sekundärliteratur, »graue Literatur« und andere Quellen

Es gibt zahlreiche Quellen, die für das Anfertigen einer wissenschaftlichen Arbeit relevant sein können. Da der Begriff Quelle in der Literatur zum wissenschaftlichen Arbeiten nicht eindeutig verwendet wird (Diskussion in THEISEN 2000:88 f.), müssen wir zunächst deutlich machen, was hier mit Quelle gemeint ist und wie der Oberbegriff Quelle weiter untergliedert wird – wir verwenden den Begriff »Quelle« also im Sinne einer übergeordneten Kategorie, die alle Grundlagen einer wissenschaftlichen Arbeit umfasst. Diese Grundlagen lassen sich differenzieren in Textquellen und Datenquellen. Dabei subsumieren wir unter dem Begriff Textquellen alle externen Stellungnahmen zu einem Thema, also sowohl veröffentlichte als auch nicht veröffentlichte Dokumente. Unter Datenquellen verstehen wir in Anlehnung an THEISEN (2000:88) all jenes Material, das »möglicherweise bearbeitet – aber noch nicht für dritte Zwecke verarbeitet […] [und] als ›Original‹ angesehen werden« kann. Darunter fallen insbesondere selbst oder von Seiten Dritter erhobene Roh- oder aufgearbeitete Datensätze. In bestimmten Situationen kann es sich bei diesen Datenquellen auch um Texte handeln, wenn es z. B. um das Image einer Region in der Presse geht.

In der ersten Phase der Ausbildung, d. h. in den ersten Semestern, wird zunächst fast ausschließlich mit Textquellen gearbeitet. Später kommen fremde und in der Abschlussarbeit eventuell selbst erhobene Datenquellen dazu. Aus dem Ziel, eine wissenschaftliche Arbeit zu schreiben, ergeben sich jedoch gewisse Qualitätsanforderungen an die Quellen, die vor den Ausführungen zur Literaturrecherche erläutert werden müssen.

3.1.1 Textquellen

Der Begriff Textquelle dient in dieser Darstellung als Oberbegriff für alle externen Stellungnahmen zu einem Thema und umfasst sowohl veröffentlichte als auch unveröffentlichte Dokumente. Mit Blick auf die Literaturrecherche und die Bewertung von Literatur sind weitere Differenzierungen notwendig. Zum einen sollen Textquellen in Publikationen und sonstiges Textmaterial unterteilt werden, und zum anderen soll zwischen Primär- und Sekundärliteratur bzw. primären und sekundären Textquellen unterschieden werden.

3.1.2 Publikationen

Der Begriff Publikation wird hier in Anlehnung an EWERT & UMSTÄTTER (1997:10f.) sehr breit interpretiert und umfasst »geschriebene bzw. gedruckte Dokumente sowie audio-visuelle Medien in analoger oder digitaler Form, die von Verlagen, politischen, gesellschaftlichen oder privaten Vereinigungen, Organisationen bzw. Institutionen hergestellt, vervielfältigt und für die Öffentlichkeit bzw. eine Teilöffentlichkeit bestimmt, herausgegeben werden«. Neben über den Buchhandel zu beziehenden Medien, wie Bücher und Zeitschriften – auch als »**weiße**« **Literatur** bezeichnet – zählen nach der (von uns geteilten) Auffassung von STOCK (2000:250) auch »**graue**« **Literatur** (s. u.), audio-visuelle Medien (Rundfunk, wissenschaftliche Filme) und Internetdokumente zu den Publikationen. Bevor Sie sich jetzt aber aufgrund der richtigen Schlussfolgerung, dass alles, was im Internet zu finden ist, eine Textquelle darstelle, auf die Internet-Suchmaschinen stürzen, um Quellen für Ihre Arbeit zu finden, sollten Sie unbedingt noch die folgenden Ausführungen lesen.

Die Unterscheidung von »weißer« Literatur (sauber) und »grauer« Literatur (schmutzig) mag einen Qualitätsunterschied zwischen diesen beiden Literaturgattungen suggerieren. Das ist aber nicht der Fall, denn die Unterscheidung basiert zunächst einzig und allein auf dem Herstellungs- und Vertriebsweg. Die »weiße« Literatur, oder »Verlagsliteratur«, ist über Verlage und den Buchhandel zu beziehen, die »graue«, zu der Forschungsberichte, Konferenzbeiträge, Vorabdrucke, Hochschulschriften, Dissertationen und Habilitationen,

Veröffentlichungen von Unternehmen, Behörden und Verbänden etc. gehören (DINI 2002:4; STOCK 2000:248), dagegen nicht. Das Kriterium der Veröffentlichung für eine Teilöffentlichkeit wird selbstverständlich auch von universitären Abschlussarbeiten (Bachelor-, Diplom-, Magister- oder Staatsexamensarbeiten) erfüllt, sobald sie entweder in den Bibliotheksbestand eingearbeitet oder, was vermehrt der Fall ist, im Internet publiziert sind. Dabei liegt die Entscheidung, eine Abschlussarbeit im Internet zu veröffentlichen, einzig beim Autor der Arbeit. Prinzipiell trifft dies auch für im Internet zugängliche Studienarbeiten zu.

Im Prinzip sind alle Publikationen, da sie öffentlich zugänglich und damit intersubjektiv überprüfbar sind, als Textquellen verwendbar und zitierfähig. Das gilt auch für **Internetdokumente**, bei denen allerdings die Schnelllebigkeit und Offenheit des Mediums die intersubjektive Überprüfbarkeit und damit die Verwendbarkeit für wissenschaftliche Arbeiten einschränkt (EBSTER & STALZER 2003:74). Ein Dokument, das gestern noch unter einer bestimmten Adresse erreichbar war, mag morgen schon aus dem Internet verschwunden oder völlig verändert sein. Um unter diesen Bedingungen die Überprüfbarkeit sicherzustellen, rät THEISEN (2000:70) daher dringend zu einem Ausdruck bzw. zur Speicherung von Quellenmaterial, das aus dem Internet stammt.

Auch wenn kein Zweifel daran bestehen kann, dass alle Publikationen **zitierfähig** sind, so sind als Quelle für eine wissenschaftliche Arbeit, abgesehen von einzelnen Ausnahmen, nur *wissenschaftliche* Publikationen heranzuziehen, also Publikationen, die selbst die Kriterien einer wissenschaftlichen Arbeit erfüllen und damit **zitierwürdig** sind (vgl. EBSTER & STALZER 2003:70). Das bedeutet, dass Tageszeitungen, wie »BILD«, »Steinhuder Meerblick« oder »Abendpost-Nachtausgabe« sowie Publikumszeitschriften wie »Hörzu« oder »Stern« (Beispiele aus KRÄMER 1999:185; ähnlich: FRANCK 2003:151), aber auch das unter Geographen so beliebte Magazin »Geo« kaum als Textquellen in Frage kommen. Selbst renommierte Blätter, wie »Die Zeit«, »Der Spiegel« oder die »Süddeutsche Zeitung« sollten nur dann verwendet werden, wenn gezeigt werden soll, dass und wie ein Thema in der breiten Öffentlichkeit diskutiert wird. Das hängt im Wesentlichen damit zusammen, dass es sich bei den Beiträgen in Zeitungen um Pressemitteilungen bzw. Beiträge über etwas handelt. Zeitungen sind damit in den Bereich der Sekundärliteratur einzuordnen (sie können in der Humangeographie daher durchaus als empirisches Material für eine Text-, Bild- oder Diskursanalyse dienen).

Das Kriterium der Wissenschaftlichkeit schränkt auch die Verwendung von im Internet veröffentlichten universitären Studienarbeiten als Quelle ein. Denn alle diese Arbeiten entstehen im Rahmen der Ausbildung zum wissenschaftlichen Arbeiten und können dieses Kriterium in der Regel noch nicht erfüllen. Zudem besteht das Problem, dass gewisse Internetportale zwar nur besser benotete Arbeiten zu vermarkten vorgeben, aber eine Überprüfung der Angaben zur Benotung dürfte für die Betreiber der Portale kaum möglich sein.

3.1.3 Primär- und Sekundärliteratur

Bei der Unterscheidung zwischen Primär- und Sekundärliteratur geht es um ein ganz anderes Kriterium. Die Art der Veröffentlichung spielt dabei keine Rolle. Hier geht es um die Frage des Ursprungs eines Gedankens, einer Theorie, einer Tatsachenbehauptung oder einer Position (u. a. FRANCK 2003:164, KRÄMER 1999:186, SESINK 1990:29). Bei **Primärliteratur** handelt es sich im engeren Sinn um die originale (ursprüngliche) Literaturquelle bzw. in etwas erweiterter Form um die Publikationen derjenigen, die einen Gedanken zuerst formuliert haben. Im engeren Sinn muss jede weitere Publikation, die einen Gedanken der ursprünglichen Publikation wiedergibt, als Sekundärliteratur eingestuft werden. In der etwas erweiterten Form handelt es sich bei **Sekundärliteratur** um alle Publikationen von Personen, die nicht ursprünglich Autor des betreffenden Gedankens sind und diesen (in der Regel unter Bezug auf den ursprünglichen Autor) wiedergeben, dabei aber unweigerlich interpretieren. Daraus folgt, dass auch Übersetzungen von ursprünglich in einer anderen Sprache verfassten Arbeiten als Sekundärliteratur aufzufassen sind, denn hier ist es der Übersetzer, der notwendigerweise interpretieren muss. Je nach eigenen Fremdsprachenkenntnissen kann es allerdings der geringere Schaden sein, die vom ursprünglichen Autor autorisierte und somit unter seinem Namen publizierte Übersetzung zu lesen. Unter der Bedingung, dass Wissenschaft auf dem Stand der Forschung aufbaut, muss jede Publikation Teile enthalten, die als Sekundärliteratur einzustufen sind. Und wenn wissenschaftliche Publikationen Neuerungen beinhalten und nicht reine Überblicksbeiträge darstellen, dann enthält jede Publikation auch Teile mit Primärliteraturcharakter (SESINK 1990:29). Vereinfacht und sehr allgemein ausgedrückt kann man sagen, dass Primärliteratur Literatur *von ...* und Sekundärliteratur Literatur *über ...* ist.

»Die Unterscheidung zwischen Primär- und Sekundärliteratur muss man immer gegenwärtig haben, weil in der Sekundärliteratur oft Teile der Quellen enthalten sind, die aber [...] *Quellen aus zweiter Hand* darstellen. Eine zu schnell und nicht ordnungsgemäß durchgeführte Untersuchung kann außerdem leicht dazu führen, dass man Quellen und Sekundärliteratur verwechselt. Wenn ich das Thema *Das wirtschaftliche Denken von Adam Smith* gewählt habe, aber im Verlauf der Arbeit merke, dass ich vorwiegend damit beschäftigt bin, mich mit den Interpretationen eines bestimmten Autors auseinander zu setzen und dass ich die unmittelbare Lektüre von Smith vernachlässige, dann habe ich zwei Möglichkeiten: Entweder ich kehre zur Quelle zurück, oder ich entschließe mich dazu, das Thema zu ändern und über *Die Interpretation von Smith im englischen zeitgenössischen liberalen Denken* zu schreiben. Das erspart mir keineswegs zu wissen, was Smith gesagt hat, aber es ist klar, dass ich mich jetzt nicht so sehr mit dem auseinander setze, was er gesagt hat, als mit dem, was andere in Auseinandersetzung mit ihm gesagt haben« (Eco 1993:64).

RAUSCHER (1991) geht in seiner mit den anderen in diesem Kapitel zitierten Autoren prinzipiell übereinstimmenden Einteilung von Literatur einen Schritt weiter und weist neben der primären und sekundären Literatur noch eine Gruppe tertiärer Literatur aus (Tab. 3-1). Dabei wird die Gruppe der tertiären Literatur durch ein zusätzliches Kriterium, nämlich das der Veröffentlichung in einer eng umgrenzten Gattung von Büchern, definiert. Wie die anderen hier diskutierten, jüngeren Beiträge zeigen, konnte sich diese Erweiterung nicht durchsetzen. Gleichzeitig zeigt die Diskussion aber auch, dass die von EGGS (2000) propagierte Definition, nach der es sich bei Sekundärliteratur um Bibliographien handeln soll, bestenfalls als exotisch bezeichnet werden kann. Das wäre nicht weiter tragisch, wenn es sich dabei nicht um die vermutlich sehr publikumswirksamen Anleitungen zur »Gestaltung einer wissenschaftlichen Arbeit« auf der Homepage von »Hausarbeiten.de« handeln würde.

Tab. 3-1: Primäre, sekundäre und tertiäre Literatur (verändert nach RAUSCHER 1991:71)

Unterscheidung nach dem Abstand zum Untersuchungsgegenstand		
Primäre Literatur	*Sekundäre Literatur*	*Tertiäre Literatur*
Sagt unmittelbar etwas über einen Sachverhalt/ein Thema aus (Originale, Literatur »von«)	Verweist auf primäre und andere Sekundärliteratur, fasst diese zusammen oder interpretiert und vergleicht sie, erschließt primäre Literatur und Quellen (Literatur »über«)	Systematisch geordnete und einen Überblick gebende Literatur (Lexika, Handbücher, Wörterbücher)

Im Laufe des Studiums sollte es zu einer deutlichen Verschiebung im Anteil von Primär- und Sekundärliteratur in einer wissenschaftlichen Arbeit kommen. Während in den ersten Semestern wohl jeder Verständnis zeigt, wenn der Anteil der Sekundärliteratur, und dazu gehören auch viele Lehrbücher, überwiegt, sollten sich Studienarbeiten im Hauptstudium und Abschlussarbeiten durch einen hohen Anteil an selbst verarbeiteter Primärliteratur auszeichnen.

3.1.4 Sonstige Textquellen

Der Begriff sonstige Textquellen wird sehr weit ausgelegt. Er umschreibt alle Dokumente, die entweder nicht publiziert wurden oder die, da nicht archiviert, nur äußerst schwer zugänglich sind. Selbstverständlich kann dieses Material, zu dem u. a. *Graffiti, Werbeprospekte* und *Flyers* zählen, zum Gegenstand einer Arbeit werden. Dann aber wäre dieses Material als Datenquelle einzustufen und im Anhang zu einer Arbeit auch intersubjektiv nachprüfbar zu dokumentieren. Zu dieser Rubrik sind weiterhin mündliche und schriftliche Mitteilungen, Vorlesungsmitschriften u. a. zu zählen. Auch hier besteht das Problem, dass sich diese Dinge einer intersubjektiven Überprüfbarkeit entziehen. In Ausnahmefällen mag man sich daher auf solche Quellen beziehen. Kernpunkte einer wissenschaftlichen Argumentation können sie aber nicht werden.

3.1.5 Primäre und sekundäre Datenquellen

Bei einer wissenschaftlichen Arbeit, die einen empirischen Teil enthält, kann bezüglich empirischer Daten ebenfalls nach primären und sekundären Informationsträgern unterschieden werden. Eigene Erhebungen und Messungen bilden hier die primären Informationen, während bereits vorhandene Daten sekundäre Informationen, also Informationen »aus zweiter Hand« sind. Auch hier ist auf eine entsprechende Ausgewogenheit beim Datenmaterial zu achten. Tabelle 3-2 gibt einen Überblick.

Tab. 3-2: Empirische Informationsquellen

Primärquellen	Sekundärquellen
• Eigene Erhebung → Beobachtung → Befragung → Kartierung → Labormessungen → … *Mit eigenen Erhebungen werden Studierende der Geographie oftmals bereits in Gelände- und Laborpraktika konfrontiert.* • Parlamentsprotokolle ⇒ *Neue weitergehende Informationen*	• Statistiken → Amtliche Statistiken → Betriebsstatistiken → … • »sekundäre Primärquellen« • Marktforschungspanels • Datenbanken • … ⇒ *Informationen aus bereits vorhandenem Material*
Vorteil Genau auf Fragestellung abgestimmte Erhebungsmethoden und damit mögliche Verzerrungen bekannt bzw. abschätzbar	**Vorteil** Preiswerter, schneller, manchmal einzige Möglichkeit der Informationsbeschaffung, unterstützen bei eigenen Erhebungen, stellen Vergleichsmaßstab für eigene Forschung dar
Problem Zeit- und kostenaufwendig, Erhebungsumfang begrenzt	**Problem** Bezug zur eigenen Fragestellung oft nicht gegeben, fehlende Vergleichbarkeit, eventuell veraltete Daten bzw. Erhebungsmethoden und Fehler oft nicht nachvollziehbar

3.2   Wo gibt's Literatur?
Recherche, Zusammenstellung und Auswahl von Literatur zu einem Thema

Die Literaturrecherche, d. h. das Suchen und Beschaffen von Quellen und deren Verarbeitung, ist sehr aufwendig und beansprucht viel Zeit. Deshalb gilt es, damit so früh wie möglich zu beginnen und dabei systematisch zu verfahren. Letzteres bedeutet insbesondere, schon bei der Recherche auf eine vollständige Dokumentation der Quellenangaben zu achten, um später in der Phase der Fertigstellung der eigenen Arbeit auch die erforderlichen vollständigen Nachweise über die verwendete Literatur oder andere Quellen zur Hand zu haben (s. Kap. 4.4). Nichts ist ärgerlicher, als in der Endphase festzustellen, dass z. B. vergessen wurde, den Titel des Sammelbandes zu notieren, in dem der in Kopie vorliegende Artikel erschienen ist.

3.2.1   Wo finde ich Literatur?

Es gibt mittlerweile zahlreiche Möglichkeiten, um an Informationen zu einem Thema, dazu gehört insbesondere die wissenschaftliche Literatur, heranzukommen. Auch wenn man meinen könnte, dass im Zeitalter globaler Informationsströme das Internet die erste Adresse sei, stellen wir die Internet-Suchmaschinen als Informationsquelle sehr bewusst ans Ende und folgen in der Gliederung dem klassischen Weg, der zunächst in die Bibliothek führt. Dabei verschmähen wir den Gang in eine virtuelle Bibliothek keineswegs, halten es aber für sinnvoll, zunächst das Handwerk in einer ausgewählten und geprüften Sammlung zu erlernen, bevor man sich zutraut, qualitativ hochwertige Quellen »auf eigene Faust« zusammenzustellen.

3.2.1.1 Bibliotheken

»Wissen« wird in Form von Schriften oder Büchern festgehalten, seitdem die Schrift entstanden ist. Schon frühzeitig wurde dieses Wissen gesammelt und archiviert, nicht zuletzt, um »Machtapparate« aufzubauen. Als Beispiel kann hier das Wissen um Steuererhebungen angeführt werden. Dieses Wissen war lange Zeit ein elitäres Gut, denn Bücher waren bis zur Erfindung des Buchdrucks in der Regel nur als Einzelexemplare in speziellen Bibliotheken, häufig klerikale Einrichtungen, vorhanden. Mit der Alphabetisierung der europäischen Gesellschaften wurde diese »Tradition des Geheimwissens« (ESSBACH 1996:204) aufgebrochen, in allen administrativen Territorialeinheiten wurden Bibliotheken gegründet. Neben der Schul-, Dorf-, Stadt-, Landes- und Staatsbibliothek sind es vor allem die **Universitätsbibliotheken**, in denen das verfügbare Wissen (Publikationen) gesammelt und archiviert wird. Wir leben gegenwärtig in einer Situation, in der die meisten Bibliotheken allen Menschen zugänglich sind, obwohl auch hier einzelne geschützte Bereiche mit Zugangsbeschränkungen existieren und Nutzungsgebühren ökonomische und Immatrikulationsbescheinigungen soziale Ausschlussverfahren darstellen können.

Allen Bibliotheken ist gemeinsam, dass die Bestände, die oft nicht nur Bücher und Zeitschriften, sondern auch Handschriften, Karten, Ton- und Bilddokumente sowie digitale Datenträger umfassen, inventarisiert und katalogisiert sind. Dabei werden die bibliographischen Angaben eines Mediums (Autor, Titel usw.) erfasst und der Bestand über Schlagworte gemäß den Regeln für den Schlagwortkatalog (DDB 2002) relevanten Themengebieten sachlich, regional und zeitlich zugeordnet. Diese Inventarisierung und Katalogisierung sichert den Zugang zum Bestand. Durch die interne Organisation einer Bibliothek ergeben sich im Einzelnen jedoch erhebliche Unterschiede beim praktischen Zugang zu den Beständen, die bei der Recherche zu berücksichtigen sind. Deshalb zunächst ein kurzer Exkurs in die Organisation einer real existierenden Bibliothek.

Prinzipiell ist zwischen **Präsenz- und Leihbeständen** zu unterscheiden. Während Präsenzbestände lediglich vor Ort (d. h. im Lesesaal, in der Institutsbibliothek) nutzbar sind, dürfen Leihbestände, wie der Name besagt, ausgeliehen werden. Ein weiterer wichtiger Unterschied betrifft die **Aufstellung** der Medien. Da die meisten Bibliotheken unter Raummangel leiden, ist nur ein Bruchteil des Bestands einer Bibliothek direkt zugänglich. Der Großteil lagert in Magazinen, aus denen die Medien bestellt werden. Sowohl die Magazine als auch die frei zugänglichen Bestände (Freihandbereiche) sind in den großen Bibliotheken in der Regel **nach Größe und Zugang** geordnet. In einer Situation, in der unter einem gewissen Zeitdruck nach Literatur gesucht wird, sollte man hier schon wissen, was benötigt wird. Mit etwas Zeit kann es aber durchaus lehrreich sein, einfach die Regale entlangzuschlendern und zu schauen, was es Neues im Bestand gibt. Insbesondere in Bibliotheken, die über getrennte und überschaubarere Freihandbereiche verfügen, kann das zur Horizonterweiterung beitragen. Neben den nach Größe und Zugang und somit thematisch ungeordneten Bereichen verfügen viele Bibliotheken über **nach Sachgruppen** geordnete Aufstellungen. Dazu gehören die Lehrbuchsammlungen, in denen mehrere Exemplare eines Titels vorhanden sind, und die Lesesäle, in denen Nachschlagewerke, Bibliographien, die wichtigsten – und häufig teuersten Werke – zu einem Themenbereich sowie die aktuellen Ausgaben von Fachzeitschriften aufbewahrt werden. Auch in vielen Institutsbibliotheken erfolgt die Aufstellung nach Sachgruppen bzw. Themenbereichen.

Je nach Stand der Vorkenntnisse und den persönlichen Vorlieben kann die Literaturrecherche entweder mit dem Katalog einer Bibliothek, mit allgemeinen und einschlägigen Nachschlagewerken (inkl. Bibliographien) oder in nach Themenbereichen gegliederten Aufstellungen direkt am Bücherregal beginnen.

3.2.1.2 Bibliothekskataloge

Bibliothekskataloge verzeichnen den Medienbestand der jeweiligen Bibliothek, wobei durch die inzwischen weit verbreiteten Datenbankstrukturen der Kataloge (mit entsprechenden Suchroutinen) die traditionelle Unterscheidung von alphabetisch geordnetem Autorenkatalog und Schlagwortkatalog an Bedeutung verloren hat. Weil aber selbst Universitätsbibliotheken nicht über die finanziellen Mittel verfügen, um alle wissenschaftlichen Neuerscheinungen anzuschaffen, müssen die einzelnen Bibliothekskataloge unvollständig sein.

Da dieses Problem nicht neu ist, wurden schon Ende der 1940er Jahre an verschiedenen Bibliotheken fachspezifische Sammelschwerpunkte eingerichtet (DFG 2003). Mit finanzieller Unterstützung der Deutschen Forschungsgemeinschaft (DFG) wird an der jeweiligen Bibliothek versucht, die einschlägige Literatur zum jeweiligen Fachgebiet vollständig zu beschaffen. Der Sammelschwerpunkt Geographie befand sich bis 1973 in der Stadt- und Universitätsbibliothek Frankfurt am Main und wurde dann in die Niedersächsische Staats- und Universitätsbibliothek Göttingen verlagert (WEBIS 2003a). Weitere geowissenschaftliche Sammelschwerpunkte sind bei WEBIS (2003b) aufgelistet.

Mit dem Einzug der elektronischen Datenverarbeitung in das Bibliothekswesen vor etwa 30 Jahren wurde zudem der Grundstein für die nationale (und internationale) Vernetzung der Bibliothekskataloge gelegt. So enthält z. B. der Katalog des GBV (Gemeinsamer Bibliotheksverbund) die Bestände von über 450 Bibliotheken in Bremen, Hamburg, Mecklenburg-Vorpommern, Niedersachsen, Sachsen-Anhalt, Sachsen und Thüringen (GBV 2003). Über den Südwestdeutschen Bibliotheksverbund (SWB) sind zudem die Bibliotheken in

Baden-Württemberg, im Saarland, in Sachsen und im Süden von Rheinland-Pfalz vernetzt.

Dieser kurze Exkurs in das Bibliothekswesen in Deutschland dürfte deutlich gemacht haben, dass Bibliothekskataloge, seien es Einzelkataloge oder Verbundkataloge, ein umfassendes Werkzeug zur Literaturrecherche darstellen. Einschränkend muss jedoch darauf hingewiesen werden, dass

1. Bibliothekskataloge über mehrere Jahrhunderte schriftlich geführt und die digitalen Datenbanken erst in den letzten 30 Jahren aufgebaut wurden. Obwohl viele Bibliotheken neben der laufenden, vollständigen Aufnahme der Neuerwerbungen auch erhebliche Anstrengungen unternommen haben, um die Altbestände in die Datenbanken zu integrieren, ist daher unsicher, ob ältere vorhandene Literatur tatsächlich in der aktuellen Katalogdatenbank verzeichnet und damit recherchierbar ist. Obsolet sind die traditionellen Autoren- oder Schlagwortkataloge somit derzeit noch nicht. Nachdem aber die Universitätsbibliothek Heidelberg jüngst den »DigiKat bis 1935« vorgestellt hat, der den alphabetischen Hauptkatalog vor 1935 erhält und dessen ältester Eintrag aus dem Jahr 1455 stammt (UB HEIDELBERG 2003), dürfte die Zeit der Zettelkataloge gezählt sein. Inwieweit dieses Problem die jeweils spezifische Bibliothek betrifft, lässt sich beim Personal erfragen.

2. Bibliothekskataloge enthalten zwar alle bibliographischen Angaben zu den Medien. Diese Angaben beziehen sich jedoch auf die Einheit, in der Regel auf das Buch oder die Zeitschrift. Dagegen werden keine Informationen zur inneren Struktur dieser Einheit erhoben. Bei Zeitschriften und Sammelbänden bedeutet dies, dass zwar der Herausgeber, der Titel usw. im Katalog verzeichnet sind, nicht jedoch die Autoren und Titel der Einzelbeiträge in Sammelbänden oder Zeitschriften. Wenn man nicht weiß, dass in einem bestimmten Sammelband oder in einer bestimmten Zeitschrift etwas Interessantes erschienen ist, hilft hier nur, Inhaltsverzeichnisse zu sichten oder Bibliographien bzw. spezielle Zeitschriftendatenbanken zu Rate zu ziehen.

3.2.1.3 Bibliographien und Literaturdatenbanken

Bibliographien sind »Bücher über Bücher« bzw. heutzutage in der Regel Datenbanken über Publikationen, die ähnlich wie Bibliothekskataloge organisiert sind. Traditionell sind Bibliographien, wenn es sich nicht um Bibliographien der Werke einzelner Persönlichkeiten handelt (das ist die alternative Wortbedeutung), nach Autoren, Titeln oder Schlagworten gegliedert, wobei sich dieses System im Zeitalter der Datenbanken auflöst. Im Unterschied zu Bibliothekskatalogen verzeichnen Bibliographien auch Einzelbeiträge und enthalten neben den bibliographischen Angaben teilweise auch die Kurzfassungen der Beiträge (SCHRÖDER & STEINHAUS 2000:27). In Abhängigkeit von der herausgebenden Institution berücksichtigen Bibliographien neben der »weißen« unter Umständen auch die »graue« Literatur.

Bibliographien, soweit sie nicht von einer Bibliothek beschafft wurden, sind in der Regel nicht frei zugänglich. Rühmliche Ausnahmen bestätigen die Regel. Tabelle 3-3 zeigt eine für die Geographie relevante Auswahl von Bibliographien und Datenbanken. In Bibliotheken sind ältere Ausgaben häufig in Buchform und jüngere Ausgaben als CD-ROM – gegebenenfalls verknüpft mit einer Online-Zugangsberechtigung für Universitätsangehörige – vorhanden. Dabei umfassen die Suchroutinen neben der Autorensuche freie Textsuchoptionen sowie Suchoptionen über Schlagworte.

3.2.1.4 Nachschlagewerke

Enzyklopädien, Lexika, Wörterbücher etc. sind mögliche Quellen für einen Ersteinstieg in ein Thema im Sinne einer Überprüfung von Begriffen (s. Kap. 2.1.2). Dabei sind qualitativ hochwertige wissenschaftliche Lexika vorzuziehen. Diese zeichnen sich dadurch aus, dass die enthaltenen Stichwortbeiträge namentlich gekennzeichnet sind und entweder Hinweise auf die stichwortspezifische einschlägige Literatur geben (gilt teilweise für BRUNOTTE et al. 2001 f.), oder aber den formalen Regeln wissenschaftlicher Arbeiten folgen (gilt für JOHNSTON et al. 1994, teilweise für GOUDIE et al. 1994). Damit bieten diese Lexika auch einen Ansatzpunkt zur Vertiefung der Literaturrecherche mit dem Schneeballsystem (s. u.). Allerdings ist bei Lexika immer zu beachten, dass die Beiträge häufig stark verkürzt und vereinfacht sind. Lexika können daher auf keinen Fall eine weitere Literaturarbeit ersetzen! Sie dienen im Wesentlichen dazu, sich einen ersten Überblick zu verschaffen. Als Quelle sollten Ausführungen in Lexika nur dann verwendet werden, wenn die Beiträge den Regeln wissenschaftlicher Arbeiten folgen.

Tab. 3-3: Geographierelevante Bibliographien bzw. Datenbanken

Bibliographie	Erläuterungen
Current Geographical Publications	Traditionelle Bibliographie mit regional und themenbezogenen Listen, erscheint monatlich, basiert auf der Sammlung der American Geographical Society Collection, University of Wisconsin-Milwaukee, berücksichtigt Bücher, Periodika, Pamphlete, Regierungsdokumente, Karten und Atlanten, Zugang zu aktuellen Ausgaben: <http://leardo.lib.uwm.edu/cgp/>
Geobase	Kommerzielle Datenbank für den Bereich Geographie, Geologie und Ökologie, berücksichtigt Zeitschriften, Bücher, Monographien, Konferenzbeiträge und Berichte, Kurzfassungen stehen zur Verfügung, Geobase steht in vielen Bibliotheken zur Verfügung
GEODOK	Frei verfügbare Aufsatzdatenbank des Instituts für Geographie der Universität Erlangen, berücksichtigt nationale und internationale geographische Zeitschriften und Reihen, Details und Zugang über: <http://www.geodok.uni-erlangen.de/geodok/geodok.htm>
GeoRef	Kommerzielle Datenbank für den Bereich der Geowissenschaften inkl. Geomorphologie und Hydrologie, berücksichtigt Zeitschriften, Bücher, Karten, Konferenzbeiträge, Berichte, Dissertationen und alle Veröffentlichungen des USGS, GeoRef steht in vielen Bibliotheken zur Verfügung
GZB	Die Geographische Zentralbibliothek (GZB) im Leibniz-Institut für Länderkunde, Leipzig (IFL), stellt eine seit über 100 Jahren gewachsene Sammlung dar, die neben Büchern, Zeitschriften, Konferenzbeiträgen und Berichten auch zahlreiche Einzelkarten und Atlanten sowie Bildmaterial umfasst. Zugang über: <http://www.ifl-leipzig.com/index.php?bibo>
SOLIS	Datenbank für deutschsprachige sozialwissenschaftliche Publikationen, berücksichtigt »weiße« und teilweise »graue« Literatur, einschließlich unveröffentlichter DDR-Forschungsberichte, Details unter: <http://www.gesis.org>
FORIS	Datenbank deutschsprachiger sozialwissenschaftlicher Forschungsarbeiten, Details unter: <http://www.gesis.org>

3.2.1.5 Sachaufstellungen in der Bibliothek

Viele Bibliotheken verfügen über frei zugängliche Bereiche, in denen die Literatur nach Sachgruppen aufgestellt ist. Dazu gehören einerseits die Lesesäle und andererseits die meisten Institutsbibliotheken. Hier lässt sich, nachdem man sich mit der Systematik der Aufstellung vertraut gemacht hat, die einschlägige Literatur direkt im Regal suchen und unmittelbar in Augenschein nehmen. Allerdings sollte nicht davon ausgegangen werden, dass die komplette Literatur unter nur einem Schlagwort bzw. in einem Sachgruppenbereich zu finden wäre. Schmökern Sie auch in verwandten Sachgruppenbereichen und gegebenenfalls in anderen Institutsbibliotheken. Denken Sie auch daran, dass insbesondere in der Geographie interessante Titel auch in der regionalen Aufstellung »versteckt« sein können.

3.2.1.6 Fachzeitschriften

Fachzeitschriften stellen trotz aller Interneteuphorie immer noch das Medium dar, in dem der aktuelle Stand der Forschung dokumentiert wird. Da kürzere Artikel schneller geschrieben und redigiert werden als umfangreiche Monographien, sind Zeitschriftenbeiträge in der Regel aktueller als Monographien. Manche Artikel stellen jedoch auch Kurzversionen von bereits erschienenen Buchpublikationen dar. Neben **Fachartikeln** enthalten Zeitschriften häufig Hinweise auf **Neuerscheinungen** und **Buchbesprechungen** (Rezensionen). Um in der eigenen Arbeit den aktuellen Stand der Forschung dokumentieren zu können, ist es unerlässlich, Fachzeitschriften zu sichten, relevante Beiträge zu lesen und in die eigenen Ausführungen einzuarbeiten. Die Sichtung der Zeitschriften erfolgt entweder über Bibliographien oder Datenbanken (s. o.) oder direkt am Standort der Zeitschrift, indem die Inhaltsverzeichnisse (ggf. sachlich und regional gegliedertes Jahresinhaltsverzeichnis im ersten oder letzten Heft eines Jahrgangs), Indizes, Buchbesprechungen und Hinweise auf Neuerscheinungen durchgeblättert werden.

Da viele Fachzeitschriften auf **bestimmte Themengebiete** spezialisiert sind (Tab. 3-4), kann hier schon über den Zeitschriftentitel eine Vorauswahl erfolgen. Insbesondere in Deutschland sind in den letzten Jahren mehrere Zeitschriften (Geographische Rundschau, Petermanns Geographische Mitteilungen) dazu übergegangen, in ihren Ausgaben jeweils **Schwerpunktthemen** zu behandeln. Auch das erleichtert die Sichtung der Beiträge. Es bietet sich ferner an, Zeitschriften der jeweiligen Nachbardisziplinen durchzusehen. Beispielsweise gibt es im Bereich der Informatik, der Geologie, der Soziologie oder der Wirtschaftswissenschaften Zeitschriften, in denen auch für geographische Themen relevante Beiträge und Beiträge von Geographen zu finden sind.

Tab. 3-4: Auswahl geographischer Fachzeitschriften mit Angaben zu thematischen Schwerpunkten

Titel	Schwerpunkte
Die Erde	Geographie (gesamt)
Erdkunde	Geographie (gesamt)
Geographie und Schule	Didaktik der Geographie
Geographische Revue	Humangeographie
Geographische Rundschau	Geographie (gesamt), Themenhefte
Geographische Zeitschrift	Humangeographie
Petermanns Geographische Mitteilungen	Geographie (gesamt), Themenhefte
Praxis Geographie	Didaktik der Geographie
Zeitschrift für Wirtschaftsgeographie	Wirtschaftsgeographie
Annals oft the Association of American Geographers	Geographie (gesamt)
Catena	Geomorphologie, Bodenkunde
Environment and Planning: Society and Space	Sozialwissenschaften, Humangeographie
International Journal of Remote Sensing	Fernerkundung
Progress in Human Geography	Humangeographie
Progress in Physical Geography	Physische Geographie
Zeitschrift für Geomorphologie	Geomorphologie

In Tabelle 3-4 sind einige der für die Literaturrecherche im Fach Geographie relevanten Zeitschriften aufgeführt. Es ist dabei zu beachten, dass es sich um **eine Auswahl** handelt, die keinesfalls eine weiter gehende Recherche in anderen Zeitschriften ersetzt, sondern den Einstieg in die Literatursuche erleichtern soll.

3.2.1.7 Schneeballsystem

Das »Schneeballsystem« nutzen heißt, die Literaturlisten der gefundenen Werke durchzusehen, denn jeder Verfasser einer wissenschaftlichen Arbeit zitiert seine Quellen. Auf diese Weise sind kontextbezogen **weitere Literaturquellen** zu finden, die für die Bearbeitung des eigenen Themas nützlich sein dürften. Prinzipiell ist das Schneeballsystem eine sehr sinnvolle Methode, um das Spektrum an Literaturquellen zu erweitern und an den **Ursprung eines Gedankens** oder einer Auffassung zu gelangen.

Da sich hin und wieder bestimmte Gruppen von Autoren allerdings auch wechselseitig zitieren, gelangt man gelegentlich in einen so genannten **Zitierzirkel**. Das kann den Anschein erwecken, dass es außerhalb dessen keine andere hilfreiche Literatur mehr gäbe. Dieser Schein trügt in den meisten Fällen. Wahrscheinlicher ist, dass man bei solchen Zirkeln auf fachpolitisch motivierte Diskursgrenzen gestoßen ist, um es vornehm auszudrücken.

Besonders am Anfang sollte man der Versuchung widerstehen, alle Bücher oder Beiträge, die gefunden wurden, unmittelbar zu lesen. Viel sinnvoller ist es, die Literatur nach den weiter unten beschriebenen Vorschlägen zu sichten und gezielt auszuwählen.

Nach dem Gebrauch der entsprechenden Materialien ist dann darauf zu achten, dass diese auch wieder an die entsprechende Stelle zurückgestellt werden, da es sonst für nachfolgende Nutzer fast unmöglich wird, die Materialien wiederzufinden. Verstellte Bücher sind meist verlorene Bücher und müssen neu angeschafft werden, da nicht jedes Jahr eine Inventur durchgeführt werden kann.

Wird zu einem bestimmten Thema oder Forschungsgegenstand Literatur gesucht, stehen gerade Studienanfänger vor dem Problem, dass sie zu der zu bearbeitenden Thematik bisher wenig oder gar kein Vorwissen haben. Dies ist jedoch nicht immer ein Nachteil, da zugleich auch eine gewisse »Offenheit« für die verschiedenen Wissensbestände und sich teilweise widersprechende Forschungsansätze vorhanden ist und die eigene Arbeit »vorurteilsfreier« angegangen werden kann. Weiterhin ist es ja gerade ein Ziel des Studierens, sich neues Wissen anzueignen.

Eco (1993:75) führt dazu Folgendes aus: »Es kann vorkommen, dass der Forscher in eine Bibliothek geht und ein Buch sucht, von dessen Existenz er weiß, aber oft geht er in die Bibliothek nicht *mit* einer Bibliographie, sondern *um* eine Bibliographie *zu erstellen*. Sich eine Bibliographie zu erstellen heißt zu suchen, von dessen Vorhandensein man noch nichts weiß. Ein guter Forscher ist, wer in eine Bibliothek ohne die mindeste Vorstellung über ein bestimmtes Thema hinein- und mit einigem Wissen herausgeht.«

3.2.1.8 Fernleihe

Manche Bücher, Zeitschriften usw. sind nicht in der »eigenen« Bibliothek vorhanden, sondern nur in auswärtigen Bibliotheken und Lehrbuchsammlungen erhältlich. Diese Literatur kann aber, wenn die genauen Literaturangaben bekannt sind, über die eigene Bibliothek als (gebührenpflichtige) Fernleihe bestellt werden. Dies funktioniert entweder klassisch über einen **Fernleihschein** oder, inzwischen weit verbreitet, auch über die elektronischen Bestellsysteme. Bei Fragen hilft das Bibliothekspersonal weiter. Allerdings muss die gewünschte Literatur frühzeitig bestellt werden, da es, wenn das Medium nicht gerade anderweitig verliehen ist, mindestens zwei, in der Regel aber drei bis vier Wochen dauert, bis die Fernleihe in der eigenen Bibliothek eintrifft. Die Kosten für eine Buchbestellung per Fernleihe betragen gegenwärtig etwa 1,50 Euro. Bei Kopien, z. B. von Zeitschriften, hängt der Preis von der Anzahl der Kopien ab. Insbesondere bei Zeitschriften sollte geprüft werden, ob die eigene Bibliothek über die *Elektronische Zeitschriften Bibliothek* (EZB) an der Universitätsbibliothek Regensburg eine gebührenfreie Online-Zugangsberechtigung für die gesuchte Zeitschrift hat. Immerhin sind in diesem System über 300 geographiebezogene Zeitschriften verzeichnet. In dringenden Fällen kann auch das gebührenpflichtige Dokumentenliefersystem *Subito* genutzt werden. Zudem bieten zahlreiche große, international operierende Fachverlage einen »*Pay-per-View-Service*« an. Hier dürften die Kosten in der Regel jedoch abschreckend wirken.

3.2.1.9 Internet

Das Internet bietet Zugang zu anderen Bibliotheken mit eventuell größeren Katalogen. Hier sind lediglich ein paar aufgelistet, es gilt, diesen Rechercheweg selbst auszuprobieren. In der Regel erhält man Zugang auf Bibliothekskataloge über die Internetseiten der Universitäten (auch ausländische Adressen »abklopfen« – Wissenschaft ist international!):

* GBV auf der Homepage der ThULB oder direkt <www.gbv.de> (Gesamtkatalog von sieben Bundesländern)
* <http://www.ubka.uni-karlsruhe.de> (virtueller Katalog)
* <http://z3950gw.dbf.ddb.de>
* <http://www.dbi-berlin.de>

Die meisten Zeitschriftenartikel sind online bestellbar. Mitunter sind ganze Jahrgänge auch kostenlos erhältlich. In jedem Fall gibt es zumindest die Möglichkeit, Zusammenfassungen von Artikeln zu lesen. In so genannten *Open-access*-Zeitschriften, deren Zahl beständig zunimmt, ist ohnehin die Nutzung frei – die zuständigen Verlage finanzieren die Herausgabe über Abgaben der Autoren. Das heißt nicht, dass man sich hier die Veröffentlichung seines Werkes »erkaufen« kann, was sicherlich der Qualität nicht zugute kommen würde – auch bei diesen Journalen werden die Beiträge in der Regel begutachtet. Ob dies der Fall ist und wer zum »Expertenkreis« der Gutachter gehört, lässt sich über einen Blick auf die Homepage der Zeitschrift erfahren, wo sich üblicherweise ein Link zum »Editorial« befindet. Hier besteht meist auch die Möglichkeit, sich in einen Verteiler aufnehmen zu lassen, so dass man stets über die Herausgabe der neuesten Ausgabe und die darin befindlichen Artikel informiert wird.

Wichtige Hinweise zur Nutzung von Internetquellen
- Internetquellen sind besonders sorgfältig zu prüfen, da dort prinzipiell jeder ungeprüft Texte veröffentlichen kann! Grundsätzlich gilt:
- Nur Homepages von offiziellen Institutionen, Universitäten, Behörden etc. nutzen!
- Aus dem Internet nur zitieren, wenn die Angaben über herkömmliche Quellen nicht verfügbar sind!
- In der Literaturliste die vollständige Adresse angeben! Wenn die notwendigen Angaben (s. Kap. 4) nicht vorhanden sind, kein Autor ausfindig gemacht werden kann und die Herkunft von Texten, Zitaten und Daten insgesamt unklar ist, so ist die Quelle als wertlos einzustufen!

Weitere Recherchemöglichkeiten bestehen direkt über Internet-Suchmaschinen (Yahoo, AltaVista, Infoseek, Lycos, Google etc.). Wer jedoch lediglich mit Schlagworten nach Publikationen sucht, wird feststellen, dass dies unter Umständen eine uferlose Angelegenheit sein kann. Hier gilt es, sinnvolle Schlagwörter und Verknüpfungen einzugeben und dabei die Seriosität der Suchergebnisse immer im Auge zu behalten. (Wer hat das geschrieben? Mit welcher Motivation und welchem Hintergrund? Gibt es eine verantwortliche Institution? etc.). Einen noch im Aufbau befindlichen Service speziell für Wissenschaftler stellt Google unter <http://www.google.scholar.com> zur Verfügung. Hier wird primär nach wissenschaftlichen Eintragungen gesucht, und gegebenenfalls werden Verweise auf online verfügbare Publikationen gegeben. Bei der Eingabe eines Autorennamens wird zudem ausgewiesen, wie oft und wo wissenschaftliche Werke der betreffenden Person zitiert sind.

Im Internet existieren ebenfalls umfangreiche Verzeichnisse, die je nach Verlag (z. T. Verlagsverbunde), Neuerscheinungen und Archive (Zeitungsarchive u. a.) eingeordnet sind, zum Beispiel: <www.amazon.de> (oder <www.amazon. com>), <www.bol.de>, <www.thalia.de>.

3.2.1.10 Buchhandlungen

Buchhandlungen erteilen meist umfangreiche, kompetente Auskünfte zur Literatur aus den verschiedensten Sach- und Fachgebieten sowie über Neuerscheinungen. Deshalb können auch sie bei der Literaturrecherche hilfreich sein. Bücher müssen nicht sofort und auch nicht »blind« gekauft werden, oft kann auch ein Ansichtsexemplar bestellt werden.

3.2.1.11 Behörden und Ministerien

Auch hier kann sich eine Nachfrage lohnen. Sachdienliche Informationen zu den verschiedensten Themenbereichen sind über die **Bundes- und Landeszentralen der politischen Bildung** zu bekommen. Dort können auch Monographien oder Sammelbände teilweise kostenlos bestellt werden (Portoersatz). Bei der Suche nach einer Statistik ist beispielsweise das **Statistische Bundesamt** ein idealer Ansprechpartner. Auch Organisationen, Ämter und andere Institutionen haben in der Regel zu ihren Arbeitsbereichen Literatur. Eine Anfrage ist je nach Thema also sinnvoll.

3.2.1.12 Experten

Experten können Hinweise auf Literatur, insbesondere auf so genannte graue Literatur (z. B. gute, unveröffentlichte Diplomarbeiten) geben. Eine wichtige Bedingung ist aber, dass man schon einen bestimmten Grundstock an publizierter Literatur hat und weiß, wonach man konkret sucht. Ratsam ist es auch, Kommilitonen nach Hinweisen zu Literatur über das eigene Thema zu fragen und sie wiederum auf zufällig gefundene Werke zu ihren jeweiligen Themen aufmerksam zu machen!

Fazit: »Dazu gibt es keine Literatur!« gibt es nicht!

3.2.2 Auswahl von Literatur

Nachdem eine erste erfolgreiche **Recherche** zum Thema stattgefunden hat, wird recht schnell der Eindruck entstehen, dass die Menge an Literatur, die es gibt, kaum zu bewältigen ist. Damit man sich bei der Bearbeitung nicht »verzettelt«, ist eine effiziente Vorgehensweise bei der Literaturauswahl nicht nur ratsam, sondern dringend notwendig.

Da in der Regel am Anfang lediglich die Titel von Monographien, Sammelbänden und Zeitschriftenartikeln (Bibliographie) vorliegen, muss danach die Sichtung der Literatur stattfinden. Dazu braucht man zuerst nicht die ganze Publikation zu lesen. Artikel beginnen oder enden meist mit einer Zusammenfassung. Diese sollte genau gelesen werden, damit man dann die Entscheidung treffen kann, ob der gesamte Artikel für die eigene Arbeit relevant ist. Sammelbände enthalten meistens eine Einleitung durch die Herausgeber, die einen Überblick über das Gesamtwerk gibt, die Thematik beleuchtet und auf die einzelnen Beiträge eingeht und deren Stellung innerhalb des Werkes offen legt. Ansonsten kann die **Relevanzprüfung** (ROST 2003:76 ff.) bei Sammelbänden wie bei Monographien durchgeführt werden. Wie dies geschieht, veranschaulicht Abbildung 3-2. Abgesehen vom Titel geben der Klappentext und das Inhaltsverzeichnis einen ersten Überblick. Im Umgang mit Literatur geübte »Forscher« wenden sich danach in aller Regel dem Literaturverzeichnis zu, um zu prüfen, ob denn bereits Bekanntes in der vorliegenden Publikation verarbeitet wurde oder nicht. Entsteht der Eindruck, dass relevante Standardwerke keinen Eingang in die entsprechende Arbeit gefunden haben, ist eine gewisse Vorsicht beim Gebrauch der Monographie geboten. Dies soll nicht heißen, dass diese Quelle nicht benutzt werden sollte, aber erste kritische Notizen sind hier angebracht. Schließlich gilt es nach dieser kurzen Durchsicht zu beurteilen, ob der Inhalt (soweit er noch nicht erfasst wurde) weiter relevant oder irrelevant ist. Sollte die Publikation weiterhin bedeutsam sein, ist sinnvollerweise die Einleitung, die Abschlussdiskussion und/oder die Zusammenfassung zu lesen, eventuell bietet es sich auch an, einige Kapitel kurz anzulesen. Sollte die Publikation dann immer noch relevant erscheinen, kann die genaue Texterschließung beginnen (s. Kap. 3.3).

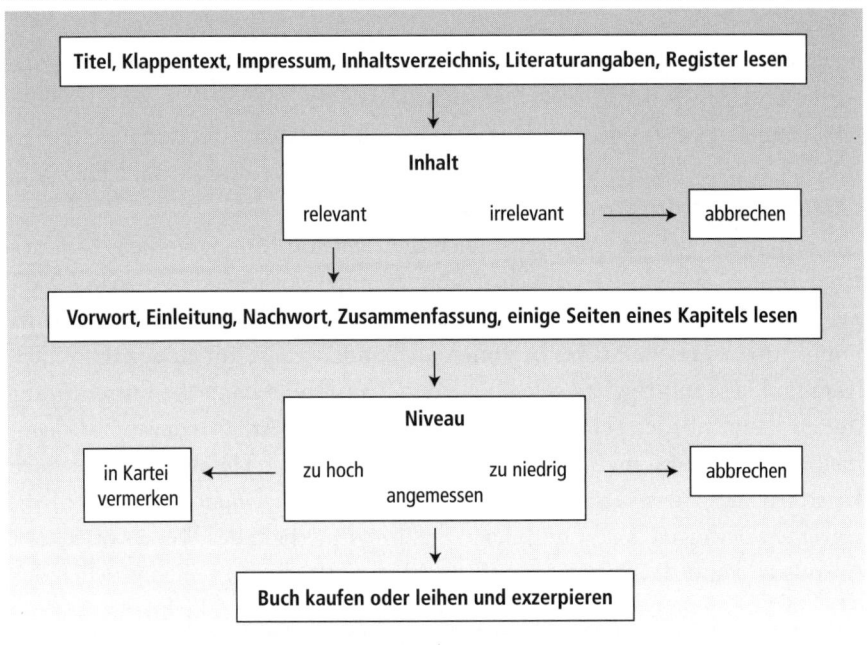

Abb. 3-2: Prüfung von Monographien auf ihre Relevanz (nach: Rückriem et al. 1994:48)

Bei der Literaturauswahl sollte auch darauf geachtet werden, dass die ausgewählten Materialien (Monographien, Zeitschriftenartikel, Aufsätze aus Sammelbänden, eigene Erhebungen etc.) in einem **harmonischen Verhältnis** zueinander stehen. Die Anzahl der Quellen sollte eine ausgewogene Aufarbeitung der Thematik widerspiegeln. Bereits in kleineren Seminararbeiten sind unterschiedliche wissenschaftliche Ansätze zu vergleichen und zu bewerten. Weiterhin ist zu berücksichtigen, dass bestimmte wissenschaftliche Ansätze von einzelnen Personen besonders geprägt wurden. Diese haben so genannte Standard- oder Grundlagenwerke verfasst, die in die Arbeit einfließen sollten. **Fremdsprachige Literaturquellen** tragen darüber hinaus der Gegebenheit Rechnung, dass die *Scientific Community* international ist und Wissenschaftsaustausch heute in aller Regel global vonstatten geht.

Schließlich ist der **aktuelle Stand der Forschung** wiederzugeben. Dies bedeutet, dass aktuelle Publikationen unbedingt in die eigene Arbeit einzubeziehen sind (Stickel-Wolf & Wolf 2001:109 f.).

Bei der Literaturrecherche sollte auch auf bestimmte **qualitative Kriterien** geachtet werden, die einem die Auswahl von »guter« Literatur erleichtern. Unter »guter« Literatur sind im »Wissenschaftsbetrieb« Publikationen zu verstehen, die zum einen nach wissenschaftlichen Standards verfasst wurden, und zum anderen einer Begutachtung durch Zweite (Verlagsredaktionen, Gutachtergremien, Rezensenten etc.) standgehalten haben. Bezüglich wissenschaftlicher Fachzeitschriften wird das so genannte *Peer-Review*-Verfahren angewandt. Dabei werden eingesandte Manuskripte anonymisiert und dann wiederum anonym von Fachkollegen begutachtet. Nur sehr selten kommen eingesandte Manuskripte »ungeschoren« davon, fast immer ist (wie auch bei Studienarbeiten) eine Überarbeitung notwendig. Sehr renommierte Fachzeitschriften haben darüber hinaus mitunter eine Ablehnerquote von bis zu 90 Prozent (EBSTER & STALZER 2003:73). Solch hohe Quoten mahnen aber auch zur Vorsicht, wenn etwa deutlich wird, dass die Editoren einer Zeitschrift (ähnlich dem Zitierzirkel beim Schneeballsystem) als »Diskurshüter« bzw. als »Torwächter« über die Inhalte fungieren und innovative oder unkonventionelle wissenschaftliche Ansätze durch die gerichtete »Begutachtung« faktisch ausschließen.

Indikatoren für die Güte von Publikationen (STICKEL-WOLF & WOLF 2001:142–143):
- »Die Schrift ist in einer renommierten, begutachteten Zeitschrift veröffentlicht worden.
- Die Schrift ist in einem renommierten, im jeweiligen Fachgebiet bekannten Verlag erschienen.
- Die Schrift ist in verschiedenen anderen Arbeiten zitiert worden.
- Die Schrift ist von einer Person verfasst worden, die im jeweiligen Fachgebiet gut bekannt und anerkannt ist.
- Die Schrift ist von einer Person verfasst worden, deren Veröffentlichungsthemen nicht zu heterogen sind, die also nicht glaubt, zu allerlei Themen etwas sagen zu können.
- Am Anfang der Schrift werden eine Untersuchungsfrage und eine Abschnittsgliederung spezifiziert, am Ende findet sich eine Zusammenfassung der wichtigsten Erkenntnisse.
- In der betreffenden Schrift wird auf Schriften anderer Personen zurückgegriffen. Dies ist ein Qualitätsindikator, weil es dann wahrscheinlich ist, dass in der betreffenden Schrift das bestehende Wissen berücksichtigt worden ist.
- Die Schrift weist einen gewissen Mindestumfang auf. Die heutigen wissenschaftlichen Themen sind in aller Regel komplex und können nicht auf zwei oder drei Seiten hinreichend behandelt werden. Diesen Indikator sollten Sie jedoch mit Vorsicht anwenden: Einstein hat seine zentralen Gedanken zur Relativitätstheorie in einem kurzen Aufsatz veröffentlicht.«

Abschließend sei an dieser Stelle noch ein Wort zum **Kopiereifer** vieler Studierender angebracht. Bevor ein Text kopiert wird, ist es sinnvoll, sich die Frage zu stellen, ob dies auch tatsächlich notwendig ist. Es gibt nicht wenige, die im Laufe ihres Studiums ganze Aktenorder mit Kopien anhäufen. Dies belastet durch die aufwendige Kopier- und Ablagearbeit erstens das eigene Zeitbudget, zweitens das finanzielle Budget und drittens nicht zuletzt das ökologische Gleichgewicht. »Zudem verführt die Leichtigkeit des Kopierens dazu, die Bibliotheken nicht mehr als Stätten des Lesens (und des Notizenschreibens) zu gebrauchen, sondern als Jagdreviere, von denen man zufrieden über die reiche Beute heimkehrt. So zufrieden, dass man am Ende die erbeuteten Fotokopien gar nicht mehr liest« (ECO 2002:9). Daher sollte nur ausgewählte, qualitativ hochwertige Literatur kopiert werden, mit der man wirklich zu arbeiten gedenkt. Dann ist das Anfertigen von Kopien tatsächlich zu empfehlen, da Unterstreichungen, Randnotizen etc. angebracht werden können (s. a. Kap. 3.3).

Mit der rein technischen Vervielfältigung ist es aber nicht getan – auch Kopieren will gelernt sein! Um sich unnötige Arbeit zu ersparen, die oft erst dann ersichtlich wird, wenn zum Beispiel im kopierten Dokument wesentliche Informationen fehlen, sollte der folgende Leitfaden beachtet werden.

Richtig Kopieren: Ein Merkblatt

Lesbarkeit

Der Text sollte für das Auge aus einem Meter Entfernung ohne Anstrengung lesbar sein. Das entspricht mindestens einer 10-Punkt-Schrift. Kleinere Formate (Taschenbücher usw.) auf mindestens 2 x DIN A5 (= DIN A4) vergrößern.

Schwarze Ränder minimieren! Die sind nicht nur ökologisch bedenklich, sondern schaden auch der visuellen Aufnahmefähigkeit! Letzteres gilt auch für »schräge« Kopien. Vorlage immer parallel zum Seitenrand anlegen! Kopierte Seiten auf abgeschnittene Ränder hin prüfen!

Anordnung

Beim *einseitigen* Kopieren von zwei Einzelblättern auf Querformat DIN A4 auf die Seitenzählung achten (in der Kopie links nach rechts, auf dem Kopierer also das rechte Blatt links anordnen). Beim *doppelseitigen* Kopieren (Ringbindung) bei Querformaten darauf achten, dass der Leser nicht die Leserichtung ändern bzw. die gebundene Kopie drehen muss. Das heißt, die Seiten werden gegenläufig kopiert, was auf der Vorderseite unten ist, ist auf der Rückseite oben und *vice versa*.

Quellenangabe

Auf jede Kopie gehört auf das erste Blatt eine **vollständige Literaturangabe** der Quelle (s. Kap. 4.4). Schneller geht's oft, wenn man die ersten Seiten der Publikation mit den entsprechenden Angaben kopiert. Dann aber für jeden kopierten Beitrag einer Publikation (Sammelband) auch eine extra Titelkopie anfertigen, denn die Kopien werden gegebenenfalls nicht zusammen abgeheftet oder abgelegt (z. B. bei alphabetischer Ordnung nach Autorenname).

Beim Kopieren von Artikeln, Textstellen oder Bildern aus Zeitungen zur Quellenangabe unbedingt das **Datum notieren!**

Seitenzahlen

Auf durchgängiges Kopieren der Seitenzahlen achten! Fehlende Seitenzahlen von Hand ergänzen.

Endnoten

Den Text auf Endnoten hin kontrollieren. Gibt es welche, diese unbedingt *komplett mitkopieren* und dem Text beifügen. Der Text ist sonst nicht vollständig!

Literaturverweise

Die Literaturangaben zu den Kurzbelegen im Text mitkopieren. Entweder finden sie sich in Fußnoten, Endnoten oder im Literaturverzeichnis. In jedem Fall unbedingt **alle zugehörigen Angaben vollständig kopieren!** In Fußnoten/Endnoten von Buchbeiträgen stehen oftmals nur Verweise auf das Gesamtliteraturverzeichnis. Dann also sowohl die Endnoten als auch das Literaturverzeichnis zusätzlich zu jedem einzelnen Beitrag kopieren!

Copyright

Bei allem Kopieren die Urheberrechtsbestimmungen beachten!

Weiterführende Literatur

ECO, U. (1993[6]): Wie man eine wissenschaftliche Abschlussarbeit schreibt. Doktor-, Diplom-
und Magisterarbeiten in den Geistes- und Sozialwissenschaften. UTB 1512. Heidelberg:
C.F. Müller.

EBSTER, C. & L. STALZER (2003[2]): Wissenschaftliches Arbeiten für Wirtschafts- und Sozialwissenschaftler. UTB 2471. Wien: WUV Facultas.

ESSBACH, W. (1996): Studium Soziologie. UTB 1928. München: Fink.

FRANCK, N. & J. STARY (Hrsg.) (2003[11]): Die Technik wissenschaftlichen Arbeitens. Eine
praktische Anleitung. UTB 724. Paderborn: Schöningh.

KNORR, D. (1998): Pfade durch den Bücherdschungel. Arbeit in der Bibliothek. In: KRUSE, O.
(Hrsg.): Handbuch Studieren. Von der Einschreibung bis zum Examen. Frankfurt a.M.:
Campus, 162–176.

ROST, F. (2004[4]): Lern- und Arbeitstechniken für das Studium. UTB 1994. Opladen: Leske
+ Budrich.

RÜCKRIEM, G., J. STARY & N. FRANCK (1994[8]): Die Technik wissenschaftlichen Arbeitens.
Eine praktische Anleitung. UTB 724. Paderborn: Schöningh.

SCHRÖDER, H. & I. STEINHAUS (2000): Mit dem PC durchs Studium. Eine praxisorientierte
Einführung. Darmstadt: Primus.

STICKEL-WOLF, C. & J. WOLF (2001): Wissenschaftliches Arbeiten und Lerntechniken.
Erfolgreich studieren – gewusst wie! Wiesbaden: Gabler.

3.3 Alles lesen?
Lesetechniken und Texterschließung/Textanalyse

S: »Das alles muss ich lesen«?
D: »Wenn Sie die gestellte Aufgabe ausreichend bearbeiten wollen, ist dies wohl notwendig«.
S: »Das schaff' ich nie!«

Solche, oder ähnliche Gespräche zwischen Studierenden und Dozierenden kommen sehr häufig vor, insbesondere zu Beginn des Studiums. Dies hängt vor allem damit zusammen, dass mit der herkömmlichen Art zu lesen, die im Studium anfallende Menge an Fachliteratur in der Tat kaum zu bewältigen ist. Mit entsprechenden Lesetechniken ist es jedoch durchaus möglich, den Umfang der zu bearbeitenden Literatur zu meistern. Um Informationen zu einer wissenschaftlichen Thematik zu erhalten, ist es nämlich nicht immer nötig, eine Publikation von Anfang bis Ende durchzulesen.

3.3.1 Lesetechniken

Anders als beim Lesen eines Romans ist es wenig sinnvoll, wissenschaftliche Texte »in einem Zug« zu lesen. Vielmehr ist es angebracht, in akademischen Texten zunächst zu »stöbern« oder – in Anlehnung an DE CERTEAU (1988:27) – »zu wildern«. Damit dies nicht ganz unstrukturiert vonstatten geht, gibt es die verschiedensten Lesetechniken, von denen die so genannten SQ3R- (BECHER 1998:97 f.; ROST 1997:155 ff.) und PQ4R- (EBSTER & STALZER 2003:75) -Methoden die bekanntesten sind. Das Akronym SQ3R steht dabei für *Survey, Question, Read, Recite, Review* (Überblicken, Fragen stellen, Lesen, Wiedergeben, Wiederholen) und das Kürzel PQ4R steht für *Preview, Question, Read, Reflect, Recite, Review* (Vorschau, Fragen, Lesen, Reflektieren, Wiedergeben, Wiederholen). Diese Methoden sind jedoch bereits sehr tief gehend und entsprechen in etwa der Vorgehensweise des weiter unten skizzierten »Lernenden Lesens«. Da jedoch beim wissenschaftlichen Arbeiten nicht immer angestrebt wird, einen Sachverhalt auch zu erlernen – vielleicht geht es »bloß« darum, etwa die dahinter liegende »Logik« zu verstehen –, werden im Folgenden zunächst fünf unterschiedliche Lesetechniken skizziert, die beim Durcharbeiten wissenschaftlicher Literatur – je nach beabsichtigtem Ziel – angewendet werden können. Eine ausführliche Darstellung der verschiedenen Lesetechniken findet sich in STICKEL-WOLF & WOLF (2001).

3.3.1.1 Überfliegendes Lesen

Überfliegendes Lesen bedeutet »diagonales« bzw. »senkrechtes« Lesen, wobei der Schwerpunkt auf der Erkennung von Schlüsselwörtern, Thesen, Argumentationen und Zusammenhängen liegt. Fragen, die man sich stellen sollte, sind: Muss ich das lesen? Ist das relevant für meine Fragestellung? Interessiert mich das? Bei Monographien ist hier besondere Aufmerksamkeit auf Titel, Erscheinungsjahr, Auflage, Klappentext, Inhaltsverzeichnis, Literaturverzeichnis, Vorwort, Einleitung und Zusammenfassung zu legen. Bei Zeitschriftenartikeln, oder wenn mit einem CD-ROM-Katalog gearbeitet wird, sollte die Kurzzusammenfassung *(Abstract)* die Frage, ob der Beitrag von Interesse ist, beantworten können. Diese Lesetechnik wird in der Regel angewendet, um Literatur zu sichten und für die weitere Bearbeitung auszuwählen (ESSELBORN-KRUMBIEGEL 2002:73) (s. a. Kap. 3.1).

3.3.1.2 Orientierendes Lesen

Durch orientierendes Lesen wird der Text mit Hilfe von im Vorfeld definierten Kriterien (beispielsweise Fragen nach von den Autoren zugrunde gelegten Annahmen, Zielen, Meinungen, Vermutungen, Argumentationen und Fakten) durchgearbeitet. Dabei sind folgende **Arbeitsschritte** zu unterscheiden:
- zügiges Lesen des Textes
- Abschnittsübersicht anmerken
- Text gliedern
- Fragestellung, Definitionen, Thesen, Hauptaussagen hervorheben oder herausschreiben

Für diese Arbeiten ist es sinnvoll, mit Unterstreichungen und Markierungen zu arbeiten. Gerade zu Beginn des Studiums läuft man allerdings Gefahr, »alles« für wichtig und unterstreichenswert zu halten. Es sollte daher darauf geachtet werden, lediglich die Kernaussagen und die für das Thema interessanten Textstellen zu markieren (ROST 2003:83). Sehr hilfreich ist es, sich ein Randnotizensystem anzueignen und konsequent zu verwenden. Vorschläge für sinnvolle Randnotizen finden sich in Abb. 3-3.

!	Wichtig	**Def.**	(wichtige) Definition
!!!	Sehr wichtig, zentral	**Bsp.**	Beispiel
?	unklar, unplausibel	**Th.**	(zentrale) These
?!	unverständlich, aber wichtig (Klärungsbedarf)	**Z**	Zielsetzung
∖	Fraglich, nicht unumstritten	**Zit.**	(wichtiges) Zitat, zu zitierende Stelle
⇒	daraus folgt	**Red.**	Redundanz, Wiederholung
↓	thematischer Abschnittsbeginn	**E, Σ**	(wichtiges) Ergebnis, Schlussfolgerung
↑	thematisches Abschnittsende	**A**	(wichtiges) Argument
☹	ärgerliche Stelle	**Zsf.**	Zusammenfassung
☺	amüsante Stelle	**1.2.3**	Gliederung

Abb. 3-3: Vorschläge für Randnotizen

Randnotizen, Anmerkungen und andere Strukturierungselemente können direkt in einem Artikel oder einem Buch angebracht werden. Dies ist aber tunlichst zu unterlassen, wenn einem das entsprechende Werk nicht selbst gehört. Immer wieder finden sich in Bibliotheksbüchern gedankliche Hinterlassenschaften von Vorgängern. Das ist nicht nur »unschön«, sondern verhindert auch, dass man sich den Text selbst erschließen kann – durch die Hervorhebungen Fremder wird der eigene Blick unwillkürlich »geleitet«. Jeder Studierende sollte aber vor dem Hintergrund der eigenen Zielsetzungen und Interessen selbst entscheiden, was etwa ein »wichtiges Argument« oder eine »ärgerliche Stelle« ist.

Für das unbeschadete Lesen fremder (und eigener) Bücher hält die Büroartikelindustrie jede Menge erschwinglicher Hilfen bereit: Selbsthaftende kleine gelbe Zettel lassen sich gut beschriften und bieten auch genug Platz für Kommentare. Kunststoffetiketten der Marke Post-it®, zur Hälfte transparent, zur Hälfte eingefärbt, eignen sich besonders gut, wenn das volle Schriftbild erhalten werden soll. Die Notizen mit (wasserfestem) Folienstift auf dem farbigen Teil anbringen und dann den transparenten Teil ins Buch kleben! Auch in zugeklapptem Zustand lassen sich damit einzelne Passagen in einem dicken Wälzer schnell wiederfinden, und das wertvolle Gedankengut übersteht auch diverse Lese- und Transportwege. Die angehefteten Zettel und Etiketten lassen sich dann jederzeit ohne Rückstände wieder ablösen – allerdings sollte man vor Rückgabe des Buches auch daran denken, dies zu tun! Und wer sich vorher entschlossen haben sollte, doch noch eine Kopie anzufertigen, braucht nur noch umzukleben. Abbildung 3-4 illustriert einige Möglichkeiten der Anwendung von Randnotizensystemen.

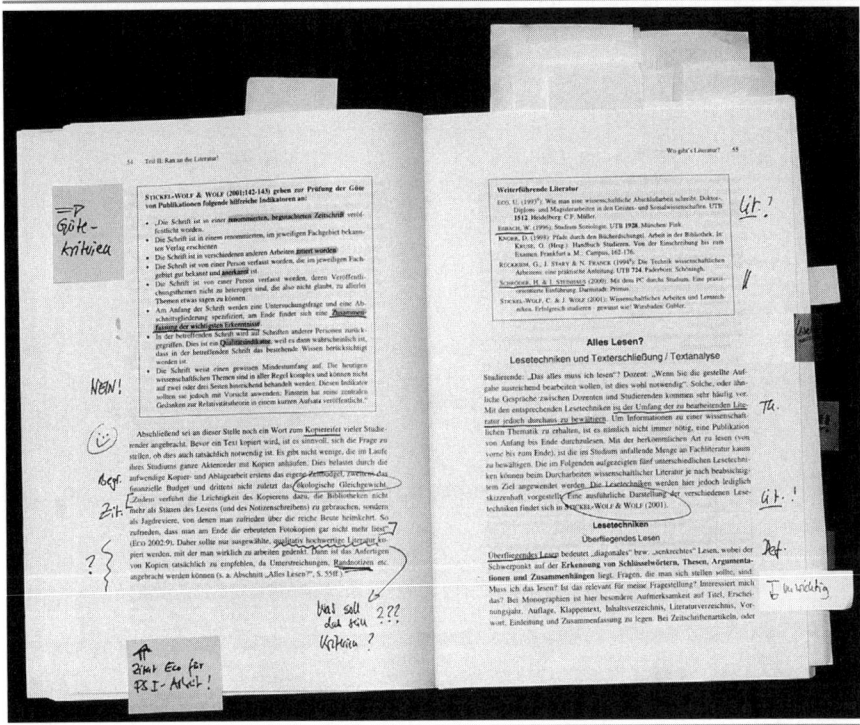

Abb. 3-4: Angewandte Randnotizen

3.3.1.3 Selektives Lesen

Das selektive Lesen dient der **Informationsauswahl**. Dabei sollte man sich bestimmte Fragen stellen: Welche Informationen, Daten, Aussagen im Text sind wichtig? Welche sind beim weiteren Verarbeiten vernachlässigbar? Was muss ich lernen? Es handelt sich hier also um einen zweiten Lesegang. Der Text wird nur noch in Hinblick auf die relevanten Stellen, daher selektiv, gelesen. Das Lesetempo wechselt demnach ständig zwischen Überfliegen des Textes und langsamem, genauem Lesen (HACKENBROCH-KRAFFT & PAREY 1998:189).

> **Beim selektiven Lesen kann folgendermaßen vorgegangen werden:**
> 1. Bereits markierten Text ein zweites Mal lesen!
> 2. Strukturieren!
> 3. Zusammenfassung schreiben!
> 4. Textstellen selektieren! Exzerpieren! (Kap. 3.4.1)

3.3.1.4 Vergleichendes Lesen

Das vergleichende Lesen dient dem gründlichen Studium unterschiedlicher Texte oder Textstellen (gegebenenfalls auch einzelner Kapitel), eines oder verschiedener Autoren, die sich mit der gleichen Thematik beschäftigen. Hierbei geht es darum, verschiedene oder ähnliche Gesichtspunkte und Argumentationen, wissenschaftliche Entwicklungslinien und Konzepte sowie entsprechende Konklusionen im Detail zu erfassen.

3.3.1.5 Lernendes Lesen

Dieser Lesetechnik gehen die vier zuvor genannten Formen des Lesens voraus. Mit lernendem Lesen ist nicht gemeint, den Text auswendig zu lernen. Es ist vielmehr gefordert, die Textinhalte zu erfassen und diese Inhalte zu einem späteren Zeitpunkt wiedergeben zu können. Visualisierungen, etwa in Form von *Mind-Maps* (Kap. 3.4.1), können hier hilfreich sein. Für ein lernendes Lesen bieten sich insbesondere die Methoden SQ3R und PQ4R an (BECHER 1998:97 f.; ROST 1997:155 ff.; EBSTER & STALZER 2003:75).

3.3.2 Texterschließung und Textanalyse

Nachdem die verschiedenen Arten vorgestellt wurden, nach denen man einen Text »lesen« kann, wird nun anhand von Fragen dargelegt, auf welchen Aspekten beim Lesen wissenschaftlicher Texte der Fokus liegen sollte. Wer frühzeitig damit beginnt, Texte in dieser Form zu erschließen bzw. zu analysieren, und dies schriftlich (eventuell sogar in einer Datenbank) fixiert, erspart sich später Arbeit und Kosten. Die Erfahrung zeigt nämlich, dass man bereits gelesene Texte oft ein zweites Mal liest, ohne dass einem dies anfänglich bewusst ist (bei manchen Kollegen soll es auch schon vorgekommen sein, dass sie ein Buch erwarben, welches bereits im heimischen Bücherschrank ein staubiges Dasein fristete und auch – die handschriftlichen Randnotizen verrieten es – von ihnen schon einmal bearbeitet wurde).

Durch die Texterschließung/-analyse sollten folgende Fragen beantwortet werden:
- Wovon gehen die Autoren aus, was ist ihr Ansatz?
- Was ist der Gegenstand des Textes?
- Welche Fragestellung verfolgt der Autor?
- Welches Ziel verfolgt der Autor, was will er mit dem Text sagen?
- Welches sind die zentralen Begriffe und Themen? Was bedeuten resp. beinhalten diese? Wie werden sie definiert?
- Was sind die zentralen Thesen des Autors/der Autoren?
- Welche zentralen Textstellen gibt es?
- Welche Vermutungen liegen der Argumentation zugrunde?
- Welche Meinungen (Ansichten) vertreten die Autoren?
- Wie verläuft ihre Argumentation (logisch stringent, in sich geschlossen, konsistent)?
- Welche Fakten/Daten legen die Autoren vor?
- Sind ihre Informationsquellen ausgewogen?
- Gibt es andere, verdeckte Gründe, auf denen die Argumentation aufbaut (z. B. persönliche Betroffenheit, politische Einstellung, Eigeninteresse des Autors)?
- Welches Fazit zieht der Autor?

3.3.3 Leitfaden Literaturarbeit

Die skizzierten Lesetechniken und aufgezeigte Fragen zur Texterschließung können zu einem Leitfaden der Literaturarbeit kombiniert werden:

I. Lesen (überfliegendes und orientierendes Lesen)
Nachvollziehen und notieren (mindestens):
* zentrale Fragestellung
* Zielsetzung der Autoren bzw. des Autors
* Gegenstand der Auseinandersetzung
* Argumentationslinie
* Hauptthesen
* Schlüsselbegriffe

II. Kontext recherchieren:
* »Werk« der Autoren bzw. des Autors, wissenschaftliche Einordnung (Bibliothek, Internet etc.)
* theoretische Einbettung
* Schlüsselbegriffe (Lexika, Nachschlagewerke, Lehrbücher, Sekundärliteratur)

III. Zweites (kritisches) Lesen (selektives Lesen)
Notieren:
* Unklarheiten
* Widersprüche
* offene Fragen

Weiterführende Literatur

EBSTER, C. & L. STALZER (2003²): Wissenschaftliches Arbeiten für Wirtschafts- und Sozialwissenschaftler. UTB 2471. Wien: WUV Facultas.

ESSELBORN-KRUMBIEGEL, H. (2002): Von der Idee zum Text. Eine Anleitung zum wissenschaftlichen Schreiben. UTB 2334. Paderborn: Schöningh.

HACKENBROCH-KRAFFT, I. & E. PAREY (1998): »Was, das muss ich auch noch lesen?« In: KRUSE, O. (Hrsg.): Handbuch Studieren. Von der Einschreibung bis zum Examen. Frankfurt a. M.: Campus, 177–192.

SCHRÖDER, H. & I. STEINHAUS (2000): Mit dem PC durchs Studium. Eine praxisorientierte Einführung. Darmstadt: Primus.

STICKEL-WOLF, C. & J. WOLF (2001): Wissenschaftliches Arbeiten und Lerntechniken. Erfolgreich studieren – gewusst wie! Wiesbaden: Gabler.

WERDER, L. von (1994): Wissenschaftliche Texte kreativ lesen. Kreative Methoden für das Lernen an Hochschulen und Universitäten. Berlin: Schibri.

3.4   Kaum gelesen – schon vergessen?
Speichern und Verwalten von Literatur

Stellen wir uns vor, dass wir einen Artikel lesen, der für die Bearbeitung unseres Themas zentral ist. Wir lesen und lesen und lesen, plötzlich, nach ein paar Seiten fragen wir uns: »Worum ging's hier jetzt? Was stand da noch mal? Wie war das im Mittelteil?« Und schon fangen wir an, dieselben Seiten noch einmal zu lesen und eventuell ein drittes Mal. Tritt dieses Problem schon direkt beim Lesen auf, so stellt es sich umso drastischer, je länger die Lesung zeitlich zurückliegt. Die meisten Personen können dem nicht entrinnen. Mit den vorher aufgezeigten Lesetechniken (Randnotizen etc.) und den im Folgenden vorgestellten Speichermöglichkeiten von Textinhalten kann das Ausmaß dieses Problems jedoch reduziert werden.

Als erste Hilfestellung kann vorab festgehalten werden, dass es wenig sinnvoll ist, zu viel auf einmal zu lesen. Nach dem Lesen von zehn bis zwanzig Seiten (Artikellänge) sollte man versuchen, den Text rückblickend zu erfassen (Beantworten der Fragen zur Texterschließung). In einem zweiten Schritt ist es empfehlenswert, über den Text zu reflektieren (Zusammenhang und/oder Beziehungen zwischen Einzelaussagen und dem Gesamtwerk beziehungsweise zwischen verschiedenen Werken herstellen und Kritik formulieren). Schließlich ist es ratsam, den Text durch das Anfertigen von Exzerpten zu »verdichten«, um ihn komprimiert zu erfassen (Kernaussagen) und sich bei einem späteren Gebrauch die Inhalte wieder in Erinnerung rufen zu können (STICKEL-WOLF & WOLF 2001:26–29).

3.4.1 Exzerpieren

Unter Exzerpieren versteht man das **Herausfiltern und Aufbewahren von relevanten Informationen**. Mit anderen Worten, es werden Informationen derart aufbereitet, dass sie im Referat und/oder in der Arbeit sowie für spätere Zwecke verwendet werden können. In der Regel wird für das Anfertigen eines Exzerptes ein DIN-A-4-Blatt verwendet. Zweckmäßig ist es auch, sich ein **standardisiertes Datenblatt** zu erstellen (ROST 2003:88 ff.). Dieses sollte in der Kopfzeile das Anfertigungsdatum, die genaue Quellenangabe, den Standort und die Standortsignatur enthalten. Weiterhin ist es dienlich, sich eine Tabelle einzurichten, die folgende Spalten enthält: Seite, Schlagwort, Inhalt, Kommentar (Tab. 3-5).

Tab. 3-5: Vorlage für ein Exzerptdatenblatt (verändert nach STICKEL-WOLF & WOLF 2001:30)

Exzerpt:		Datum:	
Quelle:		Standort: (Bibliothek, ggf. Signatur)	

Seite	Schlagwörter	Inhalt / Zusammenfassung	Kommentar

Darüber hinaus zeigen Erkenntnisse aus der Lernpsychologie, dass es nützlich ist, komplexe Sachverhalte zu **visualisieren** und damit die Informationen des Textes weiter zu verdichten (ROST 1997:173) oder – je nach Intention des Autors – einfach zu veranschaulichen. Bilder bleiben länger in Erinnerung als Geschriebenes. Werden Bild und Text zusammengebracht, spricht dies außerdem beide Gehirnhälften gleichzeitig an, wodurch das Erinnerungsvermögen zusätzlich gesteigert werden kann. Die graphische Umsetzung von Texten bricht zudem lineare Denkstrukturen. Dies ermöglicht die Darstellung von komplexen Sachverhalten auf einer DIN-A-4-Seite und die Erfassung dieser Sachverhalte (fast) »auf einen Blick«.

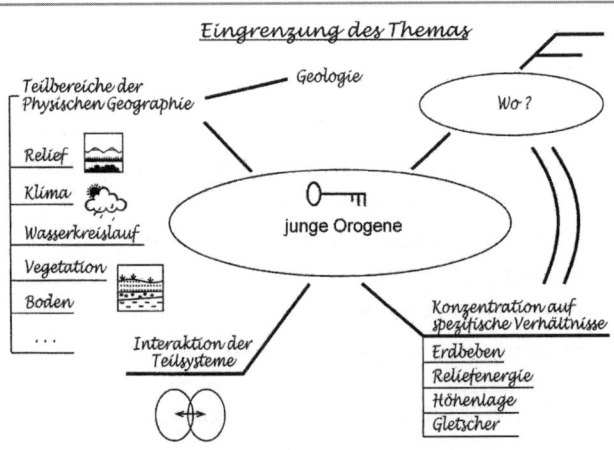

Abb. 3-5: Beispiel eines *Mind-Maps*

Die Technik des **Mind-Mappings** (KIRCKHOFF 1997; MATTES 2002:116 f.; KLIPPERT 2004:215) kann hier empfohlen werden. Diese Technik bietet sich weiterhin an, um Arbeitskonzepte zu entwerfen. Sie ist jedoch nicht zu verwechseln mit der geographischen Darstellungsmethode der kognitiven Karten (*Mental Maps*). Abbildung 3-5 gibt ein Beispiel eines *Mind-Maps*.

Grundlegende Gestaltungseigenschaften von Mind-Maps
- Der Gegenstand der Aufmerksamkeit kristallisiert sich in einem Zentralbild.
- Die Hauptthemen des Gegenstands *strahlen* vom Zentralbild wie Äste aus.
- Die Äste enthalten Schlüsselbilder oder Schlüsselworte, die auf einer mit dem Zentralbild verbundenen Linie geschrieben werden. Themen von untergeordneter Bedeutung werden als Zweige, die mit Ästen höherer Niveaus verbunden sind, dargestellt. Eventuell sollten Hierarchien, etwa durch eine numerische Ordnung, hergestellt werden.
- Die Äste bilden ein Gefüge miteinander verbundener Knotenpunkte.
- Assoziationen sollten durch Verbindungslinien (Pfeile) hergestellt werden. Dies darf jedoch nicht »ausufern«. Das Gesamtbild muss auf »einen Blick« erkennbar bleiben.
- Es sollten Zwischenräume (für »Neues« oder Vergessenes) frei bleiben.
- Die Bildaufteilung sollte ausgewogen sein.
- Der Einsatz unterschiedlicher Farben ist sinnvoll

3.4.1.1 Einfaches Exzerpt

Die einfachste Möglichkeit, ein Exzerpt anzufertigen, ist jedoch, das Inhaltsverzeichnis einer Publikation zu kopieren und zu den einzelnen Kapiteln eigene Notizen zu machen.

3.4.1.2 Strukturexzerpt

Ein Strukturexzerpt eignet sich, um ein logisches Gefüge in einen Text zu bringen. Diese Form des Exzerpts verbindet die Ideen des Datenblatts mit der des *Mind-Mappings*. Wichtige Gedanken und Aussagen aus dem Text werden auf einem (großen) Blatt niedergeschrieben. Mit Pfeilen und Verbindungslinien werden die Beziehungen dieser Elemente untereinander dargestellt. Solch ein Strukturexzerpt empfiehlt sich auch für Arbeiten in einer Gruppe (u. U. mit Pinnwand oder Tafel) .

3.4.2 Karteikarte

Das Anlegen von Karteien ist empfehlenswert für die Weiterverwendung von Informationen in einem Referat, einer Arbeit oder für die Vorbereitung einer Prüfung. Informationen werden auf Karteikarten festgehalten und nach Schlagworten systematisch geordnet. Auch hier ist zu beachten, dass alle Informationen über die Quelle festgehalten werden! Mögliche Kategorien auf einer Karteikarte sind: Schlagwort (Thema, Sachgebiet), Verfasser oder Herausgeber, Jahr, Titel, Seiten, Reihe, Zeitschrift, Sammelband, Erscheinungsort, Verlag, Bibliothek oder Standort, Zusammenfassung oder Zitat. Abbildung 3-6 liefert ein Beispiel für die Gestaltung einer Karteikarte.

Kultur
Giddens, A. (1993²): Sociology. Cambridge.

Bibliothek: J 24: GE200-98
S. 29–58 (insb. S. 31, 32; 56–58)

Der Begriff »Kultur« ist – zusammen mit dem Begriff »Gesellschaft« – eines der wichtigsten Konzepte in der Sozialwissenschaft. Im Alltag verstehen wir unter »Kultur« oft »künstlerische« Leistungen (Literatur, Musik, Malerei etc.). Im sozialwissenschaftlichen Verständnis gehören solche Dinge auch zur Kultur, der Kulturbegriff ist aber allgemeiner, das heißt, er umfasst noch mehr. Kultur besteht aus den Werten, welche die Mitglieder einer sozialen Gruppe aufrechterhalten, den Normen, denen sie folgen, und den materiellen Dingen, die sie herstellen. Werte sind abstrakte Ideale (was ist gut, was ist schlecht?), Normen sind definierte Prinzipien oder Regeln, die von den Menschen eingehalten werden »müssen«. Man kann »Kultur« von Gesellschaft unterscheiden, es gibt aber keine Gesellschaft ohne Kultur und keine Kultur ohne Gesellschaft.

Definition: »Culture consists of the values held by a given group, the norms they follow and the material goods they create« (S. 57).

Begriffe: Werte, Normen, kulturelle Unterschiede, kulturelle Identität, Ethnozentrismus, kulturelle Universalien.

Bezüge: Evolution, Zivilisation, Sozialisation, Sprache, Gesellschaftstypen, prä-moderne/moderne Gesellschaften

Abb. 3-6: Beispiel für eine Karteikarte I

Karteikarten können auch für ein bestimmtes Themenfeld angelegt werden. Das Beispiel unten (Abb. 3-7) zeigt die Rückseite einer visuell und textlich angelegten Karteikarte zum Thema »Landschaftsgürtel der Erde« und bezieht sich auf eine gängige Systematik (MÜLLER-HOHENSTEIN 1981), die im Beispiel oben links wiedergegeben wird. Die Vorderseite der Karte (nicht abgebildet) enthält dann idealerweise eine laufende Nummer im eigenen System (im Beispiel »LS 37«), die Quelle(n) der zusammengetragenen Information sowie Stichpunkte oder Fragen, die beim Lernen verwendet werden können (etwa: »Welche Bodenart ist in der Taiga vorherrschend?«).

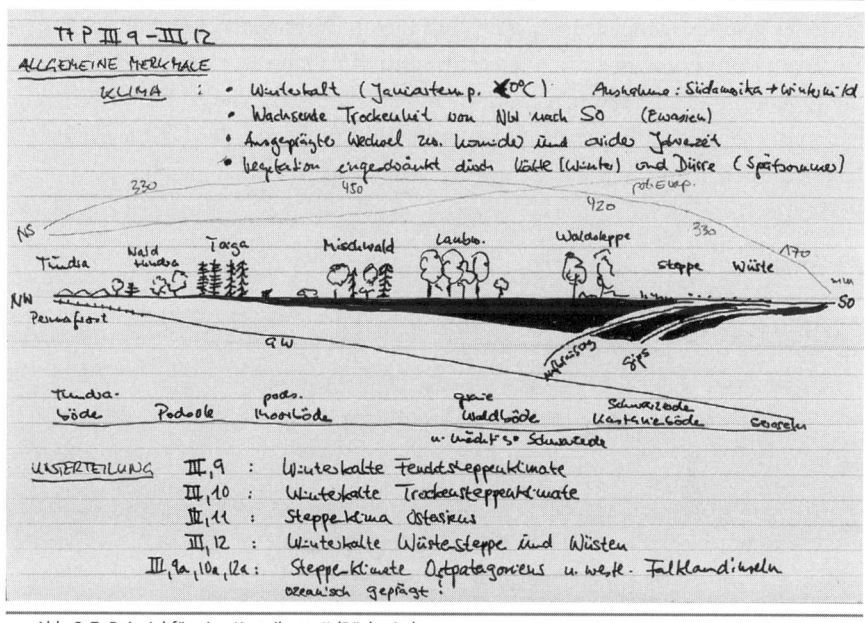

Abb. 3-7: Beispiel für eine Karteikarte II (Rückseite)

3.4.3 Datenbank

Literatur lässt sich auch auf moderne Art, nämlich mit dem Computer hervor-
ragend verwalten. Es empfiehlt sich, schon frühzeitig mit dem Aufbau einer
eigenen Datenbank zu beginnen. Dazu gibt es mittlerweile auch einfach zu
bedienende Software. Beispielhaft seien hier folgende Programme genannt:
askSam, EndNote, LiMan, LitRat (KRAJEWSKI 2003:111ff.). Neben den Quellenangaben können in einer guten Datenbank auch Zusammenfassungen und
Exzerpte verwaltet werden. Der große Vorteil von Datenbanken ist, dass einzelne Textabschnitte oder wörtliche Zitate direkt in den eigenen Text kopiert werden können. Damit erübrigt sich das nochmalige Abschreiben von Karteikarten oder losen Datenblättern. Weiterhin bieten die meisten Datenbanken eine
Suchfunktion. Dies wird dann relevant, wenn die Datenbank recht groß ist und
die Erstellung des Datensatzes schon längere Zeit zurückliegt. Eine Recherche
kann dann auch zu Hause gezielt beginnen und nicht mit der Überlegung: »Da
hab' ich doch schon mal was zu gelesen, wo stand das noch gleich …«

Weiterführende Literatur

BORSDORF, A. (1999): Geographisch denken und wissenschaftlich arbeiten. Eine Einführung
in die Geographie und in Studiertechniken. Gotha: Klett-Perthes.

EBSTER, C. & L. STALZER (2003[2]): Wissenschaftliches Arbeiten für Wirtschafts- und Sozialwissenschaftler. UTB 2471. Wien: WUV Faculties.

ESSELBORN-KRUMBIEGEL, H. (2002): Von der Idee zum Text. Eine Anleitung zum wissenschaftlichen Schreiben. UTB 2334. Paderborn: Schöningh.

KLIPPERT, H. (2004[14]): Methodentraining. Übungsbausteine für den Unterricht. Weinheim:
Beltz.

KIRCKHOFF, M. (1997[12]): Mind Mapping. Einführung in eine creative Arbeitsmethode.
Offenbach: Gabal.

KRAJEWSKI, M. (2003[11]): Elektronische Literaturverwaltung. Kleiner Katalog von Merkmalen
und Möglichkeiten. In: FRANCK, N. & J. STARY (Hrsg.): Die Technik wissenschaftlichen
Arbeitens. Eine praktische Anleitung. UTB 724. Paderborn: Schöningh, 97–115.

MATTES, W. (2002): Methoden für den Unterricht. 75 kompakte Übersichten für Lehrende
und Lernende. Paderborn: Schöningh.

SCHRÖDER, H. & I. STEINHAUS (2000): Mit dem PC durchs Studium. Eine praxisorientierte
Einführung. Darmstadt: Primus.

STICKEL-WOLF, C. & J. WOLF (2001): Wissenschaftliches Arbeiten und Lerntechniken.
Erfolgreich studieren – gewusst wie! Wiesbaden: Gabler.

4 Wissenschaftlich schreiben

»Nach dem Lesen kommt das Schreiben«, heißt es. Das gilt auch für ein Studium, das auf wissenschaftliches Arbeiten vorbereitet. Denn in der Regel werden wissenschaftliche Erkenntnisse noch immer durch schriftliche Publikationen verbreitet und damit zur Diskussion und einem größeren Publikum zur Verfügung gestellt. Das Schreiben stellt somit eine der wissenschaftlichen Hauptbeschäftigungen dar, selbst wenn man geübt ist mit dem Diktaphon oder fürs Schreiben über einen Sekretär oder eine Assistentin verfügt. Bevor man eine solche Position erreicht, ist meist ein langer Weg des Selberschreibens zurückzulegen, und dieser Weg ist gepflastert mit Regeln und Konventionen. So manche strukturelle und textliche Hürde will genommen werden. Nun mag manch einer davon ausgehen, dass man das Schreiben seit Schulzeiten ja aus dem Effeff beherrscht. Reicht es nicht, die Regeln der Orthographie und Grammatik zu kennen, um einen wissenschaftlichen Text zu verfassen? Dies sind sicher die Grundvoraussetzungen, aber die wenigsten haben in der Schule Texte geschrieben, die formal und inhaltlich wissenschaftlichen Ansprüchen genügen würden. Damit die schriftlichen Hürden nicht zu tiefen Wassergräben oder hohen Mauern werden (Stichwort: »Schreibblockade«) und der Spaß am wissenschaftlichen Arbeiten nicht verloren geht, bietet dieser Teil eine Hilfestellung zum Schreiben wissenschaftlicher Texte.

Jeder wissenschaftlichen Abhandlung gehen inhaltliche und strukturelle Überlegungen voraus, die meist in Form eines Exposés festgehalten werden. Was ein Exposé ist und welche Inhalte dort fixiert werden, ist Gegenstand des Kapitels »Was kommt zuerst?«. Anschließend wird auf den Aufbau und die Struktur von schriftlichen Studienarbeiten eingegangen und aufgezeigt, wie ein Text »griffig« wird. Im Kapitel »Wie wird's schön?« wird zunächst die äußere Struktur und Gestaltung von Studienarbeiten diskutiert, bevor es im Kapitel »Wie wird's sauber?« um die detaillierten textlich-formalen Richtlinien für wissenschaftliche Texte geht. Schließlich werden im Kapitel »Wie kommt's an?« die Kriterien erläutert, nach denen Studienarbeiten im Allgemeinen bewertet werden.

Anzumerken bleibt noch Folgendes: Der Satz »nach dem Lesen kommt das Schreiben« gibt nur die halbe Wahrheit wieder. Denn das Schreiben wird im

wissenschaftlichen Alltag begleitet durch kontinuierliches Lesen und Noch-
malslesen und Überprüfen des Geschriebenen und wiederholtes Lesen, Lesen,
Lesen …

… aber nun erst einmal »ran« ans wissenschaftliche Schreiben!

4.1 Was kommt zuerst?
Vorüberlegungen zum Schreiben und Erstellen eines Exposés

Ähnlich wie für den Forschungsprozess (s. Kap. 2.3.2) gilt auch bei der Erstellung einer Studienarbeit, dass es sich in den seltensten Fällen um einen linearen
Prozess handelt. Insbesondere in der Anfangsphase wird die Vorbereitung einer schriftlichen Studienarbeit oder eines mündlichen Vortrags charakterisiert
sein durch eine sukzessive Überprüfung und optimierende Überarbeitung der
grundlegenden Konzepte. Ein Zwischenschritt in diesem Prozess ist das Exposé
(*franz.* für Darstellung, Übersicht, auch Rechenschaftsbericht). Entsprechend
der Wortbedeutung (KLUGE 2002:267) handelt es sich bei einem Exposé um
eine schriftlich fixierte Darlegung zu einem (wissenschaftlichen) Vorhaben – in
unserem Fall eine Studienarbeit oder ein Referat –, wobei gewisse formale Anforderungen beachtet werden müssen. Das Exposé dient als Arbeits- und Dis-
kussionsgrundlage, mit der die weitere Strategie festlegt wird, wobei ein gutes
Exposé ohne größere Schwierigkeiten zur endgültigen Studienarbeit ausgebaut
werden kann. Damit das Exposé seinen Funktionen entsprechen kann, werden
dort der Themenbereich eines Vorhabens dargestellt, Kernbegriffe definiert, die
Fragestellung und Zielsetzung umrissen und Thesen formuliert. Was das bedeutet und was dabei zu beachten ist, soll im Folgenden diskutiert werden.
An einem Beispiel wird abschließend gezeigt wie ein Exposé gestaltet werden
kann.

4.1.1 Themenbereich

Der Themenbereich stellt den übergreifenden Gegenstand der Arbeit dar und
wird im Rahmen des Studiums in der Regel über das gestellte Thema vorgegeben. Dabei ist jedoch zu beachten, dass mit dem Thema einer Hausarbeit nur ein
Rahmen abgesteckt wird, den der Studierende selbständig ausfüllen muss. Innerhalb dieses Rahmens besteht Gestaltungsfreiheit, solange die grundlegenden
Anforderungen an eine wissenschaftliche Arbeit erfüllt sind (Kap. 2.1) und der
über das Thema abgesteckte Rahmen eingehalten bzw. ausgefüllt wird. Daraus

folgt, dass es im Detail zahlreiche Möglichkeiten gibt, eine Arbeit mit Inhalt zu füllen, also ein Thema »richtig« zu behandeln. Die einleitende Beschreibung des Themenbereichs hat die Funktion, dem Leser zu verdeutlichen, wie das Thema behandelt wird. Es soll gezeigt werden, wo die inhaltlichen Grenzen gezogen werden und mit welchen Inhalten das Thema ausgefüllt wird. Da das Kapitel »Einleitung« im Rahmen einer Hausarbeit auch diese Funktion erfüllen muss, stellt die Darlegung des Themenbereichs im Exposé eine Vorarbeit für den Entwurf der Einleitung zu einer Studienarbeit dar. Auch wenn die Darstellung des Themenbereichs den ersten Gliederungspunkt in einem Exposé repräsentiert, so wird dieser Punkt in der Regel erst konzipiert und formuliert, nachdem über die Definition der Kernbegriffe das Thema abgegrenzt, mit Inhalt gefüllt und an-

> **Darstellung des Themenbereichs**
>
> Aufgabe   In der einleitenden Darstellung des Themenbereichs ist ausgehend von den Kernbegriffen der übergreifende Gegenstand (Themenbereich) der Arbeit einerseits abzugrenzen und andererseits inhaltlich zu skizzieren. Dabei soll ggf. auch auf gesellschaftliche, politische, ökologische und andere Probleme, die in diesen Themenbereich fallen, eingegangen werden.

hand der Überlegungen zur Fragestellung und Zielsetzung strukturiert wurde. Im Sinne von WAGNER (1992:76) steht ein Exposé damit am Übergang vom »schöpferischen, chaotischen und personenzentrierten Entstehungsprozess [zum] nachgeschalteten, streng logischen, systematischen und distanzierten Rechtfertigungsprozess« von Wissenschaft.

4.1.2 Definition der Kernbegriffe

Für eine erfolgreiche Bearbeitung eines Themas ist es notwendig, die Kernbegriffe zu definieren. Dabei hat »Kernbegriffe definieren« zwei Bedeutungen: Einerseits meint es, die Kernbegriffe herauszuarbeiten, andererseits, sich der Bedeutung der Kernbegriffe bewusst zu werden.

Sofern es um die Herausarbeitung der Kernbegriffe eines Themas geht, muss zunächst das gestellte Thema analysiert und müssen die **Schlüsselwörter** identifiziert werden. Diese Schlüsselwörter, insbesondere die Substantive im gestellten Thema, stecken den Rahmen ab, den es auszufüllen gilt und stellen damit Kernbegriffe zum Thema dar. Die implizite Arbeitsanweisung bei der Vergabe eines Themas lautet: Erstellen einer Hausarbeit, die den über die Kernbegriffe abgesteckten Themenbereich in seiner gesamten Breite abdeckt. Das bedeutet, dass mindestens diese Kernbegriffe später in der Hausarbeit und somit auch im Rahmen des Exposés behandelt werden müssen. Bei der weiteren Beschäftigung mit dem Thema wird es in der Regel dazu kommen, dass weitere zentrale Sachverhalte aufgedeckt werden, die durch zusätzliche Kernbegriffe auf den Punkt gebracht werden können. Von daher wird dieser Abschnitt des Exposés mehr enthalten als nur die Definition der Schlüsselwörter im Thema der Arbeit.

In der Regel handelt es sich bei den Kernbegriffen um **Fachbegriffe**, die, auch wenn sie eine landläufige Bedeutung haben, immer eine fachspezifische Bedeutung aufweisen, die mehr oder weniger vom alltäglichen Gebrauch abweichen kann. Daher wird eine der ersten Aufgaben bei der Abgrenzung bzw. inhaltlichen Füllung des Rahmens darin bestehen, sich der fachspezifischen Bedeutung der Schlüsselwörter zu versichern, indem basierend auf und mit Bezug zur Fachliteratur die Schlüsselwörter und weitere Kernbegriffe inhaltlich definiert werden. Insbesondere in den Sozialwissenschaften zeigt sich dabei häufig, dass bestimmte Kernbegriffe nur mit Bezug zu den dahinter liegenden Konzepten definiert werden können und ein und derselbe Begriff durchaus unterschiedliche Bedeutung haben kann. Deshalb ist die Definition der Kernbegriffe auch wichtig, um Thesen und Forschungsergebnisse nachvollziehen und diskutieren zu können.

Beispiel: Definition (Herausarbeitung) der Kernbegriffe

Thema　　　*Die Prozesse der Abflussbildung in kleinen Hangeinzugsgebieten der nördlichen Kalkalpen bei unterschiedlichen Niederschlägen*

Kernbegriffe　Hydrologie, kleine Einzugsgebiete, Abflussbildung, Tracermethoden

Erläuterung　Die hier herausgearbeiteten Kernbegriffe dienen einerseits dazu, das Thema in den größeren Rahmen zu stellen, und andererseits dazu, spezifische Kernpunkte hervorzuheben, die dem Thema nicht zu entnehmen wären. Thema und Kernbegriffe stammen aus Wetzel (2001).

Beispiel: Inhaltliche Definition eines Kernbegriffs

Thema　　　*Polarisationstheorie – Gründe und Folgen der Überbevölkerung in der Dritten Welt*

Kernbegriffe　Polarisation bzw. Polarisationstheorie (weitere Kernbegriffe wären hier Überbevölkerung und Dritte Welt)

Problem　　Ein Blick in die Literatur zeigt, dass der sozialwissenschaftliche Begriff »Polarisation« von verschiedenen Autoren unterschiedlich aufgefasst wird.

Polarisation:

　　　　　1. nach Schätzl (1988:140–144): (…)

　　　　　2. nach Reichart (1999:174 f.): (…)

　　　　　3. nach Wagner (1994:85): (…)

Aufgabe　　Hier besteht die Aufgabe, die unterschiedlichen Bedeutungen der zentralen Begriffe und Konzepte der verschiedenen Autoren herauszuarbeiten! Basierend auf intersubjektiv nachvollziehbaren Argumenten, ist es in einem solchen Fall notwendig, sich einer Auffassung anzuschließen (begründen!) oder eine eigene Definition zu entwickeln (begründen!).

4.1.3 Fragestellung und Zielsetzung

Über die Kernbegriffe wird der Inhalt einer Arbeit definiert. Die Definition des Inhalts sagt aber noch nichts darüber aus, wie der Inhalt strukturiert und präsentiert wird. Die Strukturierung eines Themas ergibt sich erst aus Fragestellung und Zielsetzung der Arbeit, die in der Regel nicht vorgegeben sind. Die Fragestellung bezeichnet einen Teil des Themenbereichs, zu dem es »Wissen zu schaffen« gilt. Die Zielsetzung bezieht sich darauf, welchen Erkenntnisgewinn die Arbeit bringen soll, was also mit der Arbeit beabsichtigt wird. In der Regel sind Fragestellung und Zielsetzung so eng miteinander verknüpft, dass man sie als die berühmten zwei Seiten einer Medaille bezeichnen könnte.

Fragestellung und Zielsetzung:

Aufgabe
Zusammenstellung der wichtigsten Forschungsfragen aus dem jeweiligen Themenbereich. Die Fragen herausstellen, die in der Arbeit behandelt werden sollen (begründen!). Möglichst präzise Formulierung der Zielsetzung der Arbeit.

Beispiele für Fragestellungen (allgemein formuliert)
»Wie hat sich ein Modell oder eine Theorie entwickelt, und wie wird dies heute bewertet?«
»Welche Faktoren beeinflussen einen Sachverhalt? Gibt es dominierende Einflussfaktoren?«
Beispiel einer konkretisierten Fragestellung
»Wie wirken sich staatliche Maßnahmen zur Kontrolle des Bevölkerungswachstums aus?«

Beispiele für Zielsetzungen (allgemein)
Einen Beitrag zum Verständnis von ... leisten; Kenntnisse über ... vermehren; etwas Neues bekannt machen; etwas Vergessenes in die Diskussion einbringen; eine (umstrittene) Behauptung überprüfen; Theorien, Positionen vergleichen; Theorien, Positionen begründen; ein Problem lösen.

Beispiel für eine konkretisierte Zielsetzung
»Ziel der Arbeit ist es, zu analysieren, ob und inwiefern das Bevölkerungswachstum ein Problem für Nationalstaaten darstellt. Hierbei sollen insbesondere regionale Unterschiede bezüglich des Bevölkerungswachstums und die entsprechenden Implikationen herausgearbeitet werden. Dies erfolgt beispielhaft anhand eines Vergleichs zwischen Indien und Deutschland. Schließlich sollen die entsprechenden staatlichen Maßnahmen zur Kontrolle und Lenkung des Bevölkerungswachstums aufgezeigt und einer kritischen Bewertung unterzogen werden.«

Insbesondere im Grundstudium, in dem es vorwiegend darum geht, weitgehend unumstrittenes Grundlagenwissen aufzuarbeiten, mag das Herausarbeiten von Fragestellung und Zielsetzung als eine unlösbare Herausforderung erscheinen. Etwas Neues herauszuarbeiten wird anfangs kaum gelingen. Um einen eigenen Beitrag zum Verständnis eines Themas zu leisten oder Kritik am Grundlagenwissen respektive am Stand der Forschung zu üben, fehlt oftmals die Erfahrung. Häufig wird es deshalb darum gehen, geographierelevante Sachverhalte schlicht und einfach darzustellen. Aber selbst wenn es keine oder keine offensichtlich unterschiedlichen Auffassungen gibt, kann ein Sachverhalt immer unter verschiedenen Perspektiven oder Fragestellungen dargestellt werden. Es wird z. B. immer die Möglichkeit bestehen, einen Sachverhalt wissenschaftsgeschichtlich, funktional bzw. systemisch oder unter regionalen Aspekten zu beleuchten.

4.1.4 Thesen

Thesen sind Behauptungen und Annahmen (Hypothesen) über die Wirklichkeit (s. Kap. 2.1.2). Thesen sind in der Wissenschaft die gebräuchlichste Form, Position zu beziehen und zu argumentieren.

> Wissenschaftliche Arbeit besteht im Wesentlichen darin, dass Thesen zur Diskussion gestellt und geprüft werden.

Aus den bereits genannten Gründen stellt die Formulierung von Thesen, ähnlich wie die Herausarbeitung von Fragestellung und Zielsetzung, am Anfang des Studiums eine große Herausforderung dar. Unter Beachtung der Regeln zur Redlichkeit in der Wissenschaft (Kap. 2.1.3 und 4.2.6) ist es jedoch legitim, sich in der Anfangsphase an Thesen anderer zu orientieren und gegebenenfalls Thesen aus der Literatur zum Gegenstand der eigenen Arbeit zu machen. Es sollte aber frühzeitig geübt werden, eigene Thesen zu entwickeln und zu formulieren.

Thesen	
Aufgabe	Thesen formulieren, die der Bearbeitung des Themas zugrunde gelegt werden sollen.
Beispiel 1	*»Staatliche Maßnahmen zur Kontrolle des Bevölkerungswachstums führen zur Polarisierung der Bevölkerung.«*
Beispiel 2	*»Polarisierung der Bevölkerung: Der Besitz der reichsten 10 Prozent der Bevölkerung nimmt im Verhältnis zu dem der ärmsten 10 Prozent zu.«*

4.1.5 Beispiel für ein Exposé

Unter Berücksichtigung des oben Gesagten könnte ein Exposé wie auf den folgenden zwei Seiten (Abb. 4-1) beispielhaft dargestellt aussehen.

Maxi Musterfrau, E-Mail: muma@uni-jena.de
Modul GEO 144

Exposé zum Thema
**Stufen wirtschaftlicher Entwicklung von Regionen
Das Modell von W.W. Rostow**

Themenbereich
Gesetzmäßigkeiten von historischen Abläufen in der Wirtschaftsentwicklung von Räumen haben stets die wissenschaftliche Forschung angeregt. Verschiedene Autoren haben dabei die Abfolge einzelner Wirtschaftsstufen im Sinne einer *evolutionären Entwicklung* dargestellt. 1960 entwickelte der amerikanische Nationalökonom Walt Whitman Rostow in seinem Werk »*The Stages of Economic Growth*« (ROSTOW 1960) eine Entwicklungstheorie, welche die wirtschaftliche und soziale Entwicklung eines Staates in einer regelhaften zeitlichen Abfolge (fünf Phasen) modellhaft wiedergeben soll. Dabei werden neben wirtschaftlichen Faktoren (Handel, Kapitalentwicklung etc.) auch Siedlungs- und Bevölkerungsstrukturen betrachtet. Somit weist das Modell von ROSTOW auch einen engen Bezug zu Modellen räumlicher Organisationsformen wie z. B. dem Zentrum-Peripherie-Modell von FRIEDMANN (1972) auf.

Definition der Kernbegriffe
Nationalökonomie   (…)*
Wirtschaftsräume   (…)*
Raumstrukturen   (…)*
Entwicklungstheorie (…)*
»Take-off-Phase«   (…)*
Globalisierung   (…)*

* Die Klammern sind mit entsprechenden Definitionen auszufüllen und mit Quellenkurzbelegen zu untermauern!

- 1 -

Abb. 4-1: Beispiel für die Gestaltung eines Exposés (Teil 1/2)

Fragestellung und Zielsetzung

Die Beschäftigung mit der Thematik führt zunächst zu folgenden Fragestellungen:

1. Welche Entwicklungsstufen durchlaufen Nationalökonomien vom Beginn traditioneller Landwirtschaft bis zur Phase des Massenkonsums im Sinne des Modells von ROSTOW?
2. Wie vollzieht sich nach ROSTOW dieser Wandel? Welche Faktoren spielen bei der Entwicklung eine zentrale Rolle? Sind die maßgeblichen Faktoren ausschließlich wirtschaftlicher Art?
3. Lässt sich die Entwicklung in einer Regelhaftigkeit darstellen? Lassen sich die Phasen wirtschaftlicher Entwicklung eines Landes mit räumlichen Organisationsmustern verbinden?
4. Gilt dieses Modell für alle Nationalökonomien, gilt es insbesondere für Entwicklungsländer und Industrieländer gleichermaßen?
5. Was bedeutet dieses Modell für die staatliche Entwicklungshilfe bzw. die internationale Entwicklungspolitik?
6. Welchen geographischen Bezug hat das Modell?
7. Ist das Modell von Rostow heute noch relevant, bzw. besitzt es (weiterhin) Gültigkeit?

Das Modell wurde bereits in den sechziger Jahren des 20. Jahrhunderts entwickelt, in einer Zeit, in der nicht zuletzt in der BRD die wirtschaftliche Entwicklung einen verheißungsvollen Aufschwung nahm und die – in der allgemeinen Euphorie – dieses Modell durchaus plausibel erscheinen ließ. Da sich heute aber grundsätzlich andere Entwicklungstendenzen – insbesondere unter dem Aspekt der Globalisierung – abzeichnen, soll in der Arbeit insbesondere die Frage nach der aktuellen Relevanz und Gültigkeit des Modells von ROSTOW im Zentrum stehen. Ziel der Untersuchung ist, anhand des Beispiels Südkorea zu zeigen, ob und wie das Modell von ROSTOW auf die wirtschaftliche Entwicklung des Landes jemals zugetroffen hat und welchen Erklärungsgehalt es heute besitzt.

Thesen

Die Entwicklung von verschiedenen Wirtschaftsstufen eines Staates unterliegt in zeitlicher Abfolge einer gewissen Regelmäßigkeit.

Das Modell von ROSTOW bietet einen schlüssigen Erklärungsansatz für diese Regelmäßigkeit.

Zur Zeit seiner Formulierung (um 1960) konnten alle Nationalökonomien durch das Modell von ROSTOW eingeordnet und erklärt werden.

Unter Berücksichtigung der Entwicklungsprozesse insbesondere in den 1990er Jahren (u.a. Auflösung der nationalstaatlichen Grenzen der Wirtschaftsmächte) ist das Modell von Rostow heute nicht mehr als Erklärungsansatz tauglich.

Literatur

(…)

(Hier folgt eine vollständige Liste der im Exposé zitierten Literatur)

- 2 -

Abb. 4-1: Beispiel für die Gestaltung eines Exposés (Teil 2/2)

4.2   Wie wird's griffig?
Argumentation und Inhalte von Studienarbeiten

Eine wissenschaftliche Arbeit sollte in sich schlüssig sein und erkennen lassen, dass die einzelnen Abschnitte und Kapitel der Arbeit logisch aufeinander aufbauen, sich nicht widersprechen und nicht bloß willkürlich aneinander gereiht sind. Die Gliederung einer wissenschaftlichen Arbeit ist nicht nur eine Serviceleistung dem Leser gegenüber, sondern eine wichtige Strukturierungsleistung, die bereits beim Konzipieren geleistet werden muss, um selbst den Überblick über das behandelte Thema zu behalten. Nur dann werden frühzeitig Lücken erkennbar, die es durch weitere Literaturarbeit oder theoretische Ausarbeitung zu füllen gilt, um die Argumentation »rund« und »wasserdicht« zu machen. In diesem Kapitel wird die inhaltliche Struktur einer wissenschaftlichen Arbeit erläutert. Die formalen Anforderungen und Richtlinien werden anschließend in separaten Kapiteln dargestellt. Einzelne Überschneidungen sind jedoch nicht zu vermeiden, da das Formale durchaus dazu dient, die Inhalte zu transportieren.

4.2.1 Das Gebot der Stringenz

Fragestellung und Zielsetzung einer Arbeit bilden den »Aufhänger« für Informationen, die, entlang dem »Lot der Stringenz« in die »Vase des Wissens« eindringen (Abb. 4-2). Diese Informationen (alle Formen von Daten, Referenzen, Zeichen, Symbolen etc.) müssen im Verlauf der Arbeit »aufbereitet« und »verarbeitet« werden, um schließlich »Wissen« zu generieren. Diesbezüglich werden eine übergeordnete Fragestellung und eine Zielsetzung (ein Globalziel) formuliert, die zunächst einen größeren Bereich (die Wasseroberfläche in der Vase) abdecken. Ist dies geschehen, werden die Fragestellung und die Zielsetzung operationalisiert, das heißt, es werden untergeordnete Fragen und Ziele formuliert (und eventuell die Arbeitsmethoden verfeinert). Damit wird sozusagen in die Vase des Wissens eingetaucht. Ehemals »unbekannte« Welten werden erschlossen, um schließlich die Problematik, die bearbeitet werden soll, verstehen beziehungsweise erklären zu können. Die Vase verengt sich dabei nach unten, was sinnbildlich dafür steht, dass sich die Argumentation stringent (also dem Lot entlang) durch die Arbeit zieht, wobei die abgearbeiteten Fragen (und Thesen) als nicht mehr benötigter »Ballast« über Bord geworfen werden und am Ende lediglich die relevanten Teile, die zum Verstehen der Problematik nötig sind, übrig bleiben. Dies bedeutet, dass nicht einfach alle Informationen, die zu einer Fragestellung erhältlich sind, in einen großen Topf (bei Studienarbeiten die Textdatei) geworfen werden dürfen, in der Hoffnung, am Ende komme schon ein zauberhaftes Gericht heraus. Wie beim Kochen gelingt die Rezeptur nur dann, wenn die Zutaten in einer bestimmten Reihenfolge und unter Beachtung bestimmter Regeln beigegeben werden. Wird dies missachtet, hilft auch viel rühren nichts. Das Gericht mag vielleicht nicht anbrennen, aber in der Regel kommt doch nur ein schaler Eintopf oder ein ungenießbarer Brei heraus. Informationen dürfen daher nicht wahllos und wirr aneinander gereiht werden oder unsystematisch an irgendeiner Stelle in einer Studienarbeit auftauchen. Vielmehr gilt es, die Argumentation so aufzubauen und »auszuloten«, dass jederzeit nachvollziehbar ist, was die Absicht der Autoren ist, also worum es eigentlich gehen soll.

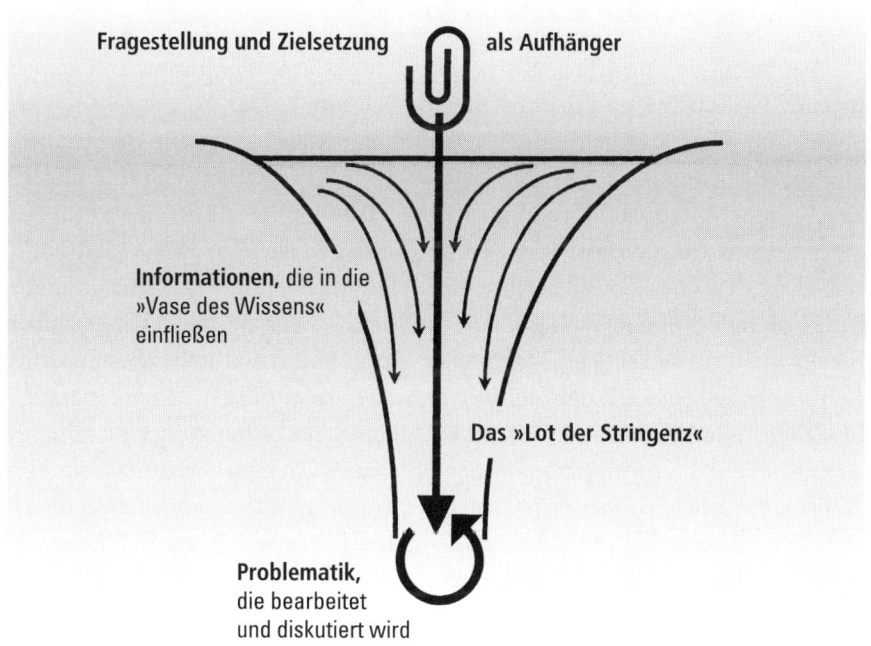

Abb. 4-2: Die »Vase des Wissens« und das »Lot der Stringenz« (verändert nach LAZAR 2001:9)

Je nach Umfang der Studienarbeit ist dabei eine Abgrenzung (Schwerpunktsetzung) des Gegenstandes (des Themenbereichs) beziehungsweise der Fragestellung notwendig, da sonst die Gefahr der Oberflächlichkeit oder des Aus-
uferns besteht. Eine solche Abgrenzung sollte intersubjektiv nachvollziehbaren
Kriterien folgen, wobei in der Geographie neben der thematischen und chro-
nologischen Abgrenzung eine regionale Schwerpunktsetzung immer legitim ist.
Das folgende Beispiel zeigt, wie ein Thema mit dem Titel »Ursachen von Nahrungskrisen« entsprechend eingegrenzt werden könnte.

Beispiel für eine Schwerpunktsetzung: »Ursachen von Nahrungskrisen«
- regionale Abgrenzung: »Ursachen von Nahrungskrisen im Sahel«
- thematische Abgrenzung: »Ökonomische Ursachen von Nahrungskrisen«
- chronologische Abgrenzung: »Gründe für Nahrungskrisen im 19. Jahrhundert«
- kombinierte Abgrenzung: »Politische Gründe von Nahrungskrisen im Sahel«

4.2.2 Aufbau und Inhalt schriftlicher Arbeiten

Der Aufbau einer schriftlichen Arbeit wird insbesondere bestimmt von der ge-
nerellen Zielsetzung und der anvisierten Zielgruppe. Das Thema selbst spielt
beim Aufbau einer Arbeit eine untergeordnete Rolle. Es ist ein Unterschied,
ob die Arbeit innerhalb einer literaturbasierten Seminarveranstaltung oder als
Ergebnisdokumentation im Rahmen von Gelände- oder Laborveranstaltungen
als Studienleistung verfasst wird – oder ob die Arbeit in einer Fachzeitschrift
publiziert werden soll, weil jeweils spezifische Anforderungen bestehen und die
Abhandlung unterschiedlich gelesen wird. Hier gibt es deutliche Unterschiede
hinsichtlich Ausführlichkeit, stilistischer Mittel und struktureller Bestandteile.
Bestimmte Teile wie z. B. ein *Abstract,* also eine – meist der Arbeit vorangestell-
te – Kurzzusammenfassung, ist zwar für einen Zeitschriftenartikel wichtig, bei
einer Studienarbeit wird darauf in der Regel aber verzichtet. Dennoch sind im
Aufbau schriftlicher Arbeiten prinzipielle Grundregeln zu beachten, und gewisse Teile sind auf jeden Fall unverzichtbar. Dabei unterstützt der Aufbau immer
auch die argumentative Stringenz.

Bestandteile einer Studienarbeit:
- **Titelblatt**
- *Kurzreferat Abstract*
- *Inhaltsübersicht*
- **Inhaltsverzeichnis**
- *Abbildungsverzeichnis*
- *Tabellenverzeichnis*
- *Abkürzungsverzeichnis*
- *Vorwort (gegebenenfalls inkl. Danksagung oder mit separater Danksagung)*
- **Komplex aus Einleitung, Hauptteil und Schluss**
- **Literaturverzeichnis**
- *Stichwortregister*
- *Anhang*

Zunächst ist festzuhalten, dass schriftliche Arbeiten formal in die oben angegebenen Elemente untergliedert werden können. Dabei kommen die hier fett hervorgehobenen Elemente in allen Arbeiten vor, während die kursiv gesetzten Elemente je nach Bedarf, Umfang und Art der Arbeit Verwendung finden (dazu Kap. 4.3.2). Da sich Kapitel 4.3 ausführlich dem formalen Aufbau und der Gestaltung der einzelnen Abschnitte einer schriftlichen Arbeit widmet, wird anschließend lediglich der Komplex aus »Einleitung, Hauptteil und Schluss« hinsichtlich der inhaltlichen Aufbereitung besprochen.

4.2.3 Einleitung

Die Einleitung dient der Heranführung an das Thema und der Orientierung des Lesers hinsichtlich des Gegenstands, der Zielsetzung und des Aufbaus einer Arbeit. Sie beinhaltet daher:

1. Eine Einordnung der Arbeit vor dem Hintergrund der aktuellen fachspezifischen oder öffentlichen Diskussion
2. gegebenenfalls objektivierte Aussagen zum Anstoß für die Bearbeitung des Themas
3. zentrale Fragestellung und übergreifende Zielsetzung
4. Aufbau, Gliederungsübersicht

In der Einleitung wird zunächst der Themenbereich der Arbeit mit Bezug zur aktuellen fachspezifischen oder öffentlichen Diskussion vorgestellt (s. Beispiele unten) und der zu bearbeitende Gegenstand ein- und abgegrenzt. Diese Abgrenzung ist schlüssig und objektiviert zu begründen! Selbst wenn ursprünglich, wie zu hoffen ist, ein starkes persönliches Interesse hinter der Beschäftigung mit einem Thema stand, so wird in der Einleitung die allgemeine wissenschaftliche oder öffentliche Bedeutung des Themas hervorgehoben (s. erstes Beispiel unten). Daher finden sich in vielen Einleitungen inzwischen floskelhaft wirkende Formulierungen, wie: »Das Problem der [...] wird seit langem/jüngst intensiv in der Öffentlichkeit und Wissenschaft diskutiert.« Auch beim Begründen der Abgrenzung und Schwerpunktsetzung innerhalb des Themas sollte man sich – selbst wenn diese ursprünglich vielleicht mehr mit persönlichen Neigungen oder den Anforderungen der Lehrveranstaltung zu tun hatten – weitgehend auf nachvollziehbare, allgemeine Kriterien stützen. Dies gilt selbstverständlich auch für die Ausarbeitung der zentralen Fragestellung und die Darlegung des Ziels, das mit der Abhandlung verfolgt wird (Kap. 4.1.3). In diesem Zusammenhang erfolgt in der Einleitung immer eine kurze Darstellung der Gliederung einer Arbeit, die dem Leser den groben roten Faden der Argumentation vorstellt. Bei umfangreicheren Studienarbeiten kann hier der aktuelle Stand der Forschung kurz skizziert werden, wie das zweite Beispiel nachfolgend zeigt. Die eigentliche und umfassende Diskussion des Stands der Forschung wird aber im Hauptteil geführt.

Beispiel eines Einstiegs in die Einleitung zu einer Abschlussarbeit

In den letzten Jahren sind durch ausführliche Berichte in den Medien verstärkt die anthropogenen Modifikationen des Klimas ins Licht der Öffentlichkeit gerückt worden. Begriffe wie »Smog«, »saurer Regen« und »Ozonloch« als Ausdruck der von Experten zwar nicht unerwarteten, aber doch allgemein ungewollten Veränderungen der lufthygienischen Zustände im regionalen und globalen Maßstab dürften inzwischen jedermann bekannt sein. Das Schlagwort »Treibhauseffekt«, zusammen mit den in der letzten Zeit in mehreren Szenarien erarbeiteten möglichen Folgen – Versteppung weiter, heute noch fruchtbarer Räume, globaler Anstieg der Meeresspiegel und entsprechende Gefährdung weiter Küstenregionen –, hat die Auswirkungen der Modifikation thermischer Bedingungen, aber auch deren komplexe Zusammenhänge deutlich werden lassen. [...] Gegenstand der vorliegenden Arbeit ist, im Sinne einer Bestandsaufnahme, die Erfassung der räumlichen Variation der Wärmeinsel von Heidelberg unter Berücksichtigung der komplexen topographischen Gegebenheiten. Dabei sollen folgende Fragen beantwortet werden: [...]

Beispiel einer Kapitelübersicht im Rahmen der Einleitung zu einer umfangreichen Studienarbeit (»Industrialisierung, Urbanisierung und Global Cities«)

Die folgende Arbeit gliedert sich in sechs Teile. Im ersten Kapitel werden, angelehnt an SAUNDERS (1987), Theorien zur Stadtentwicklung skizziert, und es wird der Aufstieg der Städte in Europa während der letzten zweihundert Jahre kurz beschrieben. Im zweiten Kapitel liegt der Fokus auf einer hypothetisch angenommenen Interdependenz des Industrialisierungs- mit dem Urbanisierungsprozess, was bereits bei ENGELS (1919), SOMBART (1969) und MUMFORD (1984) anklingt. Dabei beschränkt sich die Betrachtung regional auf Deutschland und Großbritannien. Anhand statistischen Materials wird in Kapitel drei die Entwicklung der Städte bis zur Gegenwart beleuchtet. Anschließend soll in Kapitel vier der Versuch unternommen werden, Prozesse der Globalisierung analytisch zu erfassen und die diesbezüglichen Theorieansätze von WALLERSTEIN (1974, 1984), ROBERTSON (1987, 1995), HARVEY (1989, 1997) und GIDDENS (1990, 1997) kritisch zu beleuchten. Ebenfalls Gegenstand dieses Kapitels wird eine Untersuchung der europäischen Sozialstruktur (GEISSLER 1992, ZAPF 1993, ALBROW 1997) und deren Transformation im Globalisierungsprozess sein. Aus einer Makroperspektive soll schließlich in Kapitel fünf der »Global City«-Ansatz nach SASSEN (1994) betrachtet werden. Als Fallbeispiel soll diesbezüglich, wie auch im darauf folgenden Kapitel, London herangezogen werden. Aus einer Mikroperspektive heraus widmet sich Kapitel sechs der gegenwärtigen, im Kontext von Globalisierungsprozessen transformierten, städtischen Lebenswelt. Zunächst wird jedoch die geschichtliche Entwicklung Londons kurz beleuchtet, bevor aktuelle Aspekte eines »globalen« (ROBERTSON 1995:26) städtischen Lebensstils angesprochen werden. In Kapitel sieben wird abschließend die theoretisch angelegte Makroperspektive mit der empirisch aufbereiteten Mikroperspektive verknüpft, um, basierend auf historisch angelegten Industrialisierungs- und Urbanisierungsprozessen, ein umfassenderes Verständnis von aktuellen Prozessen der Globalisierung im städtischen Kontext zu erlangen.

4.2.4 Hauptteil

Der Hauptteil einer wissenschaftlichen Arbeit dient der argumentativen Aufbereitung und Abhandlung der Fragestellung anhand von Thesen und (Forschungs-)Ergebnissen. Er beinhaltet:

1. die Erklärung grundlegender Begrifflichkeiten, Definitionen;
2. die nähere Bestimmung der Fragestellung;
3. die Formulierung von Thesen;
4. die Diskussion der Thesen, wobei unterschiedliche Positionen, Daten und Ergebnissen herbeigezogen werden;
5. die Formulierung der Ergebnisse.

Im Hauptteil einer Arbeit wird das behandelte Thema, also das wissenschaftliche Problem, das untersucht wird, ausführlich dargestellt und diskutiert. Das Thema wird entsprechend der einleitend formulierten Fragestellung »bearbeitet«. Dazu ist es notwendig, die Fragestellung zu präzisieren und zu operationalisieren. In der Wissenschaft besteht der gängigste Weg, dies zu tun, darin, untergeordnete Fragen und Ziele zu formulieren und Thesen/Hypothesen aufzustellen und zu diskutieren. Es gilt hier also, sich kritisch mit der Thematik auseinander zu setzen. Dabei muss darauf geachtet werden, dass die Argumentation mit den Zielsetzungen übereinstimmt und – wie oben erläutert – logisch aufgebaut ist (entlang dem »Lot der Stringenz«)! Dies muss bereits durch eine Einteilung des Hauptteils in Unterkapitel und durch die entsprechende Formulierung der Kapitelüberschriften deutlich werden. Weiterhin sind im Hauptteil grundlegende Begriffe zu definieren. Es ist jedoch nicht notwendig, dem ein separates Kapitel zu widmen (die von Studierenden gern verwendete Kapitelüberschrift »Begriffsdefinitionen« ist inhaltsleer und langweilig – Kapitelüberschriften sollten aussagekräftig sein und einen gewissen »Sexappeal« haben). Grundlegende Begriffe werden am sinnvollsten an den Stellen, wo sie zum Einsatz kommen, definiert. Schließlich gehört auch die Formulierung und Präsentation der Ergebnisse in den Hauptteil der Arbeit.

4.2.5 Schluss

Der Schluss dient der Zusammenfassung der Ergebnisse, wobei auf die Fragestellung Bezug genommen wird, sowie einer zusammenfassenden kritischen Bewertung der Befunde und Erkenntnisse. Er beinhaltet:

1. Zusammenfassung der Ergebnisse;
2. Darstellung des Erkenntnisgewinns;
3. Geltungsbereich der Ergebnisse, Widersprüche, offene Fragen;
4. kritische Bewertung.

Im Schlussteil einer Arbeit sollen primär die Ergebnisse präsentiert und – unter Bezugnahme auf die Fragestellung, die in der Einleitung formuliert wurde – der erzielte Erkenntnisgewinn demonstriert werden. Weiterhin können besonders bedeutsame kritische Anmerkungen zur Methodik angesprochen werden (die ansonsten in den Hauptteil gehören). Darüber hinaus bietet der Schlussteil einen Rahmen, um ungelöste Fragen und Forschungslücken aufzeigen oder einen Ausblick auf zukünftige Entwicklungen zu geben. Neue, im Hauptteil einer Arbeit nicht angesprochene Aspekte, haben jedoch im Schluss »nichts zu suchen«!

Auf keinen Fall sollen im abschließenden Teil einer Arbeit neue Themen abgehandelt werden!

4.2.6 Gütekriterien und Redlichkeit

Jede wissenschaftliche Arbeit unterliegt gewissen Gütekriterien und ist nach dem Primat der Redlichkeit anzufertigen. Dazu liefern die folgenden zwei Kästchen wichtige Informationen, die zu beachten sind.

Drei »Gütekriterien«, denen eine wissenschaftliche Arbeit genügen muss

- **stringente Argumentation:** Aussagen müssen begründet sein, sie dürfen nicht widersprüchlich oder logisch unzulässig sein, und sie sollen klar von Meinungen und Vermutungen getrennt werden!
- **Transparenz und Nachvollziehbarkeit:** Es muss lückenlos angegeben werden, wie und unter welchen Umständen man zu den Aussagen gelangt, wie und weshalb man zu welchen Ergebnissen kommt!
- **Gültigkeit:** Die Argumentation muss das darstellen, was sie vorgibt! Das heißt, sie sollte die gewählte Fragestellung beantworten und nicht davon abweichen!

Allgemeine Bemerkung zur Redlichkeit

Die Fälschung von Daten und Ergebnissen ist zu unterlassen. Sie kann in Arbeiten jeder Art – in Seminaren, Geländeübungen, Prüfungen, Diplomarbeiten etc. – schwerwiegende Konsequenzen haben, wie z. B. ein Nichtbestehen. Bereits auf Diplomstufe ist mit weiteren Konsequenzen zu rechnen, die bis zum Ausschluss vom Prüfungsverfahren und zur nachträglichen Aberkennung von Diplomen reichen. Zur Redlichkeit gehört, Arbeiten eigenständig zu verfassen und anzugeben, welche Hilfeleistungen in Anspruch genommen wurden (Kap. 4.4). Sichhelfenlassen ist natürlich erlaubt und häufig sogar notwendig. Es ist aber unstatthaft, sich mit fremden Federn zu schmücken.

4.2.7 Stil

Zwar kann festgestellt werden, dass die Bedeutung der Fähigkeit, sich auszudrücken, in den Naturwissenschaften geringer ist als in den Gesellschaftswissenschaften (GIDDENS 1992:339) – die Darstellung von Formeln erfordert Exaktheit auf anderer Ebene als die genaue Beobachtung, Beschreibung und das Verstehen eines Ausschnitts gesellschaftlicher Wirklichkeit. Dennoch ist die Entwicklung eines eigenen Schreibstils in beiden Bereichen der Geographie nicht unerheblich. Denn jede wissenschaftliche Arbeit sollte interessierten Kreisen zugänglich und verständlich sein und den Leser sicher und möglichst unmissverständlich durch die Argumentation leiten. Jeder Autor schafft mit seinem Text eine eigene Wirklichkeit, nur sind die vorgenommenen Selektionen und Reduktionen in Wortwahl und Grammatik selten transparent. Daher ist es gemäß dem Anspruch der Wissenschaftlichkeit wichtig, so wenig wie möglich sprachliche Verschleierung zu betreiben – eine gute Strukturierung, einfache Sprache und die Vermeidung verschachtelter Sätze im Thomas-Mann-Stil sind ebenso wichtig wie grammatikalische und orthographische Korrektheit (ECO 1993:186). Vorsicht ist auch bei der Verwendung von Wörtern wie »wohl, fast, irgendwie, an und für sich, gewissermaßen« (THEISEN 2000:136) geboten, mit denen man sich schön davor drücken kann, klare Aussagen zu treffen. Auch nicht zu unterschätzen ist die Bemerkung von THEISEN (2000:135), wer unscharf schreibe, setze sich leicht dem Verdacht aus, auch unklar gedacht zu haben.

Obwohl wissenschaftliche Texte von der Verwendung von Fachausdrücken leben, so sollte doch auf alle Fälle auf »stilistisches Imponiergehabe und Jargon« (STANDOP & MEYER, 2002:191) verzichtet werden. Denn weder hochtrabende Formulierungen noch die Aneinanderreihung von Fachausdrücken machen Freude beim Lesen. Sie sind auch nicht – wie manch einer vielleicht anzunehmen geneigt ist – der Glaubwürdigkeit des Autors zuträglich, sondern »outen« eher diejenigen, die es offenbar nötig haben zu blenden. Statt also an dieser Stelle noch anzumerken, dass es adäquat ist, den Usus heterogener Termini kontextuell durchführbarst zu vermeiden, raten wir daher lieber: auf Fremdwörter möglichst verzichten!

Darüber hinaus sollten aber auch umgangssprachliche oder vulgäre Ausdrücke vermieden werden, weil sie meist eine bestimmte ideologische oder moralische Färbung aufweisen. Wissenschaftlich sollte ein möglichst neutraler Standpunkt eingenommen werden, auch wenn es sich um allgemein anerkann-

te Wertvorstellungen handelt. Wenn etwa vom »Nazismus« die Rede ist, wird
mit dem Wort eine Abwertung verbunden. Die ist zwar allgemein anerkannt,
doch wissenschaftlich bietet es sich an, vom Nationalsozialismus zu sprechen
und sich damit zunächst jeder Wertung zu enthalten – sonst tauscht man das
analytische gegen ein rhetorisches Instrumentarium und wird unversehens zum
Politiker. Allerdings kann es gerade in gesellschaftswissenschaftlichen Arbeiten auch angemessen sein, Stellung zu beziehen – dies sollte dann aber explizit
kenntlich gemacht werden und nicht subtil durch eine bestimmte Wortwahl
oder Polemik erfolgen. Hier die richtige Balance zu finden ist im Rahmen des
Studiums eine nicht zu unterschätzende Aufgabe, die nur dadurch bewältigt
werden kann, dass Studierende von den Lehrkräften entsprechende Rückmeldungen einfordern. Diese Rückmeldungen müssen aber auch ernst genommen
und nicht nur mit dem Verweis, dass Stilfragen einfach nur Geschmackssache
sind, beiseite geschoben werden. Darüber hinaus steht zum Themenkomplex
Wissenschaftssprache umfangreiche Literatur (s. u.) zur Verfügung.

4.3   Wie wird's schön?
Gestaltung und Layout einer schriftlichen Arbeit

Eine gute Gestaltung und ein gelungenes äußeres Erscheinungsbild sind bei einer schriftlichen Arbeit nicht unerheblich, weil dadurch ein gewisser professioneller »Eindruck« vermittelt werden kann. Zwar wird ein gutes Layout niemals die Inhalte ersetzen, aber auch Inhalte wollen gekonnt transportiert werden, damit sie ihren Empfänger tatsächlich erreichen. Jedenfalls ist darauf zu achten, dass weder nach dem Motto »außen hui – innen pfui« verfahren wird, noch dass die Professionalität und Seriosität einer Arbeit durch ein überladenes Äußeres und allerlei unnötigen graphischen Schnickschnack in Frage gestellt wird. Beim Lesen und Bearbeiten wirkt das Erscheinungsbild mehr oder weniger unterschwellig auf den Leser. Mit deutlichen Worten macht SEDLACEK (1990:4) auf mögliche negative Wirkungen aufmerksam: »Wer formal nachlässig verfährt, setzt sich zumindest dem Verdacht aus, dass er inhaltlich ebenso gearbeitet hat.«

Bei Begriffen wie Layout und Erscheinungsbild und angesichts der Kapitelüberschrift »Wie wird's schön?« mag so mancher einwenden, dass das doch wohl eine Frage des Geschmacks sei, und Geschmäcker sind ja bekanntlich durchaus verschieden. Bevor jedoch Geschmacksfragen im Zusammenhang mit wissenschaftlichen Arbeiten zu unnötigen Reibungsverlusten führen, sollte bedacht werden, dass nicht das Äußere, sondern der Inhalt Gegenstand des wissenschaftlichen Austausches sein sollte. Um solche Reibungsverluste zu minimieren, haben sich gewisse Konventionen zur formalen Gestaltung wissenschaftlicher Arbeiten herausgebildet und bewährt. Ein diesen Konventionen folgendes Layout zu verwenden zeugt auch vom Bestreben, die Zusammenarbeit zu erleichtern und zu fördern (DIN 1422-1:1).

Im vorangehenden Absatz wurde bei dem Wort Konvention sehr bewusst der Plural gewählt, denn auch für die Gestaltung von wissenschaftlichen Arbeiten gibt es von verschiedenen Autoren, Verlagen und Institutionen zahlreiche Vorschläge, die in einzelnen Punkten voneinander abweichen. Selbst wenn jeweils »gute Gründe« vorgebracht werden, um die eine oder andere Konvention zu legitimieren (z. B. Platzersparnis, bessere Nachvollziehbarkeit etc.), haben die unterschiedlichen Konventionen doch auch etwas mit Geschmack zu tun. Sie haben daher alle die gleiche Gültigkeit. Anders ausgedrückt, es gibt keine »falsche« oder »richtige« Konvention bzw. Vorgabe.

Obwohl bei der Gestaltung von schriftlichen Arbeiten größere Freiheiten bestehen, sind einige wichtige Punkte zu beachten. Oft werden die Format- und Layoutvorgaben für schriftliche Arbeiten im jeweiligen Seminar, in dem die Arbeit geschrieben wird, bekannt gegeben. An diese Vorgaben sollte sich jeder halten! Das gilt insbesondere auch für die verwendeten Textverarbeitungs- programme und Schrifttypen. Gerade wenn eine digitale Fassung gefordert ist und z. B. ein Reader zum Seminar digital erstellt werden soll, ist die Zusammen- führung der einzelnen Beiträge nur bei identischer Formatierung und gleichem Layout in angemessener Zeit möglich.

Im Folgenden wird eine Konvention zur formalen Gestaltung wissenschaftli- cher Arbeiten vorgestellt, die die allgemein anerkannten, qualitativen Anforde- rungen an wissenschaftliche Arbeiten erfüllt und gleichzeitig einfach zu hand- haben ist. Unser Vorschlag lehnt sich dabei eng an die Vorgaben der DIN 1421 und DIN 1422 sowie an HORATSCHEK & SCHUBERT (1998) an.

4.3.1 Die äußere Form

Schriftliche Arbeiten werden auf DIN-A4-Papier verfasst und einseitig aus- gedruckt. Auch wenn ökologisches Bewusstsein für einen beidseitigen Druck spricht, so sollte man doch nicht vergessen, dass alle Arbeiten begutachtet wer- den und der Begutachter schließlich auch noch Platz für gegebenenfalls etwas umfangreichere Anmerkungen benötigt.

Hinsichtlich der Gestaltung einer Arbeit ergeben sich im Zeitalter der Text- verarbeitungssysteme fast unbegrenzte Möglichkeiten. Das führt hin und wie- der dazu, dass vermeintlich wahre Kunstwerke entstehen, indem mit unter- schiedlichen Schrifttypen, Schriftgrößen und Formatierungen hantiert wird, bis dem Leser schwindelig vor Augen wird (KRÄMER 1999:227 f.). Hier gilt: weniger ist mehr. Weniger Ablenkung durch Schriftvariationen bedeutet näm- lich mehr Konzentration des Lesers auf den Inhalt. Diese Konzentration wird durch eine den allgemeinen Lesegewohnheiten angepasste Gestaltung der Ar- beit gefördert. Insbesondere ist auf einen angemessenen **Satzspiegel** und gut lesbare, ansprechende **Schriftart und -größe** und ein adäquates **Verhältnis von Schriftgrad und Zeilenabstand** zu achten (Tab. 4-1). Wie bereits angedeutet, werden im Rahmen von Studienarbeiten und für Abschlussarbeiten diese Para- meter in der Regel entweder vom Seminarleiter, Betreuer oder auf der Grund- lage sonstiger interner Regelungen vorgegeben. Bei der Vorgabe von Satzspie- gel, Schriftart, Schriftgröße und Zeilenabstand mag es sich augenscheinlich um rein formale Vorgaben handeln. Häufig aber versteckt sich dahinter ein zusätzlicher Arbeitsauftrag, nämlich, das Thema (erschöpfend) innerhalb des so definierten Umfangs zu bearbeiten.

Sollten keine Vorgaben existieren, empfehlen wir die in Tabelle 4-1 zusammengestellten Vorgaben, die in der angegebenen Kombination ungefähr 2600 Anschläge pro Seite ergeben. Hinsichtlich des Seitenrands sei angemerkt, dass der Randbereich, abgesehen von Seitenzahl und allfälligen Kopfzeilen (Kolumnentitel), freizuhalten ist. Insbesondere sollten Tabellen und Abbildungen nicht über den Satzspiegel hinausragen. Der Zeilenabstand sollte 1,5 Zeilen betragen. Ein alternativer Richtwert für den Zeilenabstand ist 130 Prozent der Schriftgröße (bei einer 10-Punkt-Schrift also 13 Punkt).

Tab. 4-1: Formatvorgaben für Studienarbeiten

Seitenrand (minimal)	oben: 2 cm unten: 2 cm links: 4 cm rechts: 2 cm
Zeilenabstand	1,5-zeilig (Format/Absatz/Genau)
Schrifttyp	Standard-Serifenschrift, z. B. Times New Roman
Schriftgröße	12

Dieser Text wurde in einer Serifenschrift verfasst
(Schrifttyp: Times New Roman, Schriftgröße: 10).

Dieser Text wurde in einer Serifenschrift verfasst
(Schrifttyp: Times New Roman, Schriftgröße: 12).

Dieser Text wurde in einer Serifenschrift verfasst
(Schrifttyp: Times New Roman, Schriftgröße: 14).

Dieser Text wurde in einer serifenlosen Schrift verfasst
(Schrifttyp: Arial, Schriftgröße: 10).

Dieser Text wurde in einer serifenlosen Schrift verfasst
(Schrifttyp: Univers condensed, Schriftgröße: 12).

**Dieser Text wurde in einer
serifenlosen Schrift verfasst
(Schrifttyp: Univers bold, Schriftgröße: 14).**

Abb. 4-3: Vergleich unterschiedlicher Schriftarten und -größen

Bei der Schriftart ist auf die Verwendung einer augenschonenden (KRÄMER 1999:228) Standard-Serifenschrift (also einer Schrift mit »Füßchen«, so genannten Serifen oder Schraffen) zu achten. Sans-Serif- oder Grotesk-Schriften (also Schriften ohne »Füßchen«), sind eher für Titel und Zwischentitel und kurze Texte (wenige Zeilen) geeignet. Für den fortlaufenden Text empfiehlt es sich, eine 12-Punkt-Schrift zu wählen. Diese Grundgröße macht es möglich, bestimmte Teile (z. B. Tabellen, längere Zitate) auch typographisch, also zum Beispiel durch eine kleinere Schrift (10 Punkt), abzusetzen und gleichzeitig die Lesbarkeit dieser Bereiche zu erhalten. Abbildung 4-3 bietet einen Vergleich einer gängigen Serifenschrift (»Times New Roman«) mit ausgewählten serifenlosen Schriften, wobei zusätzlich die Schriftgröße variiert wurde.

Längere Texte (mehr als eine Seite) sind im Zeitalter der EDV-gestützten Textverarbeitung im Blocksatz zu schreiben. Der so genannte »Flattersatz« aus der Zeit mechanischer Schreibmaschinen wirkt heute nur noch irritierend. Dabei ist jedoch auf einen durchgängigen **Zeilenausgleich** zu achten. Mit anderen Worten: Die Abstände zwischen den Wörtern sollten einigermaßen gleichmäßig – und dabei nicht zu groß – sein. Dazu ist es notwendig, nach Fertigstellung der Arbeit eine (manuelle) Silbentrennung durchzuführen. Es sollten jedoch nicht mehr als drei Zeilen nacheinander mit einem Trennungsstrich enden. Bei der automatischen Silbentrennung ist Vorsicht geboten, da diese zuweilen recht seltsame Ergebnisse zeitigt.

4.3.2 Formaler Aufbau

Wurde in Kapitel 4.2 besprochen mit welchen Inhalten die einzelnen Elemente einer wissenschaftlichen Arbeit zu füllen sind, so werden im Folgenden die formalen Richtlinien und gestalterische Vorgaben bzw. Möglichkeiten beschrieben. In terminologischer Anlehnung an die DIN 1422-1 besteht eine wissenschaftliche Arbeit aus den folgenden, obligatorischen (fett ausgezeichnet) und optionalen (kursiv ausgezeichnet) Teilen:

- **Titelblatt**
- *Kurzreferat (Abstract)*
- *Inhaltsübersicht*
- **Inhaltsverzeichnis**
- *Abbildungsverzeichnis*
- *Tabellenverzeichnis*
- *Abkürzungsverzeichnis*
- *Vorwort (gegebenenfalls inkl. Danksagung oder mit separater Danksagung)*
- **Komplex aus Einleitung, Hauptteil und Zusammenfassung**
- **Literaturverzeichnis**
- *Stichwortregister*
- *Anhang*

Inwiefern die optionalen Teile zum Tragen kommen, hängt im Wesentlichen vom Gesamtumfang der Arbeit und dem Gegenstand bzw. den Grundlagen einer Arbeit ab. So dürfte ohne weiteres nachvollziehbar sein, dass eine einseitige Inhaltsübersicht, wenig Sinn macht, wenn auch das Inhaltsverzeichnis nur eine Seite umfasst (THEISEN 2000; FRANCK & STARY 2003). Genauso wenig sinnvoll sind Abbildungs- und Tabellenverzeichnisse bei einer kurzen Arbeit mit nur wenigen Abbildungen oder Tabellen.

Unter Berücksichtigung von Gesamtumfang und Kontext können folgende Richtlinien an die unterschiedlichen Typen von Studienarbeit angelegt werden, wobei die mit Spiegelstrich gekennzeichneten Teile jeweils auf einer neuen Seite beginnen:

1. Eine **klassische Studienarbeit** (weniger als 20 Seiten) besteht aus:
   - Titelblatt,
   - Inhaltsverzeichnis,
   - Komplex aus Einleitung, Hauptteil und Zusammenfassung,
   - Literaturverzeichnis.

2. Eine **umfangreichere Studienarbeit** (mehr als 20 Seiten) besteht aus:
   - Titelblatt,
   - Inhaltsverzeichnis,
   - Verzeichnis der Abbildungen und Tabellen (gegebenenfalls auf einer Seite),
   - Komplex aus Einleitung, Hauptteil und Zusammenfassung,
   - Literaturverzeichnis.

3. Eine **Studienarbeit**, in der **eigene Daten** verarbeitet werden (z. B. Geländebericht, Laborbericht, Bericht zum Studienprojekt) besteht aus:
   - Titelblatt,
   - Inhaltsverzeichnis,
   - Verzeichnis der Abbildungen und Tabellen (gegebenenfalls auf einer Seite),
   - Komplex aus Einleitung, Hauptteil und Zusammenfassung,
   - Literaturverzeichnis,
   - Datenanhang mit Rohdaten (gegebenenfalls auf digitalen Medien).

4. Eine **Abschlussarbeit** (KRÄMER 1999:101) besteht aus:
   - Titelblatt,
   - Inhaltsverzeichnis,
   - Verzeichnisse der Abbildungen, Tabellen und Abkürzungen,
   - Vorwort oder Danksagung,
   - Komplex aus Einleitung, Hauptteil und Zusammenfassung,
   - Literaturverzeichnis,
   - Stichwortregister (falls gewünscht),
   - Datenanhang (falls eigene Daten verwendet wurden)
   - Selbständigkeitserklärung gemäß Prüfungsordnung
   - Lebenslauf (falls durch Prüfungsordnung gefordert).

Im Folgenden werden alle eingangs genannten Teile einer wissenschaftlichen Arbeit, mit Ausnahme der Selbständigkeitserklärung und des Lebenslaufs, kurz vorgestellt. Dabei werden im Rahmen der Erläuterungen zum Inhaltsverzeichnis auch gewisse Problemfelder wie die Nummerierung von Kapiteln und die Seitenzählung (Paginierung) ausführlich dargelegt.

4.3.2.1 Gestaltung Titelblatt

Das Titelblatt einer Arbeit ist die Eintrittskarte in die Arena der wissenschaftlichen Begutachtung. Hier wird das Thema genannt, die eigene Person vorgestellt und die Arbeit institutionell und organisatorisch zugeordnet. Zu den obligatorischen Angaben auf dem Titelblatt zählen (THEISEN 2000:180):

- Name der Universität, des Instituts und des Seminars
- Angabe des Semesters, in dem die Arbeit vorgelegt wird
- Art und Funktion der Arbeit (Seminararbeit, Hausarbeit, Laborbericht usw.)
- Titel der Arbeit
- Namensangabe des Veranstaltungsleiters mit akademischen Titeln
- Name und Vorname des Verfassers
- Adresse und Kontaktmöglichkeiten (E-Mail oder Telefon)
- Matrikelnummer
- Aktuelle Fachrichtung mit Angabe des angestrebten Abschlusses sowie aktuelle Fachsemesterzahl
- Datum der Abgabe

Abbildung 4-4 präsentiert eine mögliche Gestaltung des Titelblattes mit allen erforderlichen Angaben. Selbstverständlich ist hier zumindest im Rahmen von Studienarbeiten ein Gestaltungsspielraum gegeben. Dagegen ist die Gestaltung des Titelblatts von Abschlussarbeiten häufig explizit in den Prüfungsordnungen geregelt. In diesem Zusammenhang sei darauf hingewiesen, dass ausschließlich Mitarbeiter einer Universität berechtigt sind, das jeweilige **Siegel** bzw. **Wappen** der Universität zu verwenden. Auf dem Titelblatt einer Studien- oder Abschlussarbeit hat das Siegel oder Wappen einer Universität nichts zu suchen!

Friedrich-Schiller-Universität Jena   WiSe 2004/05
Institut für Geographie

Proseminer I: «Einführung in das Geographiestudium»

Leitung:
Doz. Dr. J. Baade, H. Gertel (M.A.), Dr. A. Schlottmann

Das Modell des demographischen Übergangs

Seminararbeit

vorgelegt von:

Maxi Musterfrau
Studiengang: Geographie/Germanistik (LA)
Semester: 1/1
Matr. Nr.: 12345
Tal der Hoffnung 7
1111 Musterstadt
E-Mail: mamu@muster.de

Abgabedatum: 15.01.2005

Abb. 4-4: Muster eines Titelblattes

4.3.2.2 Inhaltsverzeichnis und Inhaltsübersicht

Das Inhaltsverzeichnis präsentiert den Inhalt einer Arbeit und dient, ähnlich wie die Einleitung, der Orientierung des Lesers. Es »ist der wichtigste Schlüssel zu einer Arbeit« und »enthüllt die logische Grobstruktur des eigentlichen Textes« (KRÄMER 1999:103). Daher muss das Inhaltsverzeichnis vollständig und gleichzeitig übersichtlich sein. Im Inhaltsverzeichnis wird die Gliederung der Arbeit genau so wiedergegeben, wie sie in der Arbeit vorhanden ist. Dies gilt insbesondere für alle Kapitelüberschriften und natürlich die Nummerierung der Kapitel. Auch daher sollten die Überschriften möglichst kurz und aussagekräftig sein. Zudem sollte die Zahl der Hierarchieebenen (Anzahl der Unterkapitel) beschränkt werden. Die DIN 1421 empfiehlt maximal drei Gliederungsebenen. Bevor weitere Unterkapitel eingefügt werden, sollte eingehend die Relevanz einer zusätzlichen Untergliederung geprüft werden. Oftmals ist es sinnvoller, gewisse Unterkapitel unter einer Überschrift zusammenzufassen, und schließlich gibt es ja auch noch die Möglichkeit, die eigenen Ausführungen durch Absätze oder Leerzeilen sinnvoll zu gliedern. Das Inhaltsverzeichnis, das in der Regel unmittelbar auf das Titelblatt folgt, trägt die Überschrift »**Inhalt**« (DIN 1421:3). Nur wenn sowohl ein vollständiges Inhaltsverzeichnis als auch eine Inhaltsübersicht – in der nur die Kapitelüberschriften erster Ordnung aufgeführt werden – notwendig sind, lauten die Überschriften »Inhaltsverzeichnis« und »Inhaltsübersicht«. Dabei steht die Inhaltsübersicht zwischen Titelblatt und Inhaltsverzeichnis.

Das Inhaltsverzeichnis offenbart das **Ordnungssystem der Kapitel**. Dabei sind prinzipiell zwei Systeme möglich, nämlich das nummerische (1.1) und das alpha-nummerische (A.1) Ordnungssystem (THEISEN 2000:101 ff.; BÜNTING et al. 1996:130 ff.). Da das **nummerische System** nicht nur in den Naturwissenschaften absolut dominant ist, sondern »auch zunehmend in den Geisteswissenschaften Verbreitung [findet]« (THEISEN 2000:102), beschränken wir uns hier auf seine Darstellung. Dabei erfolgt bei dem in der DIN 1421 und in zahlreichen anderen Quellen vorgeschlagenen System die Nummerierung der Abschnitte ausschließlich mit arabischen Zählnummern (Abb. 4-5). Die Kapitel erster Ordnung werden mit fortlaufenden Zählnummern versehen, wobei die Zählung mit »1« für die Einleitung beginnt. Die vor der Einleitung stehenden Teile der Arbeit werden nicht benummert. Dies gilt übrigens auch für das Literaturverzeichnis und gegebenenfalls vorhandene Anhänge, auf die aber im Inhaltsverzeichnis hinzuweisen ist. Bei den Unterabschnitten zweiter und dritter Ordnung wird jeweils bei »1« begonnen (also »1.1«, »1.2« oder »2.1«, »2.2«). Dabei ist zu beachten, dass in einem Abschnitt immer mehr als ein Unterabschnitt der gleichen Ordnung vorhanden sein muss, um die zusätzliche Gliederungsebene zu rechtfertigen (KRÄMER 1999:110). Nach DIN 1421 wird nur zwischen den **Abschnittsnummern** unterschiedlicher Stufen ein Punkt gesetzt. Also »steht am Ende einer Abschnittsnummer k e i n Punkt« (DIN 1421:1). Die Nummerierung erfolgt daher mit »1«, »1.1« oder »1.1.1«, **und nicht** mit »1.«, »1.1.« oder »1.1.1.«.

Ein weiterer bedeutender Punkt, der das Erscheinungsbild des Inhaltsverzeichnisses beeinflusst, ist die Wahl der **Seitennummerierung (Paginierung)**. Hier sind auch wieder zwei Systeme gebräuchlich. Beiden Systemen gemeinsam ist, dass **jede Seite** innerhalb des Einbands (wichtig für die Abschlussarbeit) gezählt wird. Das gilt auch für leere Seiten zwischen dem Buchdeckel und der Titelseite, wobei sich hier bei Publikationen häufig eine so genannte Schmutztitelseite (mit Kurztitel) befindet. Einzige Ausnahmen bilden das so genannte Vorsatz bei gebundenen Büchern, das mit dem Buchdeckel verklebt ist, und die gegebenenfalls vorhandenen leeren, oder bei Publikationen häufig mit Werbung gefüllten letzten Seiten. Diese Seiten werden nicht gezählt. Dass eine Seite gezählt wird, bedeutet jedoch noch nicht, dass sich auf der Seite auch eine Seitenzahl befindet. Bei Monographien beginnt beispielsweise ein neues Kapitel der obersten Hierarchieebene in der Regel auf einer rechten Seite. Die Seitenzahl (üblicherweise eine ungerade Zahl) wird auf dieser Seite nicht gedruckt. Gleichwohl wird sie im Inhaltsverzeichnis angegeben. Auch bei leeren linken

Inhalt

Abbildungen

Abb. 4-5: Beispiel für die Kapitelnummerierung im Inhaltsverzeichnis (ohne Seitennummerierung)

Inhalt

Abb. 4-6: Beispiel für ein Inhaltsverzeichnis mit Seitennummerierung und Kapitelhierarchie in Layout und Typographie

2 Die vorindustrielle Stadtentwicklung Weimars	**3**
2.1 Weimar im Mittelalter	3
2.2 Weimar in der Renaissance und im Barock	4
2.3 Weimar in der Zeit der Klassik	6
2.3.1 Weimar als Residenzstadt	6
2.3.2 Weimar als geistiges und kulturelles Zentrum	7
2.3.3 Wirtschaftliche und demographische Entwicklung von Weimar	8

Abb. 4-7: Negativbeispiel für ein Inhaltsverzeichnis bezüglich des Layouts

Seiten (so genannten Vakatseiten) vor Kapitelanfängen wird in Publikationen auf die Paginierung verzichtet.

Doch zurück zu den beiden üblicherweise verwendeten **Seitenzählsystemen:** Das eine System verwendet ausschließlich **arabische Ziffern** für die Seitenzählung. Hier beginnt die Zählung mit arabisch 1 auf der ersten Seite nach dem Einband (diese ist beim westlichen Standard rechtsseitig), selbst wenn es sich dabei um eine leere Seite handelt. Dieses System findet u. a. in STANDOP (1981, vgl. STANDOP & MEYER 2002), KRÄMER (1999) und FRANCK & STARY (2003) Anwendung. Beim alternativen System beginnt die Zählung der Seiten mit arabisch 1 auf der ersten Seite des Komplexes Einleitung, Hauptteil, Zusammenfassung, also mit dem eigentlichen Text. Alle davor liegenden Seiten werden mit **römischen Ziffern** gezählt. Nach THEISEN (2000:179) »erleichtert [dieses System] die abschließende Erstellung der Titelblätter und schafft Spielraum für ein Geleit- bzw. Vorwort« und die weiteren Verzeichnisse, die auch nach eigener Erfahrung häufig in letzter Minute erstellt werden. Aus dieser praktischen Einsicht heraus empfehlen wir die Verwendung des gemischten Systems (Abb. 4-6).

Was die **Formatierung** des Inhaltsverzeichnisses anbelangt, so empfiehlt die
DIN 1421:3, alle Abschnittsnummern in einer Fluchtlinie und alle Abschnitts-
überschriften an einer weiteren Fluchtlinie beginnen zu lassen. Nicht nummerierte Abschnitte (Inhalt, Literatur, Anhang) beginnen an der Fluchtlinie der
Abschnittsnummern. Zudem werden die Seitenzahlen rechtsbündig an einer
weiteren Fluchtlinie ausgerichtet. Zur visuellen Unterstützung der Gliederung
empfehlen mehrere Autoren eine typographische Betonung der Hauptüber-
schriften (im Allgemeinen durch halbfette Schrift, vgl. Abb. 4-5). Ob darüber
hinaus noch ein einfaches Einrücken der Unterkapitel notwendig ist (Abb. 4-
6), mag jeder selbst entscheiden. Oft wird es jedoch unübersichtlich, wenn jede
Gliederungsebene durch Einrücken kenntlich gemacht wird (Abb. 4-7). Zudem verringert sich dabei auch der Platz, der in einer Zeile für die Überschrift
der Unterkapitel zur Verfügung steht (Abb. 4-7).

4.3.2.3 Abbildungs- und Tabellenverzeichnisse

Dem Inhaltsverzeichnis folgen, soweit notwendig, die Verzeichnisse der Abbildungen und Tabellen. Die Überschriften lauten dabei, analog der Regelung
für das Inhaltsverzeichnis, **Abbildungen**, bzw. **Tabellen**. Soweit vorhanden,
sind diese Verzeichnisse auch im Inhaltsverzeichnis aufzuführen. Bei umfangreicheren Arbeiten, insbesondere bei Abschlussarbeiten, und soweit genügend
Masse vorhanden ist, beginnt jedes dieser Verzeichnisse auf einer eigenen Seite
(Beispiel: diese Publikation S. 11 f.). Falls das Abbildungsverzeichnis und das
Tabellenverzeichnis inklusive Überschriften jedoch jeweils nur eine halbe Seite
in Anspruch nehmen, sollten beide Verzeichnisse auf einer Seite untergebracht
werden.

Im Abbildungs- bzw. Tabellenverzeichnis werden, um die Übersicht zu wahren, die Abbildungsunter- bzw. Tabellenüberschriften gekürzt wiedergegeben.
Sowohl auf die Angabe der Quelle wie auch auf die Wiedergabe erläuternder
Teile der Abbildungsunter- bzw. Tabellenüberschrift kann verzichtet werden.
Als Beispiel sei hier auf die Abbildungsunterschrift zu Abbildung 4-2 und deren Wiedergabe im Abbildungsverzeichnis verwiesen. Hinsichtlich der **Nummerierung** der Abbildungen und Tabellen kann bei kürzeren Arbeiten (weniger als 20 Seiten) verlangt werden, dass die Tabellen und Abbildungen jeweils
fortlaufend durchgezählt werden. Bei umfangreicheren Arbeiten empfiehlt
sich jedoch, ähnlich wie im vorliegenden Buch, ein System, das sich an den
Hauptkapiteln orientiert. Das lässt, wie das hier empfohlene System der Pa-

ginierung, Spielraum für den nachträglichen Einbau von Abbildungen oder Tabellen in vorangehende Kapitel, ohne dass alle Abbildungen oder Tabellen inklusive der Verweise im Text neu nummeriert werden müssen. Hier mag der Einwand kommen, dass diverse Textverarbeitungssysteme doch über automatische Funktionen zum Nummerieren von Abbildungen und Tabellen sowie zur Erstellung von Verzeichnissen verfügen. Dies setzt aber voraus, dass entweder die gesamte Arbeit in einer Datei vorliegt oder mit so genannten Zentraldokumenten gearbeitet wird. Doch je mehr Daten in eine Datei gepackt werden, desto störanfälliger wird sie. Wer umfangreichere Arbeiten inklusive Abbildungen bereits zuvor erfolgreich in dieser Weise bearbeitet hat, der sollte das auch weiterhin tun. Es sei aber davor gewarnt, ausgerechnet die Abschlussarbeit als Anlass zu nehmen, eines dieser Systeme auszuprobieren. Nicht von ungefähr besagt die Erweiterung von *Murphy's Law:* »*If anything can go wrong, it will at the most inopportune time*« (zit. n. Avidor 2003).

4.3.2.4 Abkürzungs- und Symbolverzeichnisse

Dem Abbildungs- und Tabellenverzeichnis folgen ein **Abkürzungsverzeichnis** und getrennt davon ein **Symbolverzeichnis**, in dem alle verwendeten, nicht alltäglichen bzw. nicht eindeutigen Abkürzungen und Kürzelnamen (Akronyme) bzw. Symbole (Krämer 1999:176–182) aufgeführt und definiert sind. Zudem sollten die verwendeten Abkürzungen und Symbole bei ihrer ersten Einführung im Text kurz erläutert werden, was jedoch ein Abkürzungsverzeichnis nicht überflüssig macht. Beispielsweise denkt ein Geowissenschaftler oder physischer Geograph im Kontext wissenschaftlichen Arbeitens bei der Abkürzung »BP« mit hoher Sicherheit sofort an die zeitliche Einordnung »before present«. Krämer (1999:181), der einen wirtschafts- und sozialstatistischen Hintergrund hat, recherchierte für eine ganze Reihe von Abkürzungen die möglichen sinnvollen Verwendungen und führt für »BP« immerhin sechs verschiedene Bedeutungen auf: British Petroleum, Bundespost, Bundespatent, Baupolizei, Bayernpartei, Boîte Postale (franz. für »Postfach«). Die für einen Geowissenschaftler nahe liegende Bedeutung ist hier nicht dabei!

> Abkürzungen und Symbole aus der Perspektive eines professionellen Lesers (Krämer 1999:172):
> »Wenn ich zusammenrechne, wie viele Stunden ich schon mit dem Entziffern von Hieroglyphen
> in wissenschaftlichen Texten nutzlos vergeudet habe, nur weil der Autor es als selbstverständ-
> lich unterstellt, dass jeder Leser auch noch nach hundert Seiten jedes einmal eingeführte Kürzel
> kennt, kann ich nicht oft genug betonen, wie wichtig ein solches Symbolverzeichnis für die
> Lesbarkeit einer formalen Arbeit ist.«

Ein Abkürzungs- bzw. Symbolverzeichnis ist also eine Dienstleistung dem
Leser gegenüber. Bei umfangreichen Arbeiten erleichtern diese Verzeichnisse
denjenigen Lesern die Arbeit, die gezielt über das Inhaltsverzeichnis oder das
Schlagwortregister in bestimmte Kapitel der Arbeit einsteigen. Nicht in das Abkürzungsverzeichnis aufgenommen werden dagegen Abkürzungen (Siglen), die
nur im Rahmen der Quellenverweise oder ausschließlich im Literaturverzeichnis verwendet werden (Kap. 4.4.9).

THEISEN (2000:184) setzt hinsichtlich der Notwendigkeit eines Abkürzungs-
verzeichnisses engere Grenzen, indem er fordert, dass verwendete »themen-
bzw. fachspezifisch-übliche Abkürzungen, die nicht im Duden verzeichnet sind
[…] **ausnahmslos** [eigene Hervorhebung] […] in einem dem Text […] voran-
gestellten **Abkürzungsverzeichnis** erklärt werden« müssen.

4.3.2.5 Vorwort und Danksagung

Das Vorwort gibt Gelegenheit, die eigene Motivationslage für eine Arbeit und
den Kontext, in dem die Arbeit entstanden ist, zu umreißen. Darüber hinaus
enthält das Vorwort häufig die Danksagung an die Menschen, welche die Arbeit ermöglicht oder die bei der Anfertigung der Arbeit moralische und sonstige Unterstützung geleistet haben. Da sich in der wissenschaftlichen Literatur zahlreiche Beispiele für die inhaltliche Gestaltung eines Vorwortes finden,
erübrigen sich umfangreichere Ausführungen. Es sei jedoch eine kurze, etwas
spitze abschließende Bemerkung erlaubt: Das Vorwort einer wissenschaftlichen
Arbeit ist das »Refugium« für das *Ich* des Autors oder der Autorin (BÜNTING et
al. 1996:167). In allen anderen Teilen einer Arbeit, abgesehen von der formalen Selbständigkeitserklärung am Ende einer Abschlussarbeit, ist im deutschsprachigen Kontext die Verwendung des Personalpronomens »ich« nicht üblich
(vgl. FRANCK 2003:136 ff.).

4.3.2.6 Komplex aus Einleitung, Hauptteil und Schluss

Der eigentliche Text einer Arbeit wird in drei Teile gegliedert:
* die Einleitung,
* den Hauptteil, der in weitere Kapitel untergliedert wird,
* den Schluss (Zusammenfassung, Fazit, Ausblick)

Die **Einleitung**, die in der Regel die Überschrift »Einleitung« trägt, soll beim Leser das Interesse an der Arbeit wecken, den Gegenstand der Arbeit einordnen und den Aufbau der Arbeit vorstellen. Diese drei Funktionen einer Einleitung kommen bei Studienarbeiten formal häufig durch eine Gliederung in drei Absätze zum Ausdruck. Bei Abschlussarbeiten kann es dagegen mitunter sinnvoll sein, die Einleitung in Unterkapitel zu gliedern. Da die Bedeutung einer Arbeit nicht über die eigene Motivationslage (diese ist Gegenstand des Vorwortes), sondern über die Geltung der Problemstellung und des wissenschaftlichen Gegenstandes für die Allgemeinheit oder die Wissenschaft begründet wird, sollte bereits in der Einleitung Bezug auf verwendete Quellen genommen werden – und diese sind selbstverständlich anzugeben.

Der **Hauptteil**, der *niemals* die Überschrift »Hauptteil« trägt, aber immer in mehrere Kapitel und Unterkapitel gegliedert ist, bildet das Kernstück der Arbeit. Die Gliederung des Hauptteils wird stark von der Funktion und dem Kontext einer Arbeit bestimmt.

Bei einer »klassischen« Studienarbeit, in der es in der Regel um die Wiedergabe eines Themenkomplexes auf der Basis der einschlägigen Literatur geht, letztendlich also um die Wiedergabe des Stands der Forschung, wird der Hauptteil sachlich zweckmäßig in Kapitel gegliedert (Abb. 4-5).

Bei Arbeiten, in denen die Aufarbeitung von Daten präsentiert wird, umfasst der Hauptteil neben der (i) Diskussion des Stands der Forschung, einen Abschnitt mit (ii) der Beschreibung des Untersuchungsgebiets, des Untersuchungszeitraums oder der Zielgruppe (je nach Kontext der Arbeit), mit (iii) der Methodik der Datenerhebung und -aufarbeitung, (iv) die Präsentation der eigenen Ergebnisse sowie (v) die Diskussion der Ergebnisse auf der Grundlage der einschlägigen Literatur. Diese Abschnitte stellen innerhalb der Arbeit eigenständige Hauptkapitel dar und können, je nach Bedarf, weiter untergliedert werden (Abb. 4-5).

Der **Schluss,** der selten »Schluss« heißt, umfasst je nach Umfang und Anspruch der Arbeit die Teile Zusammenfassung, Fazit und Ausblick. Kürzere

Studienarbeiten werden in der Regel mit einer Zusammenfassung abgeschlossen, die dann auch die Überschrift »Zusammenfassung« trägt. Hier werden die wichtigsten Aspekte der Arbeit in eigenen Worten knapp und strukturiert wiedergegeben. Darüber hinaus kann auf wichtige offene Fragen aufmerksam gemacht werden. Neue Aspekte aber gehören nicht in die Zusammenfassung. Damit erübrigt sich in der Regel auch ein Bezug zu Quellen. Äußerlich kennzeichnet sich eine Zusammenfassung dadurch, dass sie zwar in Absätze gegliedert sein sollte, in Unterkapitel jedoch nur nach Kontext und eingehender Prüfung der Zweckmäßigkeit.

Ein Fazit wird in höherstufigen Seminaren häufig gefordert – und ist auch wichtig, denn das Fazit beinhaltet die Synthese der Ergebnisse im Hinblick auf die einleitend dargestellte Fragestellung und die Hypothesen. Auch die Probleme oder Defizite der eigenen Forschungsarbeit können hier noch einmal benannt werden. Ein darauf folgender »Ausblick« leitet auf dieser Grundlage nötige weitergehende Forschungen und Entwicklungen ab.

4.3.2.7 Literatur- und Quellenverzeichnis

Das Literatur- und Quellenverzeichnis, das die Überschrift »Literatur« trägt, schließt unmittelbar an die Zusammenfassung an. Hier werden alle in der vorgelegten Arbeit zitierten Quellen (aber **nur** diese) in alphabetischer Reihenfolge aufgelistet. Dabei ist es völlig unerheblich, ob es sich um gedruckte Publikationen, Dokumente aus dem Internet, Karten oder Datenquellen handelt.

Im Literaturverzeichnis werden die vollständigen Quellenangaben einheitlich aufgeführt, und zwar so, dass diese über die Angaben im Kurzbeleg eindeutig zu identifizieren sind (Kap. 4.4.9). Zu jedem Kurzbeleg im Text muss es also eine eindeutige Entsprechung im Literaturverzeichnis geben – und umgekehrt.

Um die Übersichtlichkeit zu wahren, werden alle Einträge, die mehr als eine Zeile umfassen, ab der zweiten Zeile eingerückt. Zudem bietet es sich bei umfangreicheren Literaturlisten (mehr als drei Seiten) an, am Beginn eines neuen Buchstabens eine Leerzeile einzufügen (Beispiel: Literaturverzeichnis dieser Publikation S. 209 ff.). Bei kürzeren Arbeiten, also den klassischen Studienarbeiten, ist dies überflüssig.

4.3.2.8 Stichwortregister

Bei umfangreichen Arbeiten erleichtert ein Register den gezielten Zugang zu einer Arbeit. Dabei können sich die Stichworte auf Personen oder Themenbereiche beziehen, je nachdem, was angesichts des Gegenstands der Arbeit zweckmäßig erscheint. In der Regel enthalten Abschlussarbeiten aber kein Stichwortregister.

4.3.2.9 Anhang

Der Anhang zu einer wissenschaftlichen Arbeit dient zur **Dokumentation** der selbst geschaffenen Arbeitsgrundlagen. Dazu können zählen: verwendete Interviewbögen nebst einer Auflistung der so erhobenen Daten, Tabellen mit Einzelergebnissen von Laboranalysen, Kartierungsergebnissen oder Listen mit den grundlegenden Definitionen für Polygone. Umfangreichere Datensätze sollten allerdings nicht ausgedruckt, sondern auf Datenträgern als Anhang beigelegt werden.

Ein Anhang dient jedoch nicht dazu, vorgegebene Beschränkungen bezüglich des Umfangs einer Arbeit zu umgehen. Von daher haben Informationen, Abbildungen oder Tabellen, die im Text direkt angesprochen und entscheidend für den Fortgang der Argumentation sind, nichts im Anhang zu suchen. Klassische Studienarbeiten haben daher in der Regel keinen Anhang.

4.3.2.10 Abbildungen, Tabellen und Karten

Zur Unterstützung der Argumentation und zur Veranschaulichung des Geschriebenen empfiehlt es sich, Abbildungen (Graphiken, Photos), Tabellen und Karten in den Text einzubauen. Dabei ist darauf zu achten, dass die Abbildungen und Tabellen leserlich und übersichtlich gestaltet sind (KRÄMER 1999:117–139). Zudem sollte ein Sachverhalt *entweder* durch eine Abbildung *oder* eine Tabelle *oder* eine (thematische) Karte, aber nicht durch eine Abbildung *und* eine Tabelle oder Karte verdeutlicht werden (HÖGE 1994:56). Ansonsten verfehlen diese Mittel der Visualisierung ihre Funktion und sind Platzverschwendung.

Auch hier bieten diverse Computerprogramme eine große Vielfalt an Gestaltungsmöglichkeiten. Ähnlich wie bei den Schriften gilt es aber auch hier, Spielereien zu vermeiden. Wenn auch das Thema Gestaltung von Diagrammen und Kartogrammen (HAKE et al. 2002, HIERHOLD 2002) hier nicht vertieft werden kann, muss auf alle Fälle vor der Verwendung so genannter 3D-Diagramme gewarnt werden. Sie mögen schick aussehen, ein quantitativer Vergleich der mit Raumeffekt hintereinander gestellten Linien oder Säulen ist aber wegen der angelegten Perspektive kaum möglich. Solche Abbildungen zeigen dann nämlich keineswegs, wie häufig behauptet, den deutlichen Unterschied zwischen A und B. Zudem sollten die Graphiken nicht in Farbe entworfen werden, wenn anschließend ein Schwarz-Weiß-Ausdruck erstellt wird. Da kann es leicht passieren, dass das, was am Bildschirm noch gut differenziert war, in Grautönen nicht mehr auseinander zu halten ist.

Abbildungen und Tabellen ergänzen die Argumentation, sie ersetzen sie nicht. Daher ist im Text immer auf die Abbildungen oder Tabellen Bezug zu nehmen, indem an geeigneter Stelle ein Verweis gesetzt wird. Damit dieser Verweis eindeutig ist, müssen Abbildungen und Tabellen nummeriert werden. Während bei kürzeren Arbeiten eine durchgängig fortlaufende Nummerierung erwartet werden kann, empfehlen wir bei umfangreicheren Arbeiten ein Nummerierungssystem, das die jeweilige Hauptkapitelnummer einbezieht. Der Verweis auf die Abbildung oder Tabelle erfolgt, analog zum Umgang mit Quellenverweisen, entweder im laufenden Text (»Abbildung 4-5 zeigt …«; »Tabelle 2-1 fasst …«) oder über eine an geeigneter Stelle gesetzte Klammer (Abb. 4-5, Tab. 2-1). Dieser Klammerausdruck ist der Verweis auf die Abbildung (oder Tabelle) mit der impliziten Aufforderung an den Leser, diese zu betrachten. Daher ist eine Wiederholung dieser Aufforderung durch ein »siehe«, wie z. B. bei (»s. Abb. 4-5«) meist überflüssig. Wir empfehlen, das Wort »Abbildung« bzw. »Tabelle« im fortlaufenden Text einheitlich auszuschreiben (HORATSCHEK & SCHUBERT 1998) und nur in der Klammer einheitlich abzukürzen (»Abb.« bzw. »Tab.«). Allerdings finden sich auch zahlreiche Publikationen, in denen auch im fortlaufenden Text einheitlich abgekürzt wird (ECK 1983, KRÄMER 1999).

> Keine Tabelle und keine Abbildung darf unkommentiert bleiben!
> Zu jeder Abbildung gehört eine Erläuterung im Text!

Eine Abbildung oder Tabelle wird mit einer Legende (HÖGE 1994:56) versehen. Damit ist hier jedoch nicht das gemeint, was in der Kartographie als Legende bezeichnet wird. Die Abbildungs- oder Tabellenlegende besteht aus der Abbildungs- bzw. Tabellennummer, dem Titel, der den Inhalt in kurzer Form wiedergibt, der Quellenangabe und gegebenenfalls weiteren Kommentaren. Die Quellenangabe kann entfallen, wenn die Abbildung oder Tabelle vollständig das Kind eigener geistiger Leistung ist. Obwohl nach den Zitierregeln davon auszugehen ist, dass alles, was nicht als Übernahme gekennzeichnet ist, ein eigenständiges Produkt darstellt, kann diese Tatsache dadurch betont werden, dass eine Abbildung mit dem Zusatz »eigener Entwurf« und eine Tabelle mit dem Zusatz »eigene Erhebung« gekennzeichnet wird. In den Fällen, in denen die Abbildung oder Tabelle zwar selber gestaltet wurde, aber auf fremden Daten beruht, wird der Quellenverweis mit dem Zusatz »(Datenquelle: AUTOR Jahr: Seite)« versehen.

Bei Abbildungen steht die Legende unter der Abbildung und bildet damit die **Abbildungsunterschrift** (z. B. Abb. 4-1). Bei Tabellen steht die Legende über der Tabelle und bildet somit die **Tabellenüberschrift** (z. B. Tab. 4-1). Diese Tabellenüberschrift bzw. Abbildungsunterschrift wird vom laufenden Text abgesetzt, indem über der Tabellenüberschrift bzw. unter der Abbildungsunterschrift zwei Zeilen frei bleiben. Unter der Tabelle bzw. über der Abbildung muss mindestens eine Zeile Abstand zum Text bleiben. Daraus ergibt sich, dass Tabellen am effektivsten am oberen Rand einer Seite und Abbildungen am unteren Rand einer Seite platziert werden. Aus ästhetischen Gründen sollten Abbildungen oder Tabellen nicht unmittelbar vor oder nach einer Kapitelüberschrift platziert werden. Eine weitere Möglichkeit, Freizeilen einzusparen, besteht darin, mehrere Abbildungen oder Tabellen auf einer Seite anzuordnen.

4.3.2.11 Formeln

In quantitativen und empirischen Arbeiten ist es in der Regel notwendig, mathematische Zusammenhänge zu vermitteln. Solange sich diese Zusammenhänge allgemeinsprachlich vermitteln lassen, sollte dies auch so erfolgen. Bei komplexeren Zusammenhängen sind dagegen Formeln angebracht. Diese können, wenn sich dadurch nicht der Zeilenabstand verändert, durchaus in den laufenden Text eingebaut werden (s. Beispiel: Formel im laufenden Text S. 138). Sobald die Formeln einen größeren Umfang haben oder über den normalen Zeilenabstand hinausgehen, werden sie, ähnlich wie Abbildungen oder Tabellen, freigestellt, also durch jeweils eine Freizeile über und unter der Formel und durch Einrücken gegenüber dem normalen Satzspiegel hervorgehoben (Beispiel: Freigestellte Formel S. 138). Eine fortlaufende Nummerierung der Formeln ist die Voraussetzung für spätere eindeutige Bezüge auf die jeweiligen Formeln. Zudem sind in unmittelbarem Zusammenhang mit der Formel die in der Formel verwendeten Symbole oder Abkürzungen, soweit sie nicht allgemein gültigen Charakter haben, zu erläutern. Dabei ist auf die Verwendung der im *System International* (SI) definierten Basisgrößen, die in diesem System definierten Vorsätze für dezimale Teile und Vielfache (Tab. 4-3) und die korrekte Schreibweise und Auszeichnung verwendeter Symbole (Tab. 4-2) zu achten. Zudem sind für die in den Formeln angesprochenen Größen die im jeweiligen Fachgebiet allgemein gebräuchlichen Formelzeichen (z. B. ZMARSLY et al. 2002:155 ff.) zu verwenden.

Beispiel: Formel im laufenden Text

Für die Berechnung des Umfangs ($U\varphi$) des Breitenkreises φ wird in die Formel zur Berechnung des Kreisumfangs $U = 2\,\pi\,r$ für r der Radius ($r\varphi$) des Breitenkreises φ eingesetzt.

Beispiel: Freigestellte Formel

dabei wird der Rückhaltefaktor (*R*) nach BAADE (1994:158) wie folgt berechnet:

$$R = \frac{m_{s(VI)} - m_{s(VO)}}{m_{s(VI)}} \cdot 100 \qquad (1)$$

mit: $m_{s(VI)}$ = die Schwebstofffracht am Einlass

$m_{s(VO)}$ = die Schwebstofffracht am Auslass

Tab. 4-2: Das griechische Alphabet in Normal- und Kursivdruck

Name	Schreibweise			
	klein	*klein*	groß	*groß*
Alpha	α	*α*	A	*A*
Beta	β	*β*	B	*B*
Gamma	γ	*γ*	Γ	*Γ*
Delta	δ	*δ*	Δ	*Δ*
Epsilon	ε	*ε*	E	*E*
Zeta	ζ	*ζ*	Z	*Z*
Eta	η	*η*	H	*H*
Theta	θ	*θ*	Θ	*Θ*
Jota	ι	*ι*	I	*I*
Kappa	κ	*κ*	K	*K*
Lambda	λ	*λ*	Λ	*Λ*
Mü	μ	*μ*	M	*M*
Nü	ν	*ν*	N	*N*
Ksi	ξ	*ξ*	Ξ	*Ξ*
Omikron	o	*o*	O	*O*
Pi	π	*π*	Π	*Π*
Rho	ϱ	*ϱ*	P	*P*
Sigma	σ	*σ*	Σ	*Σ*
Tau	τ	*τ*	T	*T*
Ypsilon	ν	*ν*	N	*N*
Phi	φ	*φ*	Φ	*Φ*
Chi	χ	*χ*	X	*X*
Psi	ψ	*ψ*	Ψ	*Ψ*
Omega	ω	*ω*	Ω	*Ω*

Tab. 4-3: SI-Vorsätze für dezimale Teile und Vielfache

Vorsatz	Kurzzeichen	Bedeutung	Vorsatz	Kurzzeichen	Bedeutung
Peta	P	10^{15}	Dezi	d	10^{-1}
Tera	T	10^{12}	Zenti	c	10^{-2}
Giga	G	10^{9}	Milli	m	10^{-3}
Mega	M	10^{6}	Mikro	µ	10^{-6}
Kilo	k	10^{3}	Nano	n	10^{-9}
Hekto	h	10^{2}	Piko	p	10^{-12}
Deka	da	10^{1}	Femto	f	10^{-15}

Formeln werden hinsichtlich der Quellenangaben behandelt wie Zahlen, indem zwar, wie im Beispiel, die genaue Fundstelle angegeben, aber auf Anführungsstriche verzichtet wird. Allgemeingut, wie z. B. die Formel für die Berechnung des Kreisumfangs muss dagegen nicht referenziert werden.

4.3.3 Paginierung

Die alternativen Systeme der Seitenzählung wurden bereits vorgestellt und diskutiert (Kap. 4.3.2.2). Dabei wurde darauf hingewiesen, dass zwar jede Seite gezählt, aber nicht jede Seite auch mit einer Seitennummer versehen wird. Generell lässt sich sagen, dass jeweils die erste Seite eines Abschnitts, der auf einer neuen Seite beginnt, nicht nummeriert wird. Alle folgenden Seiten dagegen werden immer nummeriert. Je nach Gesamtumfang der Arbeit variieren die Abschnitte, die auf einer neuen Seite beginnen.

Bei den klassischen **Studienarbeiten** beginnen die folgenden Abschnitte auf einer neuen Seite: das Titelblatt, das Inhaltsverzeichnis, der Komplex aus Einleitung, Hauptteil und Zusammenfassung mit unmittelbar folgendem Literaturverzeichnis.

Bei umfangreicheren **Studienarbeiten** beginnen die folgenden Abschnitte auf einer neuen Seite: das Titelblatt, das Inhaltsverzeichnis, das Abbildungsverzeichnis gemeinsam mit dem Tabellenverzeichnis, der Komplex aus Einleitung, Hauptteil und Zusammenfassung, das Literaturverzeichnis, der Anhang.

Für die **Abschlussarbeiten** gelten die gleichen Regeln wie für die umfangreicheren Studienarbeiten. Hier ist es aber zusätzlich möglich, innerhalb des Komplexes Einleitung, Hauptteil, Zusammenfassung jedes Hauptkapitel auf einer neuen Seite beginnen zu lassen. Das bringt den Vorteil, dass jedes Hauptkapitel in einer eigenen Datei abgelegt und bearbeitet werden kann. Dieses System erhöht nicht nur die Datensicherheit. Es ermöglicht zudem selbst in einer relativ späten Phase der Arbeit Änderungen an relativ weit vorne gelegenen Teilen der Arbeit, ohne dass sich diese Änderungen auf das gesamte Dokument auswirken. Da erfahrungsgemäß Abschlussarbeiten nicht stringent von der ersten bis zur letzten Seite durchgeschrieben, sondern häufig der Hauptteil vor der Einleitung fertig gestellt wird, dürfte dieses System bei den meisten Nutzern zur Anwendung kommen.

Weiterführende Literatur

Bünting, K.-D., A. Bitterlich & U. Pospiech (1996): Schreiben im Studium. Ein Trainingsprogramm. Berlin: Cornelsen.

Franck, N. & J. Stary (Hrsg.)(2003): Die Technik wissenschaftlichen Arbeitens. Eine praktische Anleitung. UTB 724. Paderborn: Schöningh.

Standop, E. & M.L.G. Meyer (2002[16]): Die Form der wissenschaftlichen Arbeit. Ein unverzichtbarer Leitfaden für Studium und Beruf. Wiebelsheim: Quelle & Meyer.

Werder, L. von (2002[2]): Kreatives Schreiben von wissenschaftlichen Hausarbeiten und Referaten. Berlin: Schibri.

4.4   Wie wird's sauber?
Quellen zitieren und belegen

Originäre, also ureigene Gedanken zu produzieren ist das erklärte Ziel wissenschaftlichen Arbeitens. Am Ende des Studiums wird aber im Rahmen einer Diplom- oder Zulassungsarbeit vom Prüfling zunächst nur verlangt, dass dieser »innerhalb einer vorgegebenen Zeit ein Problem aus seinem Fach selbständig nach wissenschaftlichen Methoden« bearbeiten kann (KMK 2000:20). Es geht also darum, mit den während des Studiums erlernten methodischen Fertigkeiten (dem »Werkzeug« des Faches) eine geographische Problemstellung und gleichzeitig den diesbezüglichen aktuellen Stand der Forschung aufzuarbeiten. Selbständig meint vor diesem Hintergrund die weitestgehend in eigene Worte gefasste Darstellung, Reflexion und Diskussion des Forschungsstandes. Die Auseinandersetzung mit dem Bekannten wird explizit gefordert. Lediglich in Ausnahmefällen werden daher in Abschlussarbeiten (auf der Stufe von Diplomarbeiten) Fakten, Begriffe oder Konzepte neu erschlossen bzw. neues Wissen geschaffen. Dies wird erst bei Dissertationen verlangt. Das Verfassen einer Abschlussarbeit verlangt also einen peniblen und »sauberen« Umgang mit einer Vielzahl von Quellen. Ausgehend vom Gebot der wissenschaftlichen Redlichkeit (Kap. 2.1.3) gilt für jede wissenschaftliche Arbeit (darunter fallen auch studentische Arbeiten), insbesondere, wenn sie schriftlich vorgelegt wird, eine Grundregel:

> Wann immer Argumente, Erklärungen, Erläuterungen oder Standpunkte, Abbildungen, Daten oder andere Fakten übernommen werden, müssen die Quellen angegeben werden!

Dies gilt unabhängig davon, ob einzelne, prägnante Begriffe oder kürzere oder längere Passagen eines Textes wörtlich zitiert, Sachverhalte und Argumente sinngemäß wiedergegeben oder fremde Daten aufgearbeitet werden. Die Grundregel findet ihren Ausdruck in der bei Abschlussarbeiten obligatorischen Erklärung, dass die »Arbeit [...] selbständig [...] verfasst und **keine anderen als die angegebenen Quellen** und Hilfsmittel benutzt« wurden (KMK 2000:21, eigene Hervorhebung).

Quellenarbeit ist ein Kernstück wissenschaftlichen Arbeitens. Sie erfordert die Kenntnis der Methodik und ein erhebliches Maß an Konzentration. Deshalb widmen wir der Quellenarbeit auch ein separates Kapitel. Im Folgenden wird zuerst eine den Kriterien der Wissenschaftlichkeit entsprechende Form für Quellenangaben vorgestellt. Dann wird auf das Problem von inhaltlichen und wörtlichen Übernahmen, das Zitieren an sich, eingegangen. Abschließend werden dann die Punkte erläutert, die bei der Erstellung der Literaturliste zu beachten sind.

4.4.1 Die Quellenangabe

Weder in der internationalen noch in der deutschsprachigen Literatur bestehen einheitliche Formatvorgaben für die Quellenangabe. Ein kommerzielles, international vertriebenes Literaturdatenbanksystem listet beispielsweise 570 verschiedene Formen von Quellenangaben (Kombination von Kurzbeleg und vollständiger Quellenangabe im Literaturverzeichnis) auf. Gründe für diese Vielfalt sind u.a. wissenschaftshistorische Entwicklungen, Traditionen und Effektivitätsüberlegungen. In vielen Geisteswissenschaften werden z. B. Fußnoten auch für die Quellenangaben verwendet, während diese Art der Quellenangabe in den Naturwissenschaften und in der Medizin mehrheitlich abgelehnt wird (Kap. 4.4.7). Von daher ist zunächst festzustellen, dass es die eine, richtige Form der Quellenangabe nicht gibt (ECO 1993:198).

Daraus folgt zweierlei: Erstens sollte vor dem Verfassen einer wissenschaftlichen Arbeit im jeweiligen Seminar geklärt werden, ob diesbezüglich besondere Vorschriften bestehen. Zweitens erheben die Autoren dieses Handbuchs nur den Anspruch, im Folgenden *eine*, in der Geographie und den Geowissenschaften gängige und den Kriterien der Wissenschaftlichkeit entsprechende Zitierweise vorzustellen, die keinen Anspruch auf Allgemeingültigkeit erhebt.

Trotz der Vielfalt der gebräuchlichen Quellenangaben lassen sich aber folgende Grundregeln für das Zitieren und die Quellenangaben formulieren:

- Die Quellenangaben müssen korrekt und vollständig sein!
- Innerhalb einer Arbeit muss für die Quellenangaben ein einheitliches, in sich geschlossenes System verwendet werden!

Bei dem hier präsentierten System besteht die Quellenangabe aus zwei Teilen: dem Kurzbeleg im Text (häufig auch als Quellenverweis oder Quellenbeleg bezeichnet) und einer dazugehörigen Literaturangabe im Literaturverzeichnis (Kap. 4.4.9). Der Kurzbeleg, der im Text, in Klammern, gesetzt in unmittelbarem formalem und inhaltlichem Zusammenhang mit dem Zitat steht, ist ein **eindeutiger** Verweis auf einen Titel im Literaturverzeichnis. Mit anderen Worten, im Literaturverzeichnis ist genau *eine* Quellenangabe zu jedem Kurzbeleg zu finden. Da das Literaturverzeichnis alphabetisch und chronologisch geordnet ist, wird im Kurzbeleg der Name des Autors bzw. der Autoren und das Erscheinungsjahr angegeben. Im Literaturverzeichnis finden sich dann, geordnet nach Autoren und Jahr, die vollständigen bibliographischen Angaben zur Quelle (Titel, Art der Publikation, Erscheinungsort). Dieses System wird häufig auch als »Harvard-System« (KRÄMER 1999:193, THEISEN 2000:146, HOLLAND 2003:2) bezeichnet.

4.4.2 Der erweiterte Kurzbeleg

Sowohl bei wörtlichen Übernahmen (direktes Zitat nach THEISEN 2000:148) als auch bei inhaltlichen Übernahmen (indirektes Zitat, ibid.) ist die genaue Angabe der Fundstelle über Autor, Jahr und Seitenangabe obligatorisch (HÖGE 1994:61). Hier wird also der Kurzbeleg, der zunächst die Verbindung zur Literaturliste herstellt, um die genaue Angabe der Fundstelle (Seitenzahl) erweitert. Sollte keine Seitenangabe zu ermitteln sein, weil die Seiten in der verwendeten Quelle nicht nummeriert sind (z. B. Internetseiten, Broschüren), dann ist dies durch den Hinweis »o. S.« für »ohne Seite« im erweiterten Kurzbeleg kenntlich zu machen.

Struktur eines erweiterten Kurzbelegs: (Autor Jahr:Seite)

Wörtliche und vor allem gedankliche Übernahmen können sich auf Textstellen beziehen, die sich über mehrere Seiten erstrecken. Um den Bereich zu kennzeichnen, auf den sich ein Zitat bezieht, gibt es mehrere Möglichkeiten. Bei der einen wird die erste Bezugsseite angegeben und mit dem Zusatz »f.« (für eine folgende Seite) oder »**ff.**« (für mehrere folgende Seiten) versehen. Aufgrund der Unbestimmtheit der Angabe »ff.« setzt sich gegenwärtig durch, bei gedanklichen Übernahmen den genauen Seitenbereich (erste Seite, letzte Seite, verbunden mit einem Gedankenstrich, Beispiel: AUTOR 1992:413–417) anzugeben (HORATSCHEK & SCHUBERT 1998:14). Aber auch dabei sollten im Hinblick auf die intersubjektive Vergleichbarkeit größere Bereichsangaben vermieden werden. Einen Seitenbereich frei nach dem Motto »Da findet sich schon irgendwie etwas Passendes« anzugeben ist nicht wissenschaftlich.

Auf die genaue Angabe der Fundstelle durch Seitenzahlen darf nur verzichtet werden, wenn sich die gedankliche Übernahme bzw. der Quellenverweis auf das gesamte Werk (z. B. einen Zeitschriftenartikel, eine Monographie) bezieht.[1]

Da der Kurzbeleg an sich einen Verweis darstellt, wird dabei auf Zusätze wie »vgl.« für »vergleiche« oder »s.« für »siehe« im Allgemeinen verzichtet. Die Zusätze »s.« oder »vgl.« werden in einem Kurzbeleg nur dann verwendet, wenn auf weiterführende Literatur zu einem Gedanken verwiesen oder der Leser tatsächlich aufgefordert werden soll, mit einer anderen Textstelle zu vergleichen, weil dort eine andere Meinung vertreten wird.

Die Angaben zum Autor bzw. zu den Autoren in einem Kurzbeleg variieren in Abhängigkeit von der Zahl der Autoren. Bei einem Autor wird der Name des Autors, gefolgt vom Jahr der Publikation und der Seitenzahl angegeben [Beispiel: (MUSTERFRAU 1998:15)]. Bei zwei Autoren werden beide Nachnamen der Autoren im Kurzbeleg aufgeführt und mit einem »&« (Et-Zeichen) verknüpft (Beispiel: (MUSTERFRAU & MUSTERMANN 2002:15)). Dabei ergibt sich die Verwendung des »&« für die Verknüpfung von zwei Autoren aus dem hier vorgeschlagenen System für die Verknüpfung von zwei Autoren in der Literaturliste. Sind mehr als zwei Verfasser vorhanden, wird dies im Kurzbeleg dadurch zum Ausdruck gebracht, dass nur der erste Autor genannt und durch den Zusatz »et al.« (lat. *et alii,* und andere) auf die Koautoren aufmerksam gemacht wird (Beispiel: (MUSTERFRAU et al. 1990:14)). Im Literaturverzeichnis werden hingegen immer alle Autoren namentlich aufgeführt!

Sollte ein Kurzbeleg mit der Struktur »AUTOR Jahr« nicht eindeutig auf eine Quellenangabe verweisen, so gibt es zwei Möglichkeiten, den Kurzbeleg zu erweitern und Eindeutigkeit zu schaffen. Der häufigere Fall ist ein Zusatz zur Jahresangabe in Form von klein geschriebenen Buchstaben des Alphabets. Dieses Verfahren wird immer dann angewandt, wenn sich auf mehrere Werke eines Autors (oder von mehreren Autoren) bezogen wird, die im selben Jahr erschienen sind. Dabei richtet sich die Vergabe der Buchstaben nach der Reihenfolge der Werke in der Literaturliste! In gewissen Fällen ist für die korrekte

---

1 Dies ist z. B. bei unserer Begründung für die Hervorhebung der Autorennamen durch Kapitälchen der Fall. Weder in BÄRTLING et al. (1948) noch in HORATSCHEK & SCHUBERT (1998) findet sich eine Textstelle, in der explizit die Verwendung von Kapitälchen angesprochen wird. In beiden Publikationen werden aber durchgehend Kapitälchen verwendet. Somit ergibt sich ein Bezug zum gesamten Werk.

Beispiel: Zusatz zur Jahresangabe im Kurzbeleg

Einzelne Kurzbelege:
(Musterfrau 1995a) (Musterfrau 1995b) (Musterfrau 1995c)

Kombinierter Kurzbeleg:
(Musterfrau 1995a, 1995c) oder (Musterfrau 1995a, c)

Beispiel: Erweiterung des Autorennamens im Kurzbeleg

Einzelne Kurzbelege:
(Musterfrau, A. 1995a) (Musterfrau, R. 1978)
(Musterfrau, A. et al. 1996) (Musterfrau, R. et al. 1979)

Kombinierter Kurzbeleg:
(Musterfrau, R. 1978, Musterfrau, A. 1995)

Achtung: Den beiden Gruppen von Beispielen kann nicht dieselbe Literaturliste zugrunde liegen!

Zuordnung von Kurzbeleg und Quellenangabe aber auch eine Erweiterung beim Autorennamen notwendig. Dieses Verfahren wird verwendet, wenn mehrere Autoren mit demselben Nachnamen in der Literaturliste geführt werden. Hier wird, gegebenenfalls unter Berücksichtigung von Namenszusätzen, zunächst der erste Buchstabe des Vornamens bzw. der Vornamen (dann weitere Buchstaben) in den Kurzbeleg übernommen, bis der Kurzbeleg eindeutig ist und der Kurzbeleg auf die richtige Position in der Literaturliste weist.

Bezieht man sich innerhalb eines Absatzes – direkt hintereinander – mehrmals auf dieselbe Quelle, können die folgenden Quellenangaben mit »ebd.« für »ebenda« oder »ibid.« für »ibidem« (lat., ebenda) abgekürzt werden. Dies ist auch zulässig, wenn sich die Information auf einer anderen Seite innerhalb der Quelle befindet, was aber durch Angabe der Seite kenntlich gemacht werden muss: »ebd.:Seitenzahl«, z. B. (ebd.:7). In den Naturwissenschaften (so auch in der physischen Geographie) ist diese Form der Quellenabkürzung allerdings nicht gebräuchlich! Dies sollte bei der Anfertigung der Studienarbeiten beachtet werden! Zudem sollte immer geprüft werden, ob es nicht durch eine geschickte Formulierung möglich ist, diesen mehrfachen Bezug auf eine Quelle zu vermeiden.

Beziehen sich Übernahmen (in der Regel inhaltliche, seltener wörtliche) auf mehrere Werke eines Autors, oder auf Werke mehrerer Autoren, dann werden die Quellenbelege in einem Kurzbeleg zusammengefasst. Redundante Angaben, z. B. beim Autorennamen oder der Jahresangabe können dabei entfallen. Selbstverständlich sind aber auch hier die Seitenbereiche, soweit notwendig, anzugeben.

> **Beispiel: Kurzbeleg für mehrere Arbeiten**
> Das Problem der alltäglichen Regionalisierung (Werlen 1995, 1997) ist seit einigen Jahren Gegenstand einer heftigen Diskussion in der deutschen Geographie.
>
> Unter diesem Gesichtspunkt spricht sich Albrow (1997a, 1997b) dafür aus, alte Vorstellungen der Sozialstruktur zu vernachlässigen, da »die Annahme, dass der Ort über die lokale Kultur mit Gemeinschaft verbunden« sei, nicht mehr zutrifft (Albrow 1997a:289).

Obwohl die typographische Betonung der Quellenangaben von Höge (1994:54) als »alte[...] Regel« eingestuft wird, empfehlen wir in der Tradition der Bonner Anweisungen (Bärtling et al. 1948) und in Übereinstimmung mit Horatschek & Schubert (1998), die Autoren-Nachnamen in Kapitälchen zu setzen. Der Zusatz »et al.« wird dagegen nicht hervorgehoben. Die typographische Hervorhebung der Quellenangaben hat sowohl für den Autor (schnellerer Vergleich der verwendeten Kurzbelege mit dem Literaturverzeichnis) als auch den Leser einer Arbeit (schnellere Erfassung der Literaturdiskussion) deutliche Vorteile gegenüber alternativen Systemen, in denen die Quellenangaben nicht typographisch hervorgehoben werden und damit im laufenden Text unterzugehen drohen.

4.4.3 Das Zitieren

Aus den einleitenden Ausführungen zu diesem Abschnitt ergibt sich, dass es beim Verfassen einer Hausarbeit in erster Linie darum geht, Sachverhalte, Konzepte und Theorien in eigenen Worten wiederzugeben und mit Bezug zur Literatur zu diskutieren. Dieser Bezug zur Literatur wird durch gedankliche und in eigenen Worten formulierte oder wörtliche Übernahmen zum Ausdruck gebracht. Dabei ist den gedanklichen oder inhaltlichen Übernahmen eindeutig der Vorzug zu geben. Die in diesem Sinne »eigenständige« Formulierung und Diskussion eines Problems bzw. Themas muss demnach das Ziel der Bestrebungen sein. Diesen eigenen Stil zu entwickeln erfordert viel Zeit und ist ein individueller Lernprozess. Daher ist es schwierig, hier allgemeine Regeln zu dessen Entwicklung aufzustellen. Eine intensive Auseinandersetzung mit der Fachliteratur ist der Entwicklung stilistischer Kompetenzen förderlich. Darüber hinaus finden sich zahlreiche Anregungen und Hilfestellungen in Werken, in denen es um das Schreiben selbst geht, wie BÜNTING et al. (1996), ECO (1993), FRANCK (2003), KRÄMER (1999), oder STARY & KRETSCHMER (1994).

Wie bereits mehrmals betont, gilt auch für die in eigenen Worten zusammengefasste, sinngemäße, gedankliche Übernahme (inhaltliches Zitat), dass diese mit Quellenangaben versehen sein muss (s. u.), unabhängig davon, ob man sich auf einzelne Sätze, auf einzelne Abschnitte oder gar auf einen ganzen Text bezieht.

Die wichtigsten Zeichen beim Zitieren sind:

» « bzw. „ "

Insbesondere in der Anfangsphase besteht bei inhaltlichen Übernahmen immer die Gefahr, die eigenen Formulierungen zu stark am Ursprungstext auszurichten und damit mehr oder weniger unabsichtlich eine nicht entsprechend gekennzeichnete wörtliche Übernahme, ein **Plagiat**, zu produzieren. Auch wenn »diese Form des Plagiats […] häufig« anzutreffen ist und »der Student […] dabei ein gutes Gewissen [hat], weil er an irgendeiner Stelle […] den Autor nennt« (ECO 1993:206), muss deutlich gesagt werden, dass dies einen Betrugsversuch darstellt. »Auch den ahnungslosen Plagiator erwartet kein Freispruch« (STANDOP & MEYER 2002:200). Satzteile aus dem Kontext zu lösen, einen Teil eines Satzes umzuschreiben oder Sätze durch Auslassungen leicht zu verändern, stellt keine hinreichende eigenständige Wiedergabe des Gelesenen dar.

Alles, was wort- bzw. buchstabengetreu einer Vorlage entnommen wird, muss als wörtliches Zitat gekennzeichnet werden!
Geschieht dies nicht, wie das untenstehende Beispiel aus einer studentischen Arbeit zeigt, dann handelt es sich um ein Plagiat.

Beispiele für gedankliche Übernahmen

Ein Vergleich der aktuellen Entwicklung beider Fächer zeigt, dass der Beitrag, den die Geographie zur Soziologie leisten kann, keineswegs geringer einzuschätzen ist als der Beitrag der Soziologie zur Geographie (GIDDENS 1992:413–427).

Nach WERLEN (1997:277 ff.) kommt der Sozialgeographie aufgrund der globalisierten Lebensbedingungen heute eine gänzlich andere Aufgabe zu als noch zur Zeit ihrer Entstehung.

Beispiel für ein Plagiat

Original der Vorlage (PLETSCH 1997:10):

Das Zentralmassiv ist eine Pultscholle mit flachen westlichen und nördlichen Flanken, einem durch Gräben und Horste gegliederten Zentralteil (um 1000 m), dem die Auvergnevulkane (im Puy de Sancy bis 1886 m) aufgesetzt und die Kalktafeln der Causses eingelagert sind, und einem zerbrochenen Ostteil (1000–1700 m), der mit einer hohen Stufe zum Rhônegraben abfällt.

Als **Plagiat** zu bewertende Wiedergabe in einer Hausarbeit:

Das Zentralmassiv ist eine Pultscholle mit flachen westlichen und nördlichen Flanken. Der Zentralteil (um 1000 m) ist durch Gräben und Horste gegliedert, dem die Auvergnevulkane (bis 1886 m) aufgesetzt sind. Mit einer hohen Stufe zum Rhônegraben fällt der zerbrochene Ostteil (1000–1700 m) ab (PLETSCH 1997).

Erläuterung: Die Wiedergabe in der Studienarbeit suggeriert eine gedankliche Übernahme, indem weder Anführungsstriche gesetzt wurden, noch die genaue Fundstelle mittels Seitenzahl genannt wird. Tatsächlich aber handelt es sich beim ersten Satz der Wiedergabe um eine wortwörtliche Übernahme und im weiteren Verlauf um leicht umgestellte wortwörtliche Übernahmen, die entsprechend hätten gekennzeichnet werden müssen. Zudem wurde nicht beachtet, dass Zahlen wie wortwörtliche Übernahmen zu behandeln sind und schon deshalb im Kurzbeleg die Angabe des genauen Fundorts mit Seitenzahl notwendig gewesen wäre.

4.4.4 Wörtliches Zitat

Plagiate lassen sich durch entsprechend gewissenhaftes Arbeiten schon beim Exzerpieren der Literatur (ECO 1993:206 ff.) und durch die explizite Kennzeichnung der wörtlich übernommenen Textstellen mittels Anführungszeichen am Beginn und Ende der wörtlich übernommenen Textstelle verhindern. Allerdings sollten wörtliche Übernahmen sparsam verwendet werden, da ein Übermaß an wörtlichen Übernahmen beim Leser den Eindruck vermitteln kann, »dass der Verfasser selber nur wenig zu sagen hat« (STANDOP 1981:41, STANDOP & MEYER 2002:35). Zudem dienen Zitate nicht als Versatzstücke und sollen auch nicht als Ausweg bei eigenen Formulierungsproblemen eingesetzt werden!

Sollte ein längeres Zitat, ein »*Langzitat* (40 bis maximal 200 Wörter)« (ROST & STARY 2003:180), aus quellenkritischen Gründen nicht zu vermeiden sein, sollte eine eigenständige Zitatformatierung verwendet werden. Dabei wird das Zitat durch Freizeilen und beidseitiges Einrücken mindestens freigestellt und gegebenenfalls durch eine kleinere Schrift und geringeren Zeilenabstand zusätzlich vom eigenen Text abgehoben. In diesem Fall darf auf die Anführungszeichen am Beginn und Ende des Zitats verzichtet werden. Alle anderen Regeln der wörtlichen Übernahme (s. u.) gelten aber auch in diesem Fall.

Für wörtliche Zitate gilt, dass die in Anführungsstrichen gesetzten Textstellen originalgetreu, also **wort- und zeichengetreu** zu übernehmen sind. Zeichentreue meint hier, dass nicht nur die Schreibweise im Zitat exakt mit der Schreibweise im Original übereinstimmen muss, sondern dass zusätzlich auch typographische Hervorhebungen zu übernehmen sind. Hinsichtlich der Korrektur veralteter Rechtschreibung gehen die Meinungen auseinander. Einerseits wird eine Anpassung kategorisch abgeleht (THEISEN 2000:150, STANDOP & MEYER 2002:37), andererseits erlaubt der Duden (DUDENREDAKTION 2001b⁵:966) die Anpassung, solange die Schreibung inhaltlich nicht von Belang ist. Sollen Korrekturen aus Gründen historischer Kontextualisierung vermieden werden, dann ist bei der Verwendung der automatischen Rechtschreibkorrektur von Textverarbeitungsprogrammen bei wörtlichen Zitaten besondere Vorsicht geboten! Sollten Sie einen offensichtlichen Schreibfehler im wörtlichen Zitat übernehmen müssen und darauf hinweisen wollen, dann fügen Sie unmittelbar hinter das fehlerhafte Wort »[sic]« für »so« ein. Üblich ist auch die Verstärkung durch ein Ausrufezeichen. »[sic!]« steht dann für »so lautet die Quelle«.

Das Zitat kann an jeder beliebigen Stelle des Originals beginnen und enden. Es besteht also in keinem Fall die Verpflichtung, den gesamten Gedanken bzw. die gesamte Argumentation zu übernehmen. Auf die Tatsache, dass Teile vor oder nach dem Zitat weggelassen wurden, wird nicht gesondert hingewiesen. Das heißt, dass ein Zitat mit Auslassungszeichen weder beginnt noch endet.

Solange der Sinn nicht entstellt wird, dürfen zudem:
- einzelne Worte oder ganze Satzteile und Sätze ausgelassen werden,
- Umstellungen erfolgen, um das Zitat besser dem eigenen Satzbau anzupassen,
- Ergänzungen (einzelne Worte, eigene typographische Hervorhebungen) vorgenommen werden.

Beispiel: Wörtliche Übernahme eines fehlerhaften Satzes

»Rechtschreibung ist schwiriger [sic] als man denkt.«

(Quelle des Beispiels: KRÄMER 1999:189)

Beispiel: Ungekürzte wörtliche Übernahmen

Wir können davon ausgehen, »dass das Werk der Geographen heutzutage eben soviel zur Soziologie beizutragen hat, wie umgekehrt die Soziologen der Geographie anzubieten haben« (GIDDENS 1992:423).

Gemäß WERLEN (1997:16) bildet das »alltägliche Geographie-Machen« sozialer Akteure heute immer mehr den Kernpunkt der sozialgeographischen Forschung.

Alle diese Veränderungen sind jedoch explizit kenntlich zu machen. Hier wird empfohlen, alle Auslassungen einheitlich durch drei Punkte in eckiger Klammer »[...]« zu kennzeichnen (BÜNTING et al. 1996:94, ROST & STARY 2003:181). Nach THEISEN (2000:148) und KRÄMER (1999:190) ist es aber ebenso möglich, die Auslassung eines Wortes durch zwei Punkte »..« und die Auslassung mehrerer Wörter bis hin zu ganzen Sätzen durch drei Punkte »...« jeweils ohne Klammer zu kennzeichnen. Alle weiteren Veränderungen (Umstellungen, grammatikalische Änderungen) werden durch eckige Klammern, die den abgeänderten Bereich einschließen, markiert. Ergänzungen durch den Bearbeiter sind durch entsprechende Zusätze explizit zu kennzeichnen. Eine Ausnahme bildet die Anpassung der Groß- und Kleinschreibung am Anfang eines Zitats. Diese darf ohne eine eckige Klammer zu setzen, dem Satzbau der eigenen Arbeit angepasst werden (THEISEN 2000:150, STANDOP & MEYER 2002:37).

Beispiele für formal korrekte wörtliche Übernahmen

Beispiel 1: Vollständiges Zitat
»Denn sinnhafte, immaterielle Gegebenheiten weisen, wie bereits betont, keine subjektunabhängige, unmittelbare erdräumliche Existenz auf« (WERLEN 1997:60).

Beispiel 2: Anpassung an eigenen Satzbau und Auslassungen
Jeder Versuch einer photographischen Dokumentation muss scheitern, »denn sinnhafte, immaterielle Gegebenheiten weisen […] keine […] erdräumliche Existenz auf« (WERLEN 1997:60).

Beispiel 3: Eigene Hervorhebung und grammatikalische Anpassung
Schon WERLEN (1997:60) hat deutlich gemacht, dass selbst »**sinnhafte** [eigene Hervorhebung], immaterielle Gegebenheiten […] keine subjekt-unabhängige, unmittelbare erdräumliche Existenz [aufweisen]«.

Beispiel 4: Eigene Hervorhebung und Anpassung an eigenen Satzbau
Jeder Versuch einer photographischen Dokumentation muss scheitern, »denn sinnhafte, immaterielle Gegebenheiten weisen […] **keine** […] **erdräumliche Existenz** auf« (WERLEN 1997:60; eigene Hervorhebung).

Beispiel 4: Ergänzte wörtliche Übernahme (Ergänzung aus der Quelle)
»Sie [die Strukturen] konstituieren nicht, was wir tun, wohl aber begrenzen und ermöglichen sie das, was wir tun können« (WERLEN 1997:183).

Beispiel 5: Ergänzte wörtliche Übernahme (eigene Ergänzung)
»Sie [die Strukturen, A. S.] konstituieren nicht, was wir tun, wohl aber begrenzen und ermöglichen sie das, was wir tun können« (WERLEN 1997:183).

Beispiel 6: Quellenangaben im Text (wörtlich aus: WERLEN 1998:86)
Das Hauptziel raumwissenschaftlich orientierter Geographen besteht bekanntlich in der Aufdeckung von so genannten »Raumgesetzen« mittels der choristisch-chorologischen Methodik. BARTELS übernimmt dieses Programm und erweitert es für die Sozialgeographie in zweifacher Hinsicht. Unter Berufung auf K. R. Popper u.a. fordert BARTELS (1968:45, 1970:37), dass die entdeckten Gesetze zu einer chorologischen Theorie systematisiert werden.

4.4.5 Sekundärzitate

Für alle Übernahmen, ob wörtlich oder inhaltlich, gilt, dass diese Übernahmen sich auf die Originalliteratur bzw. auf die Primärquelle beziehen müssen. Während es in den ersten Semestern sicher noch akzeptabel ist, wenn die Informationen allgemeinen Lehrbüchern entnommen werden, die über weite Bereiche eine Diskussion des Stands der Forschung durch einen einzigen Autor darstellen, sollte die Literaturliste einer Abschlussarbeit überwiegend Originalliteratur ausweisen. Wissenschaftlich arbeiten heißt auch, etwas mit den eigenen Augen und mit dem eigenen Verstand wahrzunehmen, und nicht durch die Brille anderer Personen.

Nur wenn die Originalliteratur selbst unter großen Anstrengungen nicht zugänglich oder nicht verständlich ist, ist es in Ausnahmefällen zulässig, aus einer so genannten **Sekundärquelle** zu zitieren (Bünting et al. 1996:93, Höge 1994:60, Rost & Stary 2003:183, Theisen 2000:154 f.). Solche Ausnahmefälle können gegeben sein bei älteren Publikationen aus dem 19. Jahrhundert und eventuell der ersten Hälfte des 20. Jahrhunderts, bei bestimmten Teilen »grauer« Literatur und Literatur in weniger gängigen Fremdsprachen. Bei der Verwendung von Sekundärquellen ist jedoch höchste Vorsicht geboten (Sesink 1990:100). Es können sich unbeabsichtigte Übertragungsfehler eingeschlichen haben, oder der Verfasser der Sekundärquelle könnte absichtlich Fakten oder Äußerungen verändert und aus dem Kontext gelöst haben, um seine Meinung zu unterstützen. Theisen (2000:154) spricht deshalb in diesem Zusammenhang auch sehr »bewusst in Anlehnung an den Gebrauchtwagen« von »**Gebrauchtzitaten**«, die »funktionieren [können], **häufiger** aber [...] gründlich **enttäusch[en]**«.

Sollten Sie tatsächlich gezwungen sein, ein Gebrauchtzitat zu verwenden, dann ist dieses im Kurzbeleg mit dem Zusatz »zit. n.« für »zitiert nach« oder »zit. in« für »zitiert in« explizit zu kennzeichnen. Im Literaturverzeichnis wird nur der Titel der Sekundärquelle geführt, denn nur die Sekundärquelle ist die verwendete Quelle.

> **Beispiel: Sekundärzitat**
> Schon zu Beginn des 19. Jahrhunderts war die erosionsmindernde Wirkung von Feldfrüchten bekannt. So berichtet Heusinger (1815 zit. in Bork et al. 1998:265), dass man »hie und da Futterkräuter [säete], die kein oftmaliges Umlegen des Ackers erforderten und selbst vermittelst ihrer Wurzeln den Boden festhalten«.

4.4.6 Nachdrucke

Von den Sekundärzitaten deutlich zu trennen sind Zitate auf der Grundlage eines Nachdrucks. Hier hält man zwar auch nicht das ursprüngliche Werk in der Hand, aber etwas, das dem Original doch sehr nahe kommt. Insbesondere ein unveränderter Nachdruck ist, zumindest was den wissenschaftlichen Aspekt anbelangt, dem ursprünglichen Werk ebenbürtig. Unveränderte Reproduktionen zeichnen sich u. a. dadurch aus, dass die Paginierung mit der ursprünglichen Quelle übereinstimmt. Darüber hinaus gibt es Nachdrucke, die leicht verändert wurden (z. B. Anpassung der Paginierung an ein neues Seitenformat), oder auch gekürzte Nachdrucke, bei denen die Paginierung natürlich nicht mehr stimmen kann. Schon im Kurzbeleg und später in der Literaturliste kommt die Verwendung eines Nachdrucks als Quelle zum Ausdruck, indem zwei Jahresangaben gemacht werden. HÖGE (1994:64) folgend, wird vorgeschlagen, im Kurzbeleg nach dem Autor zunächst das ursprüngliche Erscheinungsjahr und nach einem Querstrich das Erscheinungsjahr des Nachdrucks anzugeben. In Kombination mit der Angabe einer Seitenzahl gewährleistet nur diese Reihenfolge bei allen oben diskutierten Nachdrucken eine schnelle und korrekte Lesart der Quellenangabe.

> **Beispiel: Kurzbeleg für ein Zitat aus einem Nachdruck**
> Schon RICHTHOFEN (1886/1983:24) hat darauf hingewiesen, dass »Forscher auf den Gebieten der physischen Geographie [...] möglichst viel zu Fuß gehen« sollten.

4.4.7 Fußnoten

Bei Fußnoten handelt es sich um einen typographisch durch Verkleinerung abgesetzten Text, der im unteren Bereich einer Seite, aber noch innerhalb des Satzspiegels platziert ist. Fußnoten werden in vielen geisteswissenschaftlichen Publikationen verwendet, um Ergänzungen, Zusatzinformationen, Erklärungen und Querverweise zum Haupttext oder Quellenangaben zu realisieren (THEISEN 2000:160 f.). Fußnoten können in der ganzen Arbeit fortlaufend, innerhalb eines Kapitels fortlaufend oder auch seitenweise fortlaufend nummeriert werden (THEISEN 2000, BÜNTING et al. 1996:102). Auf alle Fälle werden sie am unteren Rand der Seite platziert, auf der sie gesetzt wurden. Damit unterscheiden sie sich von den Endnoten, die fortlaufend nummeriert und am Ende der Arbeit zu finden sind (z. B. EULER & HAHN 2004). Allerdings fordern Endnoten vom Leser ein ständiges Blättern und werden daher hier nicht empfohlen.

Fußnoten als Mittel des Quellenbelegs sind nicht kompatibel mit dem hier empfohlenen System des Quellenbelegs, da ein Kernpunkt dieses Systems der in den laufenden Text integrierte Kurzbeleg ist. Zudem sind Fußnoten in den Naturwissenschaften, somit auch in der Physischen Geographie, nicht gebräuchlich.[2] Hier muss also dringend von der Verwendung von Fußnoten abgeraten werden. Sollten sie dennoch als notwendig erscheinen, so sind sie möglichst knapp zu halten! Seiten, die hauptsächlich aus Fußnoten bestehen, sind nicht angenehm zu lesen!

4.4.8 Fremdsprachige Quellen

In weiten Bereichen der Wissenschaft kann der aktuelle Stand der Forschung ohne Bezug auf fremdsprachige Quellen nicht diskutiert werden. Dies gilt nicht zuletzt, weil auch deutschsprachige Autoren und Zeitschriften immer stärker dazu übergehen, sich international auszurichten und in Englisch zu publizieren.

Fremdsprachige unterscheiden sich in nichts von deutschsprachigen Quellen und sind daher wie diese zu behandeln. Solange die Aussagen in der Originalsprache übernommen werden, was von mehreren Autoren für Englisch und andere Schulsprachen als zulässig angesehen wird (ROST & STARY 2003:182, THEISEN 2000:150, HÖGE 1994:59), dürfte klar sein, dass die Ausführungen in Anführungsstriche zu setzen sind. Zitate aus anderen Sprachen sind dagegen zusätzlich zu übersetzen, wobei der übersetzte Text unmittelbar auf das fremdsprachige Zitat folgt und mit der Angabe des Übersetzers zu versehen ist (z. B. »Übers. v. Verf.«, oder »eigene Übers.«). Daraus leitet sich ab, dass eine wörtliche Übersetzung, trotz des eigenständigen Anteils der eigenen Übersetzung, wie eine wörtliche Übernahme zu kennzeichnen ist. Übersetzungen fremdsprachiger Werke führen schließlich auch nicht dazu, dass der Übersetzer zum

---

2 Allerdings kann auch der »eingefleischte« (ZSW 1996:12) physische Geograph eine gewisse Sympathie gegenüber Fußnoten nicht verhehlen. Fußnoten entlasten den Haupttext von Exkursen, die den stringenten Fluss der Argumentation bisweilen beeinträchtigen, ohne dass auf solche Exkurse, die einen Diskurs durchaus bereichern können, verzichtet werden müsste. Diese Funktion von Fußnoten wird auch von ihren Gegnern anerkannt. Allerdings schließen diese aus der Tatsache, dass in Fußnoten hauptsächlich Exkurse platziert werden, dass Fußnoten überflüssig seien. In den Worten KRÄMERs (1999:116) liest sich das so: »Entweder ist die betreffende Aussage wichtig, dann gehört sie in den Text. Oder sie ist unwichtig, dann hat sie in der Arbeit nichts zu suchen.«

Autor dieser Werke wird, wie einschlägige Geographielehrbücher zeigen (z. B. STRAHLER & STRAHLER 2002, HAGGETT 1990).

Fremdsprachige Begriffe oder Zitate erscheinen in manchen Publikationen kursiv gedruckt (z. B. BATHELT & DEPNER 2003). Hier wird also für fremdsprachige Begriffe ein eigenes Zitierformat eingeführt. Dies ist so lange möglich, wie der Kursivdruck in einer Arbeit nicht gleichzeitig für andere Auszeichnungen verwendet wird. Eine Notwendigkeit, fremdsprachige Zitate kursiv auszuzeichnen, und damit fremdsprachige Zitate anders zu behandeln als deutschsprachige, besteht allerdings nicht.

4.4.9 Das Literaturverzeichnis

Kurzbeleg und Literaturliste gehen, wie mehrmals betont wurde, »Hand in Hand«. Nur die Quellen, die im Text zitiert wurden, stehen auch in der Literaturliste, und alles, was in der Literaturliste steht, muss auch im Text in Form von Kurzbelegen auftauchen. Dabei muss der Bezug zwischen Kurzbeleg und Literaturliste eindeutig sein. Nur dann ist es intersubjektiv möglich, einerseits die Quellengrundlage der Arbeit einer Prüfung zu unterziehen und andererseits die Quelle selbst – für das eigene Studium oder zur Prüfung – in Bibliotheken, auf Ämtern, im Internet etc. ausfindig zu machen.

Beim Erstellen einer Literaturliste ist wiederum darauf zu achten, dass die formale Gestaltung eines Literaturverzeichnisses gewissen Konventionen unterliegt. Allerdings gibt es auch hier zahlreiche anerkannte Standards und sicherlich noch mehr individuelle Präferenzen. Unterschiede in den Systemen betreffen die Interpunktion, Hervorhebungen (durch Kapitälchen oder Unterstreichung), die Stellung der Jahres- und Auflagenzahl, Anordnung der und Details zu den Namen der Verfasser, die Angabe des Verlages usw. Deshalb kann hier wiederum nur der Anspruch erhoben werden, *eine* mögliche Form für ein Literaturverzeichnis zu präsentieren. Auf jeden Fall gilt folgende Regel der Konsistenz:

Innerhalb einer Arbeit ist ein einheitliches System anzuwenden!

Darüber hinaus existieren weitere, weitgehend allgemein gültige Regeln für die Anfertigung einer Literaturliste (HÖGE 1994:63, HORATSCHEK & SCHUBERT 1998:18, ROST & STARY 2003:193 ff.):

- Das Literaturverzeichnis wird **alphabetisch** nach den Autorennamen geordnet, wobei bei gleichem Autorennamen der Vorname entscheidet. Die Einordnung von Autorengruppen orientiert sich zunächst am Erstautor (gegebenenfalls unter Berücksichtigung seines Vornamens), dann am Zweitautor usw.
- Werke, die keinen Autor oder Herausgeber haben, werden einheitlich mit der Autorenangabe »O. V.« für »ohne Verfasser« versehen und entsprechend alphabetisch eingeordnet. Alternativ ist auch die einheitliche Verwendung von »N. N.« (von *lat.* nomen nescio, Name unbekannt) oder des englischen »ANONYMOUS« möglich.
- Standardwerke, deren Titel feststehende Begriffe darstellen, wie z. B. die Bibel, der Duden, das Bürgerliche Gesetzbuch und ausgewählte Atlanten können auch unter dem Titel geführt werden. Dann aber ersetzt dieser Titel auch den Autorennamen als ersten Teil des Kurzbelegs.
- Mehrere Werke desselben Autors werden **chronologisch** geordnet. Das gilt auch für Werke ohne Verfasser.
- Sollten mehrere Werke eines Autors in einem Jahr erschienen sein, dann werden zuerst die »selbst verfassten« Werke aufgeführt. Diesen folgen die Arbeiten, bei denen der Autor als alleiniger Herausgeber fungiert hat und zuletzt Gemeinschaftsveröffentlichungen (bei denen der Autor Erstautor ist). Diese Gemeinschaftsveröffentlichungen werden gegebenenfalls alphabetisch nach der Reihenfolge der Koautoren sortiert.
- Bei mehreren Werken eines Jahres und gleicher Ordnung (selbständig verfasst, Herausgeberschaft, gleiche Autorengruppe) wird alphabetisch nach dem Titel der Arbeit sortiert.
- Das in den vorangegangenen Punkten erläuterte Ordnungssystem der Literaturliste bestimmt die Erweiterung der Jahresangabe durch kleine Buchstaben bei Einträgen, die über Autor und Jahr nicht genau zu positionieren wären. Die Zuordnung der Buchstaben nach der Jahresangabe erfolgt also erst nach Erstellung der Literaturliste! Der Inhalt der Kurzbelege ist also von der Literaturliste abhängig und nicht umgekehrt.

Alle weiteren Regeln sind zunächst nur für das hier empfohlene System gültig, das sich stark an HORATSCHEK & SCHUBERT (1998:14 f.) anlehnt:

- In der Literaturliste werden alle gleichberechtigten Verfasser bzw. Urheber eines Werks aufgeführt. Auf die Nennung von untergeordneten Mitarbeitern

u. Ä. wird verzichtet. Dabei wird der Name des Erstautors umgestellt (Nachname, Vorname), alle anderen Autoren werden mit »Vorname Nachname« aufgeführt und durch Kommata getrennt. Vor dem letzten Autor wird das Komma durch ein »&« ersetzt. Daraus folgt, dass zwei Autoren mit einem »&« verbunden werden.

- Die Nachnamen der Verfasser werden durch Kapitälchen hervorgehoben.
- Titel (Freiherr, Dr., Prof. usw.) werden nicht angegeben.
- Bei Nachnamen werden Verwandtschaftsbezeichnungen eingeschmolzen (z. B. O'Connor, McKee), Verhältniswörter und Artikel werden je nach Ländersitte (Staatsbürgerschaft) eingeschmolzen (z. B. Dubois, M.; Van Ahee, B.) oder dem Namen nachgestellt (z. B. Richthofen, F. von; Thünen, J. G. H. von; aber von Braun, W. wegen seiner US-Staatsbürgerschaft) (HORATSCHEK & SCHUBERT 1998:15; ROST & STARY 2003:193 f.). Hier wird empfohlen, im Zweifelsfall die Literaturliste des Autors zu überprüfen. Häufig zitieren sich Autoren nämlich auch selbst.
- Alle Vornamen werden auf einen Buchstaben abgekürzt. Nur bei gleichen Anfangsbuchstaben werden weitere Buchstaben angegeben (z. B. Müller, T. und Müller, Th.). Bei Autoren mit mehreren Vornamen sind alle Vornamen abgekürzt anzugeben. Dabei können die Leerzeichen zwischen den einzelnen mit einem Punkt abgekürzten Vornamen entfallen (typographisch korrekt wären kleine Festabstände, sog. »Spatien«).
- Bei Institutionsnamen besteht die Möglichkeit, dem vollständigen Namen eine Sigle (Abkürzung) voranzustellen, die dann auch im Kurzbeleg verwendet wird. Dabei steht der vollständige Name in einer runden Klammer. Die Alternative, diese Sigle hinter den vollen Namen zu stellen, hat den Nachteil, dass der Kurzbeleg dann in der Regel auf die falsche Stelle in der alphabetisch sortierten Literaturliste weist. Es wird empfohlen in der Literaturliste folgende Konstruktion zu verwenden, z. B. TLUG (Thüringer Landesanstalt für Umwelt und Geologie) (Jahr) und im Text den entsprechenden Kurzbeleg (TLUG Jahr:Seite) statt der vollen Bezeichnung (Thüringer Landesanstalt für Umwelt und Geologie) und dem entsprechenden, fast eine Zeile füllenden Kurzbeleg. Bei der Kombination aus Sigle und vollem Namen, muss der volle Name nicht in Kapitälchen gesetzt werden. Die Siglen sollten den von den jeweiligen Institutionen verwendeten offiziellen Abkürzungen entsprechen.
- Eine Herausgeberschaft wird mit der Abkürzung (Hrsg.) oder (Hg.) direkt nach dem/den Namen kenntlich gemacht. Handelt es sich um einen

englischsprachigen Titel, so werden hier die klein geschriebenen, englischen Abkürzungen »ed.« im Singular bzw. »eds.« im Plural verwendet. Sind in einer Publikation sowohl Einzelurheber als auch Herausgeber genannt, sind die Einzelurheber zu nennen. Die herausgebende Institution bleibt dann in der Regel ungenannt.

- Das Erscheinungsjahr schließt sich dem Autorennamen und der Angabe zur Herausgeberschaft unmittelbar an. Das Erscheinungsjahr wird in runde Klammern gesetzt. Darauf folgt ein Doppelpunkt, z. B. »(1987):«. Bei Quellenangaben, die sich auf einen Nachdruck älterer Literatur beziehen, enthält die Klammer zwei durch Schrägstrich getrennte Jahresangaben, wobei die erste das ursprüngliche Erscheinungsjahr und die zweite das Jahr des Nachdrucks angibt, z. B. »(1886/1983)«. Fehlen Angaben zum Erscheinungsjahr in der Quelle, so sollte – nach DIN 1505-2:4 »muss« – das Erscheinungsjahr geschätzt werden. Als Ergebnis dieser Schätzung sind die Jahresangaben »(c2000)« für »circa 2000«, »(a2000)« für »vor 2000« oder »(p2000)« für »nach 2000« möglich (STANDOP & MEYER 2002:72). Alternativ kann als Erscheinungsjahr »o.J.« (ohne Leerzeichen) für »ohne Jahr« stehen.

- Die Angaben zur Auflage werden, soweit es sich nicht um die erste Auflage handelt, unmittelbar an die Jahreszahl als hochgestellte Zahl angehängt, z. B. (1997^{10}). Hier wird im Gegensatz zu STANDOP & MEYER (2002:72), welche die Auflagenangabe der Jahresangabe voranstellen, das Anhängen der Auflagenangabe empfohlen, da es die automatische Sortierung der Literaturliste in Textverarbeitungsprogrammen erleichtert. Eine Kennzeichnung der ersten Auflage entfällt. Somit impliziert eine Jahresangabe ohne Auflagenangabe eine erste Auflage.

- Der Jahresangabe schließt sich der vollständige Titel des Werkes an, der wort- und zeichengenau sowie mit gegebenenfalls vorhandenen Untertiteln zu übernehmen ist. Dabei ist zu beachten, dass zwar im Impressum von Publikationen (CIP-Einheitsaufnahme) Titel und Untertitel gemäß DIN 1505:2 durch » : « (Doppelpunkt mit vorangestelltem und nachgestelltem Spatium) getrennt werden, im Literaturverzeichnis aber ein Punkt Titel und Untertitel trennt, falls sich aus der Titelgestaltung der Publikation keine anderen Zeichen (z. B. Doppelpunkt oder Gedankenstrich) ergeben. Auszeichnungen des Titels, wie z. B. die durchgängige Verwendung von Großbuchstaben in der Zeitschrift Erdkunde, werden dagegen nicht übernommen.

Bis zu dem Punkt, der den Titel oder Untertitel abschließt, werden alle Publikationen gleich behandelt. Sollten für eine Quelle keine der vorangehenden Angaben zur Verfügung stehen (z. B. eine Internetquelle für die nur eine URL, aber keine Autoren-, Jahres- und Titelangaben vorliegen), ist diese Quelle nicht zitierfähig!

Die weiteren Angaben in einer Literaturliste hängen von der Art der Publikation ab:

- Bei einer **Monographie** folgt dem Titel der Erscheinungsort (dabei wird immer nur der erste Ort angegeben) und die Angabe des Verlags, die für das Auffinden einer Publikation deutlich wichtiger ist als der Erscheinungsort. Ist der Erscheinungsort nicht angegeben, dann wird dies durch die Angabe des Druckortes, oder die Angabe »o. O.« für »ohne Ort« gekennzeichnet. Fehlt ein Verleger, was bei »grauer« Literatur der Fall ist, dann wird hier die herausgebende Körperschaft oder die Druckerei genannt. Falls vorhanden, werden Angaben zur Reihe und zur Bandnummer zwischen Titel und Ortsangabe platziert. Auf die Angabe der Anzahl der Seiten und gegebenenfalls vorhandener Beilagen wird bei Monographien üblicherweise verzichtet.
- Bei einem **Aufsatz** oder Beitrag in einem **Sammelband** (gilt auch für Kongressbeiträge u. Ä.) folgen dem Titel und dem Wort »In:« die Angaben zum Herausgeber (nach den oben beschriebenen Regeln), dann der vollständige Titel des Sammelbandes, gegebenenfalls die Angaben zur Reihe (wie oben), der Erscheinungsort und Verlag (wie oben) und die Angabe der ersten und letzten Seite des Aufsatzes.
- Bei einer **Zeitschrift** (auch Zeitung) folgt dem Titel nach einem Gedankenstrich »–« (alternativ dem Wort »In:«) der ungekürzte Name der Zeitschrift, die Angabe des Jahrgangs, die Heftnummer (bei einer Zeitung zusätzlich in Klammern das Datum) und die Angabe der Seiten, über die sich der Aufsatz erstreckt. Zeitschriftenartikel, die als PDF-File von Verlagsservern heruntergeladen wurden und somit Kopien der gedruckten Fassungen darstellen, können behandelt werden, als ob die gedruckte Zeitschrift vorgelegen hätte.
- Bei einer **Quelle aus dem Internet** folgt dem Titel die vollständige, zeichengenaue Angabe der Adresse (URL), die nach ISO 690-2 von »<« und »>« eingeschlossen wird, dann nach dem Wort »Stand:« das Datum der letzten Aktualisierung und abschließend nach dem Wort »Zugriff:« das entsprechende Datum jeweils im internationalen Format. Sollte es sich bei dem

Dokument um einen Beitrag aus einer **Online-Zeitschrift** handeln, dann werden die Angaben zu dieser Online-Zeitschrift vor die URL gestellt. Eine Trennung innerhalb der URL sollte vermieden werden. Ist sie aus ästhetischen Gründen (Zeilenausgleich) geboten, dann darf nur durch das Einfügen eines Leerzeichens getrennt werden. Sonstige Zeichen dürfen nicht eingefügt werden. Das bedeutet, zumindest wenn Sie mit MS-Word arbeiten, dass Sie die automatische Silbentrennung ausschalten müssen. Dabei zeigt DINI (2002), wie vorausschauend und an die Zitierung ihrer Dokumente denkende Publizisten im Internet dieses Problem berücksichtigen. Hier sind Trennungszeichen nämlich Bestandteil des Dateinamens.

In den vorangehenden Ausführungen wurde die Interpunktion nicht *in extenso* erläutert. Hinweise dazu können den folgenden Beispielen entnommen werden. Zahlreiche weitere Beispiele finden sich unter den Rubriken »Weiterführende Literatur« sowie natürlich in der Liste der zitierten Literatur. Es ist zu beachten, dass eine Literaturliste absolut konsistent gestaltet werden muss. Das gilt auch für die Interpunktion, die in einigen Fällen von den Vorgaben der deutschen Rechtschreibung abweicht, insbesondere für die hier häufig entfallenden Leerzeichen. Zudem wird auf Abkürzungen, wie »Jg.« für Jahrgang, »H.« für »Heft« oder »S.« für Seite verzichtet. Um dennoch eindeutig zu bleiben, erfordert das hier vorgestellte System **größte Sorgfalt** – was aber prinzipiell für alle Quellenbelegsysteme gilt. Achten Sie also bitte auch auf die »Kleinigkeiten«. Sie sind von Bedeutung!

Beispiele für Literaturangaben verschiedener Publikationsarten

Beispiele: Monographien

Struktur: AUTOR (Jahr[Auflage]): Titel. Untertitel. Reihe Band. Erscheinungsort: Verlag.

HAGGETT, P. (1990): The Geographers's Art. Oxford: Blackwell.

SEDLACEK, P. & B. WERLEN (1998): Texte zur handlungstheoretischen Geographie. Jenaer Geographische Manuskripte 18. Jena: Institut für Geographie.

WERLEN, B. (1988[2]): Gesellschaft, Handlung und Raum. Grundlagen handlungstheoretischer Sozialgeographie. Stuttgart: Steiner.

Beispiele: Aufsätze, Artikel aus Sammelbänden:

Struktur: AUTOR (Jahr[Auflage]): Titel. Untertitel. In: AUTOR (Hrsg.): Titel Sammelband. Untertitel Sammelband. Reihe Band. Erscheinungsort: Verlag, Seitenangabe.

BAHRENBERG, G. (1997): Zum Raumfetischismus in der jüngeren verkehrspolitischen Diskussion. In: Eisel, U. & H.-D. SCHULTZ (Hrsg.): Geographisches Denken. Urbs et Regio, Sonderband 65. Kassel: GhK, 345–371.

LIEDTKE, H. (1995[2]): Oberflächenformen. In: LIEDTKE, H. & J. MARCHINEK (Hrsg.): Physische Geographie Deutschlands. Perthes GeographieKolleg. Gotha: Perthes, 121–130.

Beispiele: Zeitschriften, Zeitungen

Struktur: AUTOR (Jahr): Titel. Untertitel. – Zeitschrift/Zeitung/Spezialpublikation Jahrgang, Heft-Nr., Seitenangabe.

HARD, G. (1987): »Bewusstseinsräume«. Interpretationen zu geographischen Versuchen, regionales Bewusstsein zu erforschen. – Geographische Zeitschrift 75, 3, 127–148.

MCNOLEG, O. (1998): Professor Oleg McNoleg's guide to the successful use of Geographical Information Systems (Ten ways to say nothing with GIS). – International Journal of Geographical Information Science 12, 5, 429–430.

SPIEWAK, M. (2001): Einsen für alle. Wie Kuschelnoten die deutschen Studenten betrügen. – Die Zeit 56, 27 (2001-06-28), 1.

Beispiele: Internet-Dokumente

Struktur: AUTOR (Jahr): Titel. Untertitel. –Titel der Online-Zeitschrift Jahrgang, Nummer, <URL> (Stand: Datum) (Zugriff: Datum).

DFG (Deutsche Forschungsgemeinschaft) (1998): Empfehlungen der Kommission »Selbstkontrolle der Wissenschaft«. Vorschläge zur Sicherung guter wissenschaftlicher Praxis. <http://www.dfg.de/ aktuelles_presse/reden_stellungnahmen/download/empfehlungen_wiss_ praxis_0198.pdf> (Stand: 1998) (Zugriff: 2003-09-09).

WEBER-WULFF, D. (2002): Der große Online-Schwindel: Eine Professorin auf Plagiat-Jagd. – Spiegel Online, <http://www.spiegel.de/unispiegel/studium/0,1518,221507,00.html> (Stand: 2002-11-06) (Zugriff: 2002-11-06).
WILLAMOWSKI, M. (2000): Zitierfähigkeit von Internetseiten. – JurPC Web-Dok. 78/2000, <http://www.jurpc.de/aufsatz/20000078.htm> (Stand: 2000-05-22) (Zugriff: 2003-09-23).

Beispiele: Lexika und Wörterbücher

Struktur: Titel (Jahr^Auflage), Band, Herausgeber. Ort: Verlag.

DUDEN DEUTSCHES UNIVERSALWÖRTERBUCH (2001⁴), hrsg. von Dudenredaktion. Mannheim: Dudenverlag.

Aber ebenso korrekt und kürzer im Kurzbeleg (!) ist:

DUDENREDAKTION (Hrsg.) (2001⁴): Duden Deutsches Universalwörterbuch. Mannheim: Dudenverlag.
BRUNOTTE, E., H. GEBHARDT, M. MEURER, P. MEUSBURGER & J. NIPPER (Hrsg.) (2001 f.): Lexikon der Geographie in vier Bänden. Heidelberg: Spektrum.

Beispiele: Karten

Struktur: AUTOR (Jahr): Titel. Untertitel. Maßstab. Ort: Verlag.

JÄKEL, D. (1989): Karte der Dünenentwicklung in der Taklamakan. Maßstab 1:2 500 000. – Die Erde Erg.-H. 6 (1991), Kartenbeilage.
TLVA (Thüringer Landesvermessungsamt) (Hrsg.) (2004): TK25 Blatt 5035, Jena. Maßstab 1:25 000. Erfurt: TLVA.

Beispiele: Datenträger

Struktur: AUTOR (Jahr): Titel. Untertitel. Version, Datenträgertyp. Ort: Verlag.

BKG (Bundesamt f. Kartographie u. Geodäsie) (Hrsg.) (2002): Top200: Bundesrepublik Deutschland, Amtliche Topographische Karten: Maßstab 1:200 000. Version 3.0, CD-ROM. Frankfurt a. M.: BKG.
FRATER, H. (Hrsg.) (2001): Landschaftsformen: Unsere Erde im Wandel – den gestaltenden Kräften auf der Spur. Version 2.0, CD-ROM. Berlin: Springer.

Beispiele: mündliche und schriftliche Mitteilungen

VORTRAGENDER, I. (2002): Die Bedeutung des Vortrags: Warum sollte jemand zuhören? Vorlesung, Elite-Universität Eisbergspitzenstadt (2002-11-09 11.30 Uhr). Eisbergspitzenstadt: Inst. f. Kommunikation u. Kompetenz.

ABSENDER, M. (2002): Text der Betreffzeile [ggf. kurze Inhaltserläuterung]. Schriftliche Mitteilung (2002-12-06).

Weiterführende Literatur

BÄNSCH, A. (1999[7]): Wissenschaftliches Arbeiten. Seminar- und Diplomarbeiten. München: Oldenbourg.

ECO, U. (1993[6]): Wie man eine wissenschaftliche Abschlussarbeit schreibt. Doktor-, Diplom- und Magisterarbeiten in den Geistes- und Sozialwissenschaften. UTB 1512. Heidelberg: C. F. Müller.

DIN (Deutsches Institut für Normung) (1989[3]): Publikation und Dokumentation 2: Erschließung von Dokumenten, DV-Anwendung in Information und Dokumentation, Reprographie, Bibliotheksverwaltung: Normen. DIN-Taschenbuch 154. Berlin: Beuth.

DIN (Deutsches Institut für Normung) (1996[4]): Publikation und Dokumentation 1: Gestaltung von Veröffentlichungen, Terminologische Grundsätze, Drucktechnik, Alterungsbeständigkeit von Datenträgern: Normen. DIN-Taschenbuch 153. Berlin: Beuth.

ISO 690-2: Information and documentation – Bibliographic references – Part 2: Electronic documents or parts thereof. <http://www.nlc-bnc.ca/iso/tc46sc9/ standard/690-2e.htm> (Stand: 2002-08-22) (Zugriff: 2003-10-08).

KARMASIN, M. & R. RIBING (2002[3]): Die Gestaltung wissenschaftlicher Arbeiten. Ein Leitfaden für Haus-, Seminar- und Diplomarbeiten sowie Dissertationen. Manual. Wien: Wuv.

KRÄMER, W. (1992): Wie schreibe ich eine Seminar-, Examens- und Diplomarbeit. Eine Anleitung zum wissenschaftlichen Arbeiten für Studierende aller Fächer an Universitäten, Fachhochschulen und Berufsakademien. UTB 1633. Stuttgart: Fischer.

RICO, G. (2002[12]): Garantiert schreiben lernen. Sprachliche Kreativität methodisch entwickeln. Ein Intensivkurs auf der Grundlage der modernen Gehirnforschung. Reinbek: Rowohlt.

STANDOP, E. & M. L. G. Meyer (2002[16]): Die Form der wissenschaftlichen Arbeit. Ein unverzichtbarer Leitfaden für Studium und Beruf. Wiebelsheim: Quelle & Meyer.

STARY, J. & H. KRETSCHMER (1994): Umgang mit wissenschaftlicher Literatur. Eine Arbeitshilfe für das sozial- und geisteswissenschaftliche Studium. Frankfurt a. M.: Cornelsen Scriptor.

STICKEL-WOLF, C. & J. WOLF (2001): Wissenschaftliches Arbeiten und Lerntechniken. Erfolgreich studieren – gewusst wie! Wiesbaden: Gabler.

WERDER, L. VON (1993): Lehrbuch des wissenschaftlichen Schreibens. Ein Übungsbuch für die Praxis. Berlin: Schibri.

WERDER, L. VON (2002[2]): Kreatives Schreiben von wissenschaftlichen Hausarbeiten und Referaten. Berlin: Schibri.

4.5 Wie kommt's an?
Grundlagen für die Bewertung schriftlicher Arbeiten

Schriftliche Arbeiten werden sowohl nach inhaltlichen als auch formalen Aspekten beurteilt. Wie mehrfach betont, gehen inhaltliche und formale Aspekte über weite Strecken »Hand in Hand«. Da wissenschaftliche Arbeiten stark auf bestehendem Wissen und dessen Aufarbeitung aufbauen, spielen dabei die formalen Aspekte im Zusammenhang mit der Übernahme fremder Gedanken eine entscheidende Rolle und können sich damit letztendlich auch massiv auf die inhaltliche Bewertung einer Arbeit auswirken.

In Tabelle 4-4 sind die wichtigsten formalen und inhaltlichen Kriterien, die in der Regel bei Studienarbeiten bewertet werden, in Form eines detaillierten Bewertungsbogens aufgelistet. Damit kann der Bewertungsbogen auch vor Abgabe einer Arbeit als Checkliste verwendet werden. Für die Einzelbewertung wird dabei zwischen »++« (fehlerfrei), »+« (mit Fehlern, aber ausreichend) und »–« (eine nicht ausreichende Einzelleistung) unterschieden. In den einzelnen Blöcken müssen nach dem hier entworfenen Schema mindestens 50 Prozent der Einzelleistungen mit einem »+« bewertet sein, um zu einer mindestens ausreichenden Bewertung des Blocks zu gelangen. Der Bewertung »++« kommt somit im Wesentlichen eine nachrichtliche Funktion zu, die den Studierenden signalisiert, dass die entsprechende Teilleistung zur vollsten Zufriedenheit erfüllt wurde.

Im formalen Teil (A und B) liegt der Schwerpunkt eindeutig auf der Quellenarbeit, die nach Auffassung der Autoren ein früh zu erlernendes Handwerkszeug darstellt, das in späteren Studienabschnitten gegebenenfalls vorausgesetzt werden kann. Von daher dürfte der Bewertungsbogen in der vorliegenden Form insbesondere in den ersten Studienjahren zum Einsatz kommen. Es sollte allerdings beachtet werden, dass formale Mängel in der Regel eine Abwertung der Benotung zur Folge haben und gravierende formale Fehler auch in späteren Studienabschnitten dazu führen, dass eine Arbeit als »nicht ausreichend« bewertet wird. Im inhaltlichen Teil (C) sind generelle Aspekte zum Aufbau und zum Inhalt einer Arbeit aufgelistet. Hinsichtlich der inhaltlichen Bewertung einer Arbeit bietet sich zudem eine Orientierung an den Einheitlichen Prüfungsanforderungen in der Abiturprüfung (s. S. 168) an.

Der hier vorgestellte Bewertungsbogen wird von den Verfassern seit mehreren Jahren erfolgreich im Rahmen unterschiedlicher Lehrveranstaltungen eingesetzt. Für die Lehrenden hat er den Vorteil, dass er die Korrektur und Bewer-

Tab. 4-4: Bewertungsbogen für schriftliche Arbeiten (Seite 1/2)

A0	**Quellenbelege** - Wörtliche Übernahmen als solche gekennzeichnet?	**mindestens ausreichend / mangelhaft**
A1	**Quellenbelege** - Zahlen wie wörtliche Übernahmen behandelt? - Inhaltliche Übernahmen ausreichend belegt? - Formale Übereinstimmung der Kurzbelege mit den Literaturangaben - Übereinstimmung der verwendeten und der angegebenen Literatur - Konsistenz und Vollständigkeit der Literaturangaben *Kriterium mindestens ausreichend: Summe Pluspunkte = 3*	++ / + / - ++ / + / - ++ / + / - ++ / + / - ++ / + / - *mindestens ausreichend /mangelhaft*
B	**Sonstige formale Gestaltung** - Formale Gliederung - Visualisierung von Sachverhalten (Abbildungen) - Abbildungsunterschriften/Tabellenüberschriften - Einbindung von Abbildungen und Tabellen in den Text - Rechtschreibung, Grammatik und Interpunktion (Grenze +/- 5 Fehler/Seite) *Kriterium mindestens ausreichend: Summe Pluspunkte = 3*	++ / + / - ++ / + / - ++ / + / - ++ / + / - ++ / + / - *mindestens ausreichend / mangelhaft*

Tab. 4-4: Bewertungsbogen für schriftliche Arbeiten (Seite 2/2)

C0	**Inhalt** - ausreichend eigenständige, fehlerfreie inhaltliche Darstellung	*Mindestens ausreichend / mangelhaft*
C1	**Inhalt** - Inhaltliche Gliederung - Erfüllt die Einleitung ihren Zweck? - Erfüllt die Zusammenfassung ihren Zweck? - Argumentationslinie, Stringenz, »roter Faden« - Theoriebezug - Umfang der verwendeten Literatur - Qualität der verwendeten Literatur - Wurde das Thema/die Fragestellung ausreichend aufgearbeitet? - Werden unterschiedliche Ansätze verglichen und diskutiert? - Ausdruck *Kriterium mindestens ausreichend: Summe Pluspunkte = 5:*	++ / + / - ++ / + / - ++ / + / - ++ / + / - ++ / + / - ++ / + / - ++ / + / - ++ / + / - ++ / + / - ++ / + / - *mindestens ausreichend /mangelhaft*

Kommentar:

_____

_____

_____

_____

_____

_____

_____

Gesamtbewertung: _____

tung von Arbeiten systematisiert und deutlich erleichtert. Er ist relativ rasch auszufüllen und ermöglicht eine weitgehende Vergleichbarkeit der Ergebnisse über mehrere Semester und über die eigene Lehrveranstaltung hinaus. Subjektive Einflüsse werden deutlich reduziert und Leistungsstandards angeglichen, vor allem wenn alle Lehrenden eines Instituts sich auf einen standardisierten Bewertungsbogen einlassen. Weiterhin bietet der Bewertungsbogen für die Lehrenden eine schnelle Orientierung hinsichtlich der Bewertungsgrundlage bei der Rückgabe und Besprechung der Studienarbeiten, insbesondere wenn ein größeres zeitliches Fenster zwischen Abgabe, Korrektur und Besprechung klafft (was hin und wieder ja vorkommen soll). Für die Studierenden bietet ein solcher Bewertungsbogen ein detailliertes »Feedback« hinsichtlich der eigenen Stärken und der Schwächen, die es zu beheben gilt. Wenn lediglich der benotete Schein und die Studienarbeit kommentarlos zurückgegeben werden, dürfte dagegen die Aussicht auf eine Leistungssteigerung eher gering sein.

Auszug aus den Einheitlichen Prüfungsanforderungen in der Abiturprüfung (KMK 1992:17):

Die Note »ausreichend« kann erteilt werden, wenn:

– zentrale Aussagen und bestimmende Merkmale eines Textes (Materials) in Grundzügen erfasst sind,
– die Aussagen auf die Aufgabe bezogen sind,
– dabei grundlegende fachspezifische Verfahren und Begriffe angewendet werden,
– die Darstellung im Wesentlichen verständlich ausgeführt und erkennbar geordnet ist.

Ein mit »sehr gut« beurteiltes Prüfungsergebnis setzt Leistungen im Anforderungsbereich III voraus. Auch ein mit »gut« beurteiltes Prüfungsergebnis verlangt mindestens ansatzweise Leistungen im Anforderungsbereich III.

Dazu führt KMK (1992:14; eigene Hervorhebung) aus:

»Der Anforderungsbereich III umfasst das planmäßige Verarbeiten komplexer Gegebenheiten mit dem Ziel, zu selbständigen Begründungen, Folgerungen, Deutungen und Wertungen zu gelangen. [Dabei sind] inhaltsbezogene Kenntnisse und Fähigkeiten [durch] problembezogenes Denken, **Urteilen**, **Begründen** [und] methodenbezogene Kenntnisse und Fähigkeiten [durch das] **Beurteilen** von Methoden und Arbeitstechniken [gekennzeichnet].«

5   Wissenschaftlich präsentieren!

Wer kennt sie nicht, die Szene auf einer typischen Jubiläumsfeier: Der Gast-
geber erhebt sich, klopft mit einem Messer an sein Weinglas und stimmt eine
Rede an. Alles stöhnt! Die beste Rede ist häufig die, die nicht gehalten wird,
und ungekürzte Parlamentsdebatten werden, mit einer einschlägigen Ausnahme
(Phoenix), von deutschen TV-Stationen nicht mehr übertragen. Wissenschaft
lebt aber vom Austausch, der Verbreitung und der Diskussion der Forschungsergebnisse. Bevor diese publiziert werden und dann prinzipiell für jedermann
nachzulesen sind, werden sie in der Regel in Form eines Vortrages oder eines
Posters der Öffentlichkeit präsentiert.

Was ist also zu tun, um zu vermeiden, dass sich bereits nach wenigen Minuten bei den Zuhörern gähnende Langeweile einstellt und die Ersten nach fünf
Minuten auf den hinteren Reihen durch mehr oder weniger sanftes Schnarchen
auf sich aufmerksam machen? Wie kann ein Vortrag interessant gestaltet werden, und welche Inhalte gilt es wie zu präsentieren? Welche Möglichkeiten hat
eine Vortragende in der zur Verfügung stehenden Zeitspanne (Beschränkung
der Redezeit), um deutlich zu machen, was alles an Vorarbeit geleistet wurde?
Auf diese Fragen soll der folgende Teil des Leitfadens einige Antworten geben.

Ein unvorbereiteter Vortrag gelingt selbst dem besten Redner nicht. Das
erste Kapitel dieses Teils beschäftigt sich daher mit der Vorbereitungsphase einer Präsentation (»Was kommt zuerst?«). Anschließend werden in Kapitel 5.2
Möglichkeiten demonstriert, wie eine sinnvolle Auswahl der zu präsentierenden Punkte getroffen werden kann, und in Kapitel 5.3 werden die einen Vortrag begleitenden Materialien vorgestellt. Danach wird erläutert, welche didaktischen Mittel benutzt werden können und wie ein Vortrag interessant gestaltet
werden kann (Kap. 5.4). In Kapitel 5.5 geben wir Tipps zur Lösung von Nervo-
sitätsproblemen und gehen auf das Verhalten des Vortragenden während seines
Vortrages ein. Abschließend werden auch hier die Bewertungsgrundlagen für
eine Präsentation offen gelegt und Hinweise gegeben, wie mit Kritik umzugehen ist.

5.1   Was kommt zuerst?
Vorüberlegungen und Vorbereitung einer Präsentation

Die Fähigkeit, ein bestimmtes Thema wissenschaftlich aufzuarbeiten und vor einem (Fach-)Publikum zu präsentieren, gehört zu den wichtigsten im Laufe des Studiums zu erwerbenden Qualifikationen. Dabei ist eine gründliche und vor allem gut geplante Vorbereitung eine der entscheidenden Voraussetzungen für eine erfolgreiche Präsentation. Der wichtigste Grundsatz lautet daher:

Rechtzeitig mit der Vorbereitung beginnen!

Nur eine frühzeitig begonnene Vorbereitung lässt genügend Zeit zur Lösung eventuell auftretender Probleme. Denn von solchen »Friktionen«, wie DÖRNER (1997:253) die unvorhersehbaren Bedingungen bei einer »Rumpelstilzchen-Planung« (heute hole ich die Literatur, morgen tippe ich den Vortrag und über-morgen halte ich ihn) bezeichnet, gibt es jede Menge. Ein just ausgeliehenes Buch mit der entscheidenden Abbildung, ein nicht funktionierendes Notebook oder ein grippaler Infekt. Nur eine frühzeitige Planung kann verhindern, dass unvorhersehbare Ereignisse eine »Katastrophe« nach sich ziehen. Positiv formuliert, ist es im Wesentlichen eine frühzeitige Planung, welche die für ein überzeugendes Auftreten notwendige Selbstsicherheit geben kann.

5.1.1 Thema

Das Thema einer Präsentation ist im Rahmen der jeweiligen Veranstaltungen meist vorgegeben. Dennoch muss überlegt werden, wie das (häufig schriftlich vorbereitete) Thema für einen Vortrag zu gliedern ist, welche Schwerpunkte zu setzen sind und was die zu vermittelnden Grundaussagen sein sollen. Es ist zu bedenken, dass die bei Präsentationen zur Verfügung stehende Zeit meist nicht ausreicht, um alle Aspekte eines (zuvor schriftlich ausgearbeiteten) Themenbereiches umfassend darzustellen. Daher ist es notwendig, sich auf einige wenige Hauptaussagen zu konzentrieren, die möglichst klar dargestellt werden. Anhand dieser Auswahl und Prioritätenbildung entscheidet sich, wie die zu präsentierenden Inhalte aufbereitet werden müssen (Kap. 5.4). Darüber hinaus sollten sich Vortragende bewusst werden, was in Bezug auf ihr Thema mit der Präsentation beabsichtigt wird.

> Wichtig ist, sich ein deutlich formuliertes Ziel zu setzen, das im Rahmen der Präsentation erreicht werden soll!

STICKEL-WOLF & WOLF (2001:232 f.) nennen z. B. folgende mögliche Präsentationsziele:

* informieren
* einen Überblick verschaffen
* schulen
* beraten
* Entscheidungen vorantreiben
* motivieren
* einen guten Eindruck hinterlassen

HIERHOLD (2002:68 ff.) rät dazu, bei der Zielsetzung sowohl »offizielle Ziele« (an der Universität: Themenstellung, wissenschaftliche Anforderung, formale Vorgaben usw.) als auch »persönliche Ziele« (an der Universität: einen bestimmten Eindruck von sich hinterlassen, von eigenen Thesen überzeugen, Seminarteilnehmer spannend »ansprechen« usw.) zu definieren.

Bei der zeitlichen Planung ist die von DONNERT & STERZENBACH (1999:47) vorgeschlagene Gliederung in »Muss-«, »Soll-« und »Kann-Inhalte« hilfreich. Sie legt ein Minimalprogramm fest und ermöglicht einen flexiblen Umgang mit dem Zeitbudget.

5.1.2 Art der Präsentation

Die Möglichkeiten, eine Präsentation zu gestalten, sind vielfältig. Welche Art der Vortragsweise letztlich zu wählen ist, hängt von verschiedenen Überlegungen ab. Zu bedenken sind in der Vorbereitungsphase dabei u. a. folgende Punkte:

* Wer ist das Publikum, an das der Vortrag gerichtet sein soll (Größe, Vorwissen usw.)?
* Wie ist die zu erwartende räumliche Situation (Größe, technische Ausstattung des Raumes, Akustik, Lichtverhältnisse usw.)?
* Welche zeitlichen Vorgaben gibt es?
* Wie ist die zu erwartende Verfassung der Zuhörer? Zu welcher Tageszeit findet der Vortrag statt?

Vorteile

- Inhalte können vergleichsweise effektiv auch an ein »unwissendes« Publikum vermittelt werden.
- Auch bei strenger zeitlicher Begrenzung kann erfolgreich über das jeweilige Thema informiert werden.
- Mit einer durchdachten Konzeption ist der Verlauf sehr genau planbar, das heißt, es kann gut auf ein bestimmtes Ziel hingearbeitet werden.
- Der Einsatz vorbereiteter Visualisierungshilfen erleichtert das Verständnis.
- In der meist nachfolgenden Diskussion können die Inhalte mit dem informierten Publikum »verhandelt« werden.
- Die Zentrierung auf die Referentin erlaubt eine geordnete, stringente und durch Zusatzinformationen angereicherte Diskussion.

Nachteile

- Zentrierung auf den Referenten lässt spezielle Wünsche bzw. Interessen des Publikums unter Umständen unberücksichtigt.
- Zwischen- bzw. Verständnisfragen können, wenn sie nicht unmittelbar geklärt werden, »untergehen«.
- Ist die Aufbereitung des Themas dem Publikum nicht angemessen bzw. gibt es gravierende Mängel bei der Vortragstechnik, kann die Präsentation ihr Ziel sehr leicht verfehlen; Zuhörer fragen sich: »Was habe ich eigentlich davon?«
- Fehlen Thesen oder ist das Thema nicht anregend präsentiert worden, kann die in der Regel dem Referat folgende Diskussion nur sehr schwer »in Gang« kommen.

Konsequenzen

- Gründliche Vorarbeit leisten (Thema gliedern, Präsentationssituation analysieren, zeitliche Einteilung machen, Visualisierungshilfen erstellen usw.)!
- Verständlich reden und logisch sauber argumentieren!
- Bei Planung trotz genau abgesteckten Rahmens Spielräume für Reaktion des Publikums lassen (z.B. kleinere Verständnisschwierigkeiten sofort klären etc.)!
- Klare Thesen aufstellen; das Thema auch tatsächlich »zur Diskussion stellen«!
- Präsentationen gelingen nur mit dem Publikum, d.h. auch tatsächlich mit dem Publikum sprechen!

Abb. 5-1: Vor- und Nachteile einer klassischen Präsentation (erweitert nach HARTMANN et al. 1999:18 ff.)

Vorteile

- Durch die Form des angeleiteten Arbeitens einer Gruppe können die Fähigkeiten aller Gruppenmitglieder eingebracht werden.
- Die Zufriedenheit mit Abläufen und Ergebnissen ist für die Teilnehmer direkt auf die Gruppenarbeit rückführbar und kann nicht auf einen allein verantwortlichen Referenten »abgeschoben« werden.
- Die Neutralität des Moderators in Bezug auf Inhalte bzw. Gruppenbeiträge gewährleistet ein offenes Arbeiten, das möglichst viele verschiedene Aspekte eines Themengebietes aufschließen kann.
- Auftretende Schwierigkeiten müssen gelöst werden, da sonst eine weitere Arbeit der Gruppe nicht oder nur sehr schwer möglich ist.
- Methodenvielfalt schafft eine abwechslungsreiche Auseinandersetzung mit dem Thema, was letztlich auch die Produktivität der Gruppe steigert.

Nachteile

- Moderiertes Arbeiten ist meist nur bis zu einer bestimmten Gruppengröße bzw. -zusammensetzung sinnvoll, diese kann aber nicht immer beeinflusst werden.
- Moderatoren müssen neutral bleiben, was besonders für Ungeübte nicht einfach ist.
- Lösung von eventuell auftretenden Arbeitsschwierigkeiten in der Gruppe erfordert sehr hohe Methodenkompetenz.
- Abläufe des Arbeitens sind zum Teil nur bedingt plan- oder vorhersehbar.
- Die zeitliche Planung ist schwierig, im Allgemeinen ist jedoch gegenüber der Präsentation mit einem erhöhten zeitlichen Aufwand zu rechnen.
- Es kann der Eindruck entstehen, ein Thema würde »zerredet«, ohne dass man zu einem Ergebnis gelangen würde.

Konsequenzen

- Gründliche Vorarbeit leisten (Gruppe genau analysieren, Auswahl der anzuwendenden Methoden, Planung der Arbeitsabläufe, Erstellung von Arbeitsmaterialien usw.)!
- Moderation nur bei angemessenen Rahmenbedingungen durchführen, d. h. bei entsprechender Gruppengröße und -zusammensetzung, angebrachter räumlicher Situation usw.!
- Fundierte inhaltliche Vorbereitung trotz Schwerpunkt auf Methodik!
- Insgesamt wird eine hohe Diskussionsdisziplin vorausgesetzt. Ist damit nicht zu rechnen, besser »klassisch« präsentieren!
- Moderatoren sollen Ansprechpartner der Gruppe sein, Hilfestellung geben, aber nicht dominant in die inhaltliche Arbeit eingreifen!

Abb. 5-2: Vor- und Nachteile einer Moderation (erweitert nach HARTMANN et al. 1999:18 ff.)

- Was sind die eigenen Fähigkeiten als Referent? Welche Vortragsweise liegt mir?
- (…)

Anhand dieser Kriterien entscheidet sich, welchen inhaltlichen Umfang das Referat haben kann bzw. wie weit fachlich »in die Tiefe« zu gehen ist, welcher Vortragsstil angemessen ist, welches Hilfsmaterial verwendet wird, auf welche Medien zurückzugreifen ist usw. Vor allem aber kann durch die Analyse der zu erwartenden Randbedingungen sowie anhand des vorgegebenen Zieles entschieden werden, welche Methoden, Techniken und Mittel des Präsentierens zur Anwendung kommen. Bei der Vermittlung wissenschaftlich aufgearbeiteter Themen sind zwei Methoden besonders geeignet: die **klassische Präsentation** (Abb. 5-1), bei der der Referent im Mittelpunkt steht, sowie die **Moderation** (Abb. 5-2), in der ein Moderator als Teil einer Gruppe die gemeinsame Problemlösung anleitet bzw. Hilfestellung dazu gibt. Weitere Hinweise zur Anwendung der Moderationstechnik sind neben HARTMANN et al. (1999) u. a. bei SEIFERT (1998), STICKEL-WOLF & WOLF (2001) oder HIERHOLD (2002) zu finden.

> Durchführung und Erfolg einer Präsentation unterliegen den Vorüberlegungen zu den Rahmenbedingungen. Je früher diese angestellt werden, desto systematischer kann die Vorbereitung in Angriff genommen und desto sicherer und gelassener kann einer anstehenden Präsentation entgegengesehen werden.

5.1.3 Manuskript

Bei der Durchführung einer Präsentation, wie sie im universitären Umfeld meist gefordert wird, ist entscheidend, den Vortrag auch wirklich vorzutragen und nicht einfach vorzulesen! Im Vortrag soll ein Thema in verständlicher Sprache strukturiert und in anschaulicher Art vermittelt werden. Dabei soll den Zuhörern Gelegenheit gegeben werden, mitzudenken und sich eine Meinung zu bilden. Ein Referat soll allerdings nicht aus Trivialitäten bestehen, sondern fundiert über ein Thema informieren, Fragen aufwerfen und neue Erkenntnisse prägnant vermitteln. Da nur der geübte Referent einen Vortrag »frei« im vorgegebenen Zeitrahmen halten kann, ist es notwendig, sich ein Vortragsmanuskript zu erstellen. Diesbezüglich werden nachfolgend zwei Möglichkeiten angesprochen und hinsichtlich ihrer Vor- und Nachteile erläutert, zum einen das **ausgeschriebene Manuskript** (Abb. 5-3) und zum anderen das **Stichwortmanuskript** (Abb. 5-4).

Vorteile
- Die im Vortrag gemachten Aussagen sind jederzeit überprüfbar und wiederholbar.
- Der vorgegebene Zeitplan kann in der Regel genau eingehalten werden.
- Die Gefahr von Redepannen wird eingeschränkt.

Nachteile
- Bei zu starker Bindung an das Manuskript läuft man Gefahr, *vor* den Zuhörern und nicht *zu* ihnen zu sprechen.
- Die Zuhörerschaft kann dann den Eindruck gewinnen, die Vortragenden setzten sich nur mit dem Vortragsstoff und nicht mit ihnen auseinander.
- Die Zuhörer können durch Stofffülle überfordert werden. Wichtige Inhalte gehen verloren.
- Schriftsprache neigt zu kompliziertem Satzbau, der von »Hörern« schlecht nachzuvollziehen ist.
- Die Flexibilität, auf Zuhörerschaft oder sich verändernde Rahmenbedingungen einzugehen, ist gering.

Konsequenzen
- Große, gut lesbare Schrift (mindestens 14 Punkt) und große Zeilenabstände verwenden!
- Text übersichtlich darstellen, gliedern und zentrale Aspekte hervorheben (unterstreichen, Fettschrift oder Farben)! Evtl. in fortlaufender Nummerierung arbeiten – das erleichtert auch den Wiedereinstieg ins Manuskript, z.B. nach »freier« Erläuterung einer Graphik
- Einseitig beschriebene, ungefaltete und nummerierte Blätter verwenden!
- Gut vorbereiten! Ideal wäre: Augen zu 30 Prozent auf dem Text und zu 70 Prozent bei den Zuhörern!

Abb. 5-3: Vor- und Nachteile eines ausgeschriebenen Manuskripts

Vorteile
- Die Referenten sprechen direkt zur Zuhörerschaft.
- Der ständige Augenkontakt gewährleistet eine rasche Reaktion auf das Verhalten der Zuhörerschaft.
- Weil die Sätze während des Vortrages formuliert werden, ist die Sprache in der Regel einfacher und verständlicher.
- Kleine sich ergebende Sprechpausen verhindern »Stoffüberflutung«.
- Der Vortrag wirkt spontaner und direkter.

Nachteile
- Bei wenig Geübten kann ein Stichwort- bzw. Überschriftenmanuskript Redeangst oder Redehemmungen verstärken; Redepannen können weniger gut überbrückt werden.
- Die Einhaltung eines Zeitplanes ist schwieriger.
- Die Gefahr des inhaltlichen Abschweifens ist relativ groß.

Konsequenzen
- Eine gründliche Vorbereitung ist notwendig!
- Stichwortdichte muss gut gewählt werden, nicht zu wenige, nicht zu viele Stichworte!
- Stichworte groß und gut lesbar notieren (evtl. mit Computer erstellen)!
- Den Stoff übersichtlich und logisch gliedern!
- Haupt- und Nebengedanken gut unterscheiden!
- Hinweise für Zeiteinteilung und Hilfsmittelgebrauch notieren!
- Einseitig beschriebene, ungefaltete und klar nummerierte Blätter oder Karteikarten verwenden!

Abb. 5-4: Vor- und Nachteile eines Stichwortmanuskripts

Weiterführende Literatur

DONNERT, R. & STERZENBACH, M. (1999²): Präsentieren – gewusst wie. Praktischer Leitfaden für Vortrag, Moderation und Seminar unter Einsatz neuer Medien. Würzburg: Lexika Verlag.

FEY, H. & G. FEY (1998): Sicher und überzeugend präsentieren: Kurzvortrag, Referat, Präsentation; Rhetorik, Didaktik, Medieneinsatz. Regensburg: Walhalla Fachverlag.

HARTMANN, M., M. RIEGER & M. LUOMA (1999²): Zielgerichtet moderieren. Ein Handbuch für Führungskräfte, Berater und Trainer. Weinheim: Beltz.

HIERHOLD, E. (2002): Sicher präsentieren – wirksamer vortragen. Tipps und Tricks für die Praxis, visuelle und verbale Techniken, Überzeugungsstrategie und Argumentationstechnik, von Flip-Chart bis Power-Point. Frankfurt: Redline Wirtschaft bei Ueberreuter.

SEIFERT, J. W. (1998¹²): Visualisieren – Präsentieren – Moderieren. Offenbach: Gabal.

5.2 Was kommt rein?
Auswahl der zu präsentierenden Punkte

Eine Präsentation kann nur eine begrenzte Auswahl an Aspekten eines Themengebietes darstellen. Diese Limitierung hängt einerseits mit dem vorgegebenen zeitlichen Rahmen zusammen, andererseits aber auch entscheidend mit der Aufnahmekapazität des Auditoriums. Die somit beschränkte Auswahl der vermittelbaren Kerninformationen macht es zum einen notwendig, sich darüber klar zu werden, welche inhaltlichen Fakten dargestellt werden sollen. Zum anderen müssen die zu präsentierenden Informationen auf das Wesentliche reduziert, d. h. komprimiert werden. Nach SEIFERT (1998:51) wird der Inhalt einer Präsentation in drei Schritten aufbereitet:

- Stoff sammeln und selektieren
- Komprimieren des Stoffes
- Visualisieren des ausgewählten Inhaltes

Die ersten beiden Schritte werden nachfolgend kurz behandelt. Im folgenden Kapitel werden dann zunächst die Begleitmaterialien einer Präsentation vorgestellt und anschließend Möglichkeiten der Visualisierung der ausgewählten Inhalte erläutert (Kap. 5.4).

5.2.1 Selektieren

Die Präsentation eines Sachverhaltes steht im Rahmen von Hochschul-Seminaren meist am Ende einer vorab geleisteten (schriftlich formulierten) Arbeit. Es geht also weniger darum, ein Vorhaben zu entwerfen, als eine fertige Arbeit vorzustellen und die Inhalte zur Diskussion zu stellen. Während eine Stoffsammlung bereits erfolgt ist, ist daher der entscheidende Vorgang die Selektion der für den mündlichen Vortrag relevanten Daten und Informationen, deren Aufbereitung und »Verpackung«.

Was genau aber ist nun der Kern der Argumentation? Und ist nicht alles, was man sich mühsam erarbeitet und niedergeschrieben hat, gleichermaßen wichtig? Dass es schwer fällt, sich von den eigenen Sätzen und Formulierungen zu trennen, ist ein verbreitetes Phänomen. Dennoch: Für den Vortrag muss es sein. Eine erste Hilfe dabei ist, die eigene Arbeit noch einmal so zu lesen, wie man an einen fremden Text herangehen würde (Kap. 3): Schlüsselbegriffe und Definitionen unterstreichen, kritische Punkte vermerken und vor allem die Argumentationslinie nochmals erkennbar machen. So werden die zentralen Punkte wieder hervorgeholt.

Eine weitere Hilfe ist es, einmal zu versuchen, Bekannten, die nicht mit der Thematik vertraut sind und die sich vielleicht auch nicht sonderlich dafür interessieren, in wenigen Sätzen das Erarbeitete verständlich zu machen. Dabei wird oftmals sehr deutlich, welches die Basisaussagen und die zu deren Verständnis notwendigen Hintergrundinformationen sind. Solche Übungen zeigen auch, welche Seiten der Thematik dazu geeignet sind, Interesse hervorzurufen, und welche »Aufhänger« es geben könnte, um einen aktuellen Bezug herzustellen. Dies kann dann für den »Einstieg« genutzt werden. Und nicht zuletzt kann auch von »Außenstehenden« ein wichtiger Denkanstoß kommen, der Aspekte einer Thematik plötzlich in einem anderen Licht erscheinen lässt oder bisher unberücksichtigte Aspekte beleuchtet.

Beim Selektionsvorgang sind folgende Fragen hilfreich:
- Welche Botschaft will ich hauptsächlich transportieren?
- Welche Details sind dabei interessant, weiterführend, welche sind unabdingbar?
- Wer hört zu, und mit welchem (Wissens-)Hintergrund?

5.2.2 Komprimieren

Eine Präsentation, vor allem ein mündlicher Vortrag, sollte wie auch die schriftliche Arbeit aus Einleitung, Hauptteil und Schluss bestehen (Abb. 5-5). Hinsichtlich ihrer Funktion unterscheiden sich diese Elemente bei einer mündlichen Präsentation kaum von den entsprechenden Elementen einer schriftlichen Arbeit (Kap. 4.2.2 ff.).

Die **Einleitung** soll Interesse wecken, Aufmerksamkeit erzeugen und eine Orientierung darüber geben, was den Zuhörer erwartet. Das sollte in kurzer und prägnanter Form geschehen. Dabei kann bereits auf besonders interessante (und vom Autor begründet selektierte) Punkte hingewiesen oder auch ein persönlicher Bezug zum Thema dargelegt werden. Verschiedene Tipps dazu geben STICKEL-WOLF & WOLF (2001:237 f.).

Der **Hauptteil** enthält die wichtigsten Informationen des Vortrags (und heißt niemals »Hauptteil«, sondern trägt eine inhaltliche Überschrift). Für ihn kann, ähnlich wie bei der Zielsetzung (Kap. 4.1.3), zur Konzentration auf das

Einleitung

Die Einleitung dient der Heranführung an das Thema und der Orientierung der Zuhörer. Folgende Punkte sollten enthalten sein:

1. **Titel:** Wie heißt mein Vortrag?
2. **Gegenstand des Vortrags, Einordnung des Themas:** Womit beschäftige ich mich? In welchem wissenschaftlichen Kontext steht mein Vortrag?
3. **Gegebenenfalls Anstoß für die Bearbeitung des Themas:** Warum beschäftige ich mich damit?
4. **Zentrale Fragestellung(en):** Welche Fragen versuche ich zu beantworten?
5. **Gliederung, Erläuterung des geplanten Programmablaufs:** Was steht den Zuhörern bevor und in welcher Abfolge?

Hauptteil

Der Hauptteil dient der argumentativen Aufbereitung und Abhandlung der Fragestellung anhand von Thesen und (Forschungs-)Ergebnissen. Dabei ist auf eine schlüssige Gliederung zu achten. Folgende Punkte sollten enthalten sein:

1. **Erklärung grundlegender Begriffe und Definitionen:** Geographie ist nach xy …
2. **Nähere Bestimmung der Fragestellung:** Welche Fragen interessieren, und wie gehe ich deren Beantwortung an?
3. **Formulierung von Thesen:** Welche möglichen Antworten auf die Fragestellung sollen geprüft werden?
4. **Diskutieren der Thesen unter Einbeziehung unterschiedlicher Positionen, Daten, Ergebnisse:** Was spricht für, was gegen die einzelnen Thesen?
5. **Formulierung der Ergebnisse:** Zu welchem Schluss komme ich?
   Wichtig: Quellen des Belegmaterials für Argumente und dargestellte Sachverhalte anführen: Wer hat was untersucht und mit welchem Ergebnis? Was sagen die angeführten Quellen bezüglich meiner Fragestellung und meinen Thesen? Wo ist das nachzulesen? – Ergebnisse veranschaulichen und konkretisieren, gegebenenfalls anhand eines Fallbeispiels!

Schluss

Der Schlussteil dient der Zusammenfassung der Ergebnisse unter Bezugnahme auf die Fragestellung sowie der Vorbereitung der anschließenden Diskussion. Folgende Punkte sollten enthalten sein:

1. **Zusammenstellung der Ergebnisse:** Was ist mein Fazit in Bezug auf die Fragestellung?
2. **Erkenntnisgewinn:** Was ist neu, besonders interessant an diesem Fazit?
3. **Geltungsbereich der Ergebnisse, Widersprüche, offene Fragen:** Für welche Bereiche trifft mein Fazit zu? Wo versagt es? Was muss ungeklärt stehen bleiben? Was müsste näher untersucht werden?
4. **Über- und Anleitung zur Diskussion:** Was genau möchte ich zur Diskussion stellen?
   Wichtig: Keine neuen Gedanken und Inhalte präsentieren!

Abb. 5-5: Leitfaden für Aufbau und Gliederung eines Referats

Wesentliche eine Themensammlung angefertigt und nach der »Prioritätsme-
thode« (STICKEL-WOLF & WOLF 2001:239) strukturiert werden in:

- *Muss-Informationen*
- *Soll-Informationen*
- *Kann-Informationen*

Durch die Auswahl und Reihung der *Muss-* und *Soll-Informationen* wird ein
Minimalgerüst erstellt und die Information auf das Grundlegende komprimiert. Die *Kann-Informationen* dienen dann zur spontanen Ausschmückung
des Vortrags, z. B. bei verständnislosen Blicken der Zuhörenden, oder zur vor-
bereiteten, nicht im Vortrag präsentierten Antwort auf anschließend aufkom-
mende Fragen.

Am **Schluss** des Vortrags werden die wichtigsten Ergebnisse und zentralen
Aussagen zusammengefasst und bewertet, es wird der Erkenntnisgewinn aufgezeigt und gegebenenfalls auf offene Fragen oder Widersprüche hingewiesen.
Der Schlussteil eines Vortrags ist aber nicht der Ort, einem Titel von Reinhard
Mey (»Was ich noch zu sagen hätte …«) folgend, neue Fakten oder Inhalte zu
präsentieren. Allerdings ist bei der Gestaltung des Schlussteils eines Vortrags zu
bedenken, dass dieser, im Gegensatz zur Zusammenfassung einer schriftlichen
Arbeit, in der Regel in eine sich unmittelbar anschließende Diskussion überlei-
tet. Das Ende eines Vortrags sollte daher eine Einleitung bzw. einen Übergang
in die Diskussion bieten, mit dem Ziel das Publikum zu Stellungnahmen zu
motivieren.

5.3　Was gehört dazu?
Erstellung von Thesenpapier bzw. Handout, Zusammenstellung begleitender Materialien

Bei den meisten Präsentationen wird erwartet, dass dem Publikum die wichtigsten Punkte des Vortrages bzw. eigene Thesen in Papierform ausgehändigt werden. Dieses Material sollte zum einen Grundinformationen zum Rahmen des Referats enthalten (das Datum des Referats, dessen Titel sowie den Namen der Referentin usw.) und zum anderen das Verständnis der Zuhörer für die vorgetragenen Inhalte erleichtern. Die geläufigen Begriffe für ein solches Papier sind *Thesenpapier, Handzettel* oder *Handout*. Dabei ist jedoch zu beachten, dass die Begriffe nicht synonym und die Erwartungen an diese Papiere sehr unterschiedlich sind. Je nach Veranstaltung wird gefordert, dass die Vortragenden eine Liste zu diskutierender Thesen – also ein Thesenpapier – zusammenstellen oder aber ein Handout als Verständnishilfe und Zusammenfassung liefern. In jedem Falle sollte vor dem Referat geklärt werden, welche Art von Kurzfassung vom Leiter des Seminars gefordert wird!

5.3.1　Thesenpapier

Ein **Thesenpapier** dient der schriftlichen Fixierung der im Vortrag herausgearbeiteten Thesen. Es hat im Wesentlichen die Funktion, die Standpunkte des Referenten zum Thema darzulegen sowie, vielleicht noch wichtiger, zur Diskussion dieser Standpunkte anzuregen. Entscheidend ist dabei, dass die zur Diskussion gestellten Thesen, die im Thesenpapier nur in Kurzform wiedergegeben werden, im Referat dargelegt und begründet werden. Wie STICKEL-WOLF & WOLF (2001:80) betonen, ist eine »enumerative« (aufzählende) Aufstellung der Thesen besonders wirksam, da sie ein besseres Arbeiten mit den jeweiligen Thesen ermöglicht und zur Einprägsamkeit beiträgt. Ebenso sollten die Thesen möglichst kurz und prägnant formuliert werden und in einer logischen Reihenfolge stehen. Im Allgemeinen sollte ein Thesenpapier so gestaltet werden, dass es klar gegliedert und verständlich ist, eine schnelle Orientierung ermöglicht und somit die Teilnahme an der Diskussion geradezu provoziert.

5.3.2 Handout

Im Gegensatz dazu ist ein **Handout** die schriftliche Ergänzung zum Referat und soll die Informationsvermittlung zwischen Referenten und Zuhörern erleichtern. Es ist ausführlicher, das heißt, es enthält neben dem Thema und den Thesen eine Gliederung des Vortrags, einige wichtige Stichpunkte, Definitionen, eine vollständige Literaturliste, Abbildungen sowie Erklärungen und Informationen, die im Referat nicht angesprochen werden und zum Nachlesen und Hinterfragen bestimmt sind. Ein Handout kann ausformuliert werden oder stichpunktartig vorliegen.

> In der Regel werden Handouts in Stichpunkten angefertigt, die jedoch beim späteren Durchlesen noch verständlich sein sollen. Sie umfassen etwa zwei bis drei Seiten, inklusive der wichtigsten Abbildungen und Literaturangaben (Abb. 5-6).

Vier Grundfunktionen sollte ein Handout erfüllen:
1. Orientierung:

- Die Gliederung sollte sich im Handout wiederfinden, das somit einen Überblick über das Referat bieten sollte. Dazu gehört ein Kopf mit Angaben zu Universität, Institut, Seminar, Leitung, Referenten, Datum und Thema.
- Zuhörern sollte es möglich sein, nach kurzem gedanklichem Abschweifen mit Hilfe des Papiers wieder den Einstieg in das Referat zu finden.

2. Vermittlung von Informationen:

- Definitionen der wichtigsten Begriffe sollten auf dem Handout nachzulesen sein.
- Das Handout sollte das Mitschreiben während des Referats erleichtern oder ganz ersetzen. Gewinn: Konzentration auf den Vortrag!
- Beim späteren Lesen sollten Zusammenhänge wieder verstanden werden.

3. Fixierung von Thesen und Diskussionspunkten:

- Ein Handout sollte Thesen, Widersprüche und offen bleibende Fragen in Kurzform enthalten.
- Es sollte Dinge aufführen, über die es sich lohnt, genauer nachzudenken bzw. zu diskutieren. Gewinn: Erhöhtes Reflexionsniveau und Überleitung zur Diskussion!

Friedrich-Schiller-Universität Jena   WiSe 2002/2003
Institut für Geographie
Seminar: Einführung in das Geographiestudium

Mandy Musterfrau, Marco Mustermann (Kurs xy)

Der Prozess der Urbanisierung

Handout zum Vortrag am 11.11.02

Gliederung

1. Einleitung: Urbanisierung als Gegenstand der Forschung
2. Begriffsklärung: Mobilität, Segregation (…)
3. Faktoren der Urbanisierung (nach Autor)
4. Phasen der Urbanisierung (nach Autor)
5. Problembereiche und zukünftige Entwicklungen
6. Diskussion

Definition der Kernbegriffe

Mobilität: M. wird nach Autor (Jahr:Seite) als »…« definiert.
Segregation: S. wird nach Autor (…) als »…« definiert.
(…): (…)

Thesen
Urbanisierung ist ein stetig fortlaufender Prozess.
(…)

Abb. xy: Verstädterungsprozess (Autor Jahr:Seite)

Literatur

KAISER, W. (1993³): Verstädterungsprozess in der BRD. Stuttgart.
(…)

Abb. 5-6: Beispiel für die Gestaltung eines Handouts

4. Literaturangaben:
* Auf einem Handout sollte sich ein Verzeichnis der verwendeten Literatur befinden.
* Eventuell kann auf besonders geeignete Literatur hingewiesen werden.

5.3.3 Weitere Begleitmaterialien

Es kann sinnvoll sein, eine Präsentation mit weiterem Begleitmaterial anzureichern. Dies ist z. B. dann der Fall, wenn über bestimmte Techniken oder Geräte referiert wird (z. B. Niederschlagsmessung) oder wenn das Thema der zu präsentierenden Arbeit eng mit der Auswertung von Materialien wie Broschüren oder Zeitungsartikeln verknüpft ist. Der Vorteil ist, dass statt einer »trockenen« und abstrakt-theoretischen Wiedergabe von Techniken, Instrumenten und Materialien diese direkt und anschaulich vermittelt werden können. Im Falle von Bild- und Textmaterial kann ein Original-Eindruck erzeugt werden, der bei einer bereits zusammengefassten, überarbeiteten Darstellung verloren geht. Solches Begleitmaterial sollte gut ausgewählt werden. Der zeitliche Mehraufwand ist bei der Planung zu berücksichtigen (Kap. 5.4).

5.4   Wie wird's anschaulich?
Visualisierung von Vortragsinhalten, Mediendidaktik, Vortragsstil

Ein Vergleich der Ausführungen in Kapitel 4.1 und 5.1 (»Was kommt zuerst«?) macht deutlich, dass die inhaltliche Vorbereitung schriftlicher und mündlicher Präsentationen auf vergleichbaren Grundsätzen basiert und mit ähnlichen Arbeitsschritten verbunden ist. Hinsichtlich der Vermittlung der Inhalte (Präsentation) folgt ein mündlicher Vortrag aber eigenen Gesetzmäßigkeiten. Bei der mündlichen Präsentation von Ergebnissen geht es darum, in meist knapp bemessener Zeit komplexe oder abstrakte Sachverhalte anschaulich zu vermitteln. Ziel ist es, den Stoff so darzubieten, dass er beim Publikum »hängen bleibt« und damit eine solide Grundlage für eine an den Vortrag anschließende fachliche Diskussion geschaffen ist – freilich ohne die Inhalte zu banalisieren!

Eine angemessene Sprache ist eine Grundvoraussetzung für den erfolgreichen Transfer der Inhalte. Darüber hinaus fördert der Einsatz **didaktischer Hilfsmittel und Techniken** das Aufnehmen und Erinnern der Inhalte durch die Zuhörer. Der Visualisierung von Inhalten kommt dabei eine besondere Bedeutung zu, da Untersuchungen zufolge über 80 Prozent der Informationen übers Auge aufgenommen werden (STICKEL-WOLF & WOLF 2001:246). Bei aller didaktischen Finesse – dies sollte nie vergessen werden – bleibt aber das Hauptziel der Präsentation die Vermittlung von Inhalten! Technische »Spielereien« sollten also nur dann eingesetzt werden, wenn sie sicher beherrscht werden und die Inhalte »sinnvoll« und angemessen transportieren.

5.4.1 Visualisieren

Die Visualisierung, also die optisch ansprechende Darstellung, fördert die Merk- und Erinnerungsfähigkeit beim Zuhörer (SEIFERT 1998:13) und ermöglicht es somit, komplexe Inhalte und Zusammenhänge in kurzer Zeit zu vermitteln. »Visualisierung« umfasst alle Maßnahmen, die geeignet sind, das Gesprochene zeitgleich über das Auge erfassbar zu machen, »auf einen Blick« zu erschließen. Dazu gehören Texte, Schaubilder, Diagramme, Tabellen, Graphiken, Bilder und in der Geographie insbesondere auch Karten. Gerade für das Zeigen von Übersichten (z. B. Gliederung des Referates), Tabellen, Abbildungen oder Karten ist der Einbezug von Medien (Folien/Tafel) unerlässlich.

Dabei ist es zunächst zweitrangig, welches Präsentationsmedium (Tafel, Overheadprojektor, Diaprojektor oder Beamer) eingesetzt wird. Für allen Medieneinsatz gilt aber: Wichtig ist, sich in die Rolle des Zuhörers/Zusehers zu versetzen, auch derjenigen, die in der letzten Reihe des Vortragsortes sitzen!

Allerdings sind Visualisierungsmaßnahmen nicht *per se* förderlich für den Informationstransfer. Ein ständiger Wechsel der Präsentationsmedien (»eine Multimediashow«) oder des Layouts von Folien, überfrachtete Folien, zu kleine Schrift, zu komplexe Schaubilder etc. führen zu Reizüberflutung, Ermüdung und folglich Desinteresse. Förderlich ist Visualisierung nur dann, wenn sie gut durchdacht und umgesetzt wird. Inhaltlich bedeutet dies: erst selektieren, dann zusammenfassend darstellen und schließlich »visualisieren«. Technisch impliziert es eine gewisse Bescheidenheit und den Verzicht auf das meiste, was technisch möglich wäre (dies gilt insbesondere bei Bildschirmpräsentationen, s. Kap. 5.4.2.2). Insbesondere sollte man sich auf *ein* Präsentationsmedium (höchstens aber zwei Geräte) beschränken und bedenken, dass ein Wechsel der Geräte immer mit Umbau- und Umstellungszeit beim Vortragenden und beim Publikum verbunden ist, die häufig sinnvoller zur Präsentation von Inhalten genutzt werden könnte. Doch wie auch immer entschieden wird: Jeder Geräteeinsatz ist im Vorfeld gewissenhaft zu planen, das bedeutet, sich frühzeitig mit den Geräten und ihren Eigenheiten (»wo ist der Power-Knopf?«) vertraut zu machen und die Geräte unmittelbar vor dem Vortrag noch einmal auf ihre Funktionstüchtigkeit zu überprüfen.

Die wichtigsten Grundsätze der Visualisierung sind:

- **Lesbarkeit:** Schriftart, Schriftgröße, Bildgröße
- **Einfachheit:** Selektion der wichtigsten Informationen/Aussagen
- **Ordnung:** Veranschaulichung entlang dem »roten Faden«
- **Kürze/Prägnanz:** Verzicht auf jegliche Füllelemente
- **Auswahl:** Lenken des Blickes durch Stimulans, wie z. B. Farben

5.4.1.1 Text

Das häufigste Visualisierungsmittel sind reine Textfolien. Das beginnt schon bei der Titelfolie, die gegebenenfalls mit einem passenden Bild aufgelockert werden kann, und endet mit der Folie, die die Zusammenfassung der wesentlichen Vortragsinhalte visuell unterstützt.

Um eine optimale Lesbarkeit von Textfolien zu gewährleisten, sind bei der Gestaltung der Folien einige Richtlinien zu berücksichtigen (Tab. 5-1), die das Ergebnis wahrnehmungspsychologischer Studien sind. Nachdrücklich ist hier auf die **Mindestgröße der Schrift** hinzuweisen, die bei einer serifenlosen Schrift, wie z. B. Arial, 20 Punkt und bei einer Serifenschrift 28 Punkt betragen sollte (BARTSCHERER 2004:43). Allerdings bedeutet die Erfüllung der Anforderungen an Schrifttyp und -größe noch nicht automatisch, dass eine Folie gut erfassbar ist. Unter Berücksichtigung der vorgeschlagenen Seitenformatierung ließen sich nämlich auf einer DIN-A4-Seite bzw. einer entsprechenden Power-Point-Folie in 15 Zeilen ca. 150 Worte unterbringen. Nach allgemeinem Dafürhalten ist das viel zu viel Text für eine Seite. Auch wenn die Empfehlungen in der einschlägigen Literatur eine gewisse Schwankungsbreite aufweisen (vgl. BREDEMEIER & SCHLEGEL 1994:167; STICKEL-WOLF & WOLF 2001:246; BARTSCHERER 2004:43; LEHRBERGER 2004:59), so kann doch als absoluter Grenzwert für Text auf einer Seite die so genannte Siebener-Regel (höchstens sieben Wörter pro Zeile und höchsten sieben Zeilen pro Seite) festgehalten werden. Dabei ist weniger mehr, so dass hier empfohlen wird, den Textumfang auf einer Seite an der entsprechenden **Fünfer-Regel**, also maximal 25 Wörter pro Seite, zu orientieren. Daraus ergibt sich von selbst, dass Textfolien vornehmlich Stichworte und nur in begründeten Ausnahmefällen (z. B. bei grundlegenden Definitionen) ausformulierten Text enthalten. Im Zweifelsfall verteile man den zu einem Thema oder Abschnitt gehörenden Text auf zwei Folien, anstatt eine Folie zu überfrachten, selbst wenn das bei Overheadfolien mit zusätzlichen Kosten verbunden sein sollte.

Auch bei der Farbwahl kennzeichnet Bescheidenheit und Klarheit den Profi. Allgemein wird empfohlen, insgesamt nicht mehr als fünf Farben (inklusive der Hintergrundfarbe und der normalen Schriftfarbe) zu verwenden, wobei diese Farben deutlich kontrastieren sollten. Beim allseits beliebten Rot-Grün-Kontrast, der über die Assoziation mit den Ampelfarben auch unterschwellig von der Zuhörerschaft »verstanden« wird, muss jedoch darauf hingewiesen werden, dass etwa acht Prozent der Männer diese Farbtöne schlecht bis gar nicht unterscheiden können (LEHRBERGER 2004:61). Dieser Gruppe bleiben folglich ausschließlich farbbasierte Auszeichnungen (Hervorhebungen) des Textes vorenthalten.

Tab. 5-1: Richtlinien für die Visualisierung von Text

Themen	Nur ein Thema pro Folie abhandeln!
Layout	Auf Einfachheit und Übersichtlichkeit achten! Links und rechts ca. 3 cm Rand lassen!
Schrift	Groß- und Kleinbuchstaben benutzen! Einfaches Schriftbild bevorzugen! Keine Unterstreichungen! Zur Auszeichnung von Text entweder Fettdruck oder farbliche Hervorhebung verwenden!
Schrifttyp	Serifenlose Schrift (z. B. Arial) benutzen!
Schrift-größe	Bei serifenloser Schrift mindestens 20 Punkt, bei Serifenschrift mindestens 28 Punkt
Textum-fang	Nicht mehr als 7 Zeilen pro Folie, nicht mehr als 7 Wörter pro Zeile! Folglich maximal 49 Wörter pro Folie, besser 25 Wörter pro Folie
Farben	Maximal 3 Farben verwenden! Kontrastreiche Farben bevorzugen (Weiß, Schwarz, Rot, Grün, Blau)

Faustregel für die normale Seminarsituation: Keine Folien mit Schriftgröße unter 20 Punkt (bei einer serifenlosen Schrift, z. B. Arial)!

5.4.1.2 Karten

Der Einsatz von **Karten** ist im Rahmen der Behandlung geographischer Themenbereiche häufig sinnvoll, da Karten wie keine andere Visualisierungsmethode geeignet sind, komplexe räumliche Strukturen, Verteilungen und Entwicklungen, Nachbarschaftsbeziehungen und räumlich-funktionale Zusammenhänge »auf einen Blick« zu präsentieren. Um diesen Vorteil zur Geltung zu bringen, ist beim Einsatz von Karten, ähnlich wie es auch für Tabellen, Diagramme und Schaubilder gilt (Kap. 5.4.1.3), der Zuhörerschaft zunächst (angeleitet) Zeit zu geben, sich in die Karte einzulesen, bevor die räumlichen Muster interpretiert werden. Dabei erleichtert der Einsatz eines Zeigeinstruments (Stift, Zeigestab, Laserpointer o. Ä.) dem Publikum die Orientierung auf der Karte. Insbesondere bei thematischen Karten, für die es im Gegensatz zu topographischen Karten keine Standardlegende gibt, ist die Darstellung und Erläuterung der Kartenlegende ein Muss. Zudem gehört auf jede Karte ein **Maßstab**, wobei im Rahmen von Präsentationen die Maßstabsangabe nur in Form eines Reduktionsmaßstabs sinnvoll ist, da der Maßstab der Karte, die das Publikum sieht, von den durch Overheadprojektor oder Beamer bestimmten Projektionsbedingungen abhängt.

Durch Kopieren oder Einscannen eines Kartenausschnitts kann eine Karte innerhalb von Minuten in eine Präsentation eingebaut werden. Allerdings sollte immer geprüft werden, ob sich der in der Regel einem Printmedium entnommene Kartenausschnitt hinsichtlich Gestaltung (Schriftgröße, Strichstärke, Farben usw.) und Komplexität der Darstellung überhaupt für eine Visualisierung im Rahmen eines Vortrags eignet. Insbesondere mit Schwarz-Weiß-Kopien von farbigen Kartenvorlagen, bei denen die vorher mittels Farbe differenzierten Karteninhalte kaum mehr auseinander zu halten sind, kann man leicht das Gegenteil des Intendierten erzeugen, nämlich Verwirrung statt Klarheit. Bei einer Änderung des Farbformats und bei sehr komplexen Kartenvorlagen ist zu überlegen, ob nicht eine selbst erstellte und hinsichtlich der relevanten Inhalte generalisierte Karte die sinnvollere Alternative ist. **Generalisierung** erlaubt nämlich insbesondere das Weglassen unbedeutender und die Betonung bedeutender Karteninhalte (zur Generalisierung u. a. HAKE et al. 2002:166 ff.; KOHLSTOCK 2004:81 ff.). Dabei bestimmt der Kontext des Vortrags, was bedeutend und was unbedeutend ist.

Bei der Verwendung verschiedener Karten zum gleichen Thema ist auf die Kompatibilität (Vergleichbarkeit) zu achten, die sich aus der verwendeten Kartenprojektion, dem Maßstab und den Symbolen bzw. Klassifikationen ergibt.

5.4.1.3 Tabellen, Diagramme, Schaubilder

Tabellen, Diagramme und Schaubilder eignen sich, ähnlich wie Karten, zur optischen Vermittlung komplexer Strukturen. Wenn es das Ziel ist, dass das Publikum diese komplexen Strukturen nachvollzieht, dann muss zur Erläuterung von Tabellen, Diagrammen und Schaubildern genügend Zeit eingeplant werden. Das heißt, es muss ausreichend Zeit zur Aufnahme und Verarbeitung von Schaubildern gewährleistet werden, Folien müssen lange genug auf dem Projektor liegen bleiben, Dias lange genug gezeigt werden. Es ist immer zu bedenken, dass das Publikum mit den Materialien, die einem selbst aus der Vorbereitungszeit schon längst vertraut sind, zum ersten Mal konfrontiert wird. Insbesondere beim Einsatz dieser Elemente ist ein Probevortrag vor Freunden unerlässlich, um zu testen, ob andere Personen den gleichen Zusammenhang sehen wie man selbst, und um zu überprüfen, ob die geplanten Erläuterungen ausreichend sind. Die Zeitkalkulation spielt bei der Vortragsgestaltung eine wesentliche Rolle und hilft, die Materialien auf das Wesentlichste zu beschränken.

> Es gilt der Grundsatz, dass, wenn ein komplexes Schaubild in vorgegebener Zeit nicht hinreichend erläutert werden kann, das Schaubild entweder zu vereinfachen oder wegzulassen ist!

Ein häufiger, einfach vermeidbarer Fehler ergibt sich bei der Übernahme von Tabellen oder Schaubildern aus der Literatur. Zwar sollte referierte Information auf zuverlässige Quellen gestützt sein, doch die Fragestellung und Ausrichtung und auch der Lesekontext, dem die entsprechende Abbildung oder Tabelle entnommen wird, ist ein anderer als im Vortrag. Es gilt also, die für die eigene Arbeit interessante Information **herauszustellen** und sie nicht in einem Wust von irrelevanten Angaben stecken zu lassen (»Zahlenfriedhof«). Ein einfaches Mittel hierfür ist eine farbliche Hervorhebung (»Betonung«), bei auf Folie kopierten Tabellen z. B. mit einem farbigen Folienschreiber, wie in Abbildung 5-7 gezeigt. Diese Hervorhebung kann auch während des Vortrags erfolgen!

Tab. 35: Ereignisorientierte Bilanzierung des Sedimentaustrags aus dem EZG Langzell (EZG-1) und dem Einzugsgebiet des Vorfluterpegels (18)

Datum	EZG-1 Q_{max}	Q_W	Pegel 18 Q_{max}	Q_W	m_S EZG-1	m_S Pegel 18
	[l s⁻¹]	[m³]	[l s⁻¹]	[m³]	[t]	[t]
11.05.89	147	408	348	13.118	2,15	4,04
24.07.89	10	52	30	857	0,13	0,05[3]
25.07.89	25	89	31	1.793	0,04	0,07[3]
01.08.89	13	59	54	2.119	0,05	0,04
01.08.89	3	18	36	1.108	0,02	0,04[3]
08.08.89	4	28	41	1.373	0,01	0,01
08.08.98	1	14	38	673	< 0,01	< 0,01
07.10.89	2	38	87	2.795	0,01	0,15
30.10.89	30	315	111	5.950	0,75	0,36
31.10.89	11	239	149	6.423	0,18	0,23
15.02.90	185	4.837	2.221	94.853	12,03[2]	141,69
27.02.90	207	3.147	2.770	80.958	8,56	113,30
30.06.90	416	729	313	9.663	14,81[1]	32,06
22.09.90	143	793	409	10.032	5,99	14,08

Abb. 5-7: Beispiel für die visuelle Bearbeitung zu präsentierender Tabellen (Vorlage aus: BAADE 1994:126)

Geringfügig aufwendiger, sauberer und oftmals anschaulicher in der Wirkung ist das Neuerstellen einer Tabelle (oder eines Diagramms) für die eigenen Zwecke bzw. den spezifischen Kontext der eigenen Arbeit. Dies bietet sich vor allem dann an, wenn der Rest der Daten einer Quelltabelle völlig irrelevant für die eigenen Ausführungen ist, also nicht einmal als Vergleichsgrundlage dient. Über mögliche Gestaltungselemente für eine freie Graphik oder die Bearbeitung einer übernommenen Abbildung (wie etwa Pfeile, Muster, Wolken oder Ovale) informiert SEIFERT (1998:24) ausführlich. Bei der Übernahme von Daten oder der Aufarbeitung von Quelltabellen muss aber auf die korrekte Quellenangabe geachtet werden! Alle Veränderungen der Quelle, auch wenn sie nur das Erscheinungsbild betreffen, müssen als solche dokumentiert werden!

> **Wichtig:**
> Auf jede Folie mit Tabellen, Diagrammen oder Abbildungen gehört eine **Quellenangabe!**

Beispiele für Quellenangaben (je nach Grad der vorgenommenen Veränderung):

- Auf vorgenommene didaktische Aufbereitungen ist aufmerksam zu machen. *Beispiel:* (aus: MÜLLER 2000:34, eigene Hervorhebung)
- Bei (auch den kleinsten) inhaltlichen Veränderungen ist dies zu dokumentieren. *Beispiel:* (verändert nach MÜLLER 2000:34)
- Soll auf den Urheber von sekundär verwendetem Datenmaterial aufmerksam gemacht werden, so kann auch die Quelle, die in der Sekundärliteratur zitiert wird, mit genannt werden. *Beispiel:* (aus: MÜLLER 2000:34, nach Statistisches Bundesamt 1999)
- Bei hauptsächlich eigener Leistung, die sich aber auf fremde Gedanken oder Daten stützt, ist der Urheber des Gedankens zu nennen. *Beispiele:* (in Anlehnung an MÜLLER 2000:34) oder (Datengrundlage: Statistisches Bundesamt 1999:20 f.) oder (Kartengrundlage: Thüringer Landesvermessungsamt 2004)
- Nur bei völlig selbständiger Erstellung/Datenerhebung wird auf die Quellenangabe ganz verzichtet.

Die häufigsten Fehler bei der Präsentation von Tabellen und Abbildungen sind:
- keine (oder ungenügende) Bezugnahme auf das verwendete Material im Referat (Material muss in die Argumentation einbezogen, erläutert und kommentiert werden!)
- zu kleine Schrift und damit Unleserlichkeit
- keine (oder unzureichende) Hervorhebung von wichtigen Fakten und Überfrachtung mit (z.T. unwichtigen) Informationen
- Fehlen von Quellenangaben und Jahreszahlen
- Unklarheiten bei Begriffen, Kategorien und Einheiten (bei Graphiken und Tabellen)
- zu viel Material anstatt einer ausführlichen Erläuterung der Inhalte (Auswahl von Tabellen treffen!)
- Überflutung mit Zahlen
- nicht gegebene Vergleichbarkeit zwischen Tabellen oder Abbildungen
- keine (oder zu wenig) Zeit für die Zuhörer, die Inhalte der Folie zu erfassen (daran denken, dass die Zuhörer die Folie zum ersten Mal sehen!)
- fehlende Nachweise (Tabellen und Abbildungen brauchen immer: Titel, Quellenangabe, vollständige Angaben zu Einheiten, Zeiträumen, Gültigkeit etc.!)

5.4.1.4 Fotos und sonstiges Anschauungsmaterial

Für den Einbau von Bildmaterial in eine Präsentation gelten hinsichtlich Lesbarkeit und Einheitlichkeit grundsätzlich die gleichen Regeln wie für Tabellen, Diagramme, Schaubilder und Karten.

Photographisches Bildmaterial kann – je nach Thema des Vortrags – ein wichtiges Hilfsmittel zur Veranschaulichung, aber auch zur Auflockerung eines Vortrags sein. Werden Dias eingesetzt, ist eine sorgfältige Abstimmung des »Programms« auf den Wechsel zwischen Hell und Dunkel im Raum und die dafür benötigte Zeit notwendig. Auf eine totale Verdunkelung ist aber möglichst zu verzichten, damit die Zuhörer in der Lage sind, sich noch Notizen zu machen. Wenn nur wenige Bilder zum Einsatz kommen und ansonsten mit einem Overheadprojektor gearbeitet wird, sind Farbkopien auf Folie eine Alternative. Auf alle Fälle sollten alle Bilder einen direkten Bezug zum Vortrag aufweisen! Keine Urlaubs-Diashow veranstalten! Zu jedem Bild sollte erläutert werden, was darauf im Sinne des Vortrags zu sehen ist und welche Elemente besonders beachtet werden sollen!

Für bestimmte Präsentationen kann es hilfreich und sinnvoll sein, **Anschauungsmaterial** zum Vortrag mitzubringen und zirkulieren zu lassen. Das ist vor allem dann sinnvoll, wenn gestalterische Elemente von ausgewertetem Material im Vordergrund stehen, z. B. wenn die touristische Vermarktung in den Broschüren der Stadtverwaltung von Jena das Thema des Vortrags ist. Dabei sind jedoch zwei Effekte zu bedenken: Erstens wird die Konzentration im Auditorium nachlassen, während das Material von Person zu Person weitergegeben wird. Zweitens gibt es nur bei der Verwendung von Klassensätzen die Möglichkeit, dass alle Personen im Raum das Material zu dem Zeitpunkt in den Händen halten, zu dem es im Vortrag thematisiert wird. Das heißt also, dieses Mittel ist nur dann anzuwenden, wenn eine eigene Aufbereitung zu umfangreich oder verfälschend wäre. Eine Selektion ist auch hier vorzunehmen: Im Rahmen des Vortrags muss eindeutig herausgehoben werden, worauf bei der Durchsicht zu achten ist!

5.4.2 Mediendidaktik

Allein mit der optischen Aufbereitung von Präsentationsinhalten ist es noch nicht getan. Die visualisierten Inhalte müssen schließlich so vorgestellt werden, dass sie von vielen Zuhörern gleichzeitig wahrgenommen werden können. Hierzu können verschiedene (technische) Medien eingesetzt werden, die wiederum je spezifische Anforderungen an die Visualisierung stellen. Im Folgenden finden sich eine Darstellung dieser Anforderungen und viele Tipps für den »richtigen« Umgang mit den gängigsten Medien im Seminaralltag: Overheadprojektor, Bildschirmpräsentation und Poster.

5.4.2.1 Präsentieren mit einem Overheadprojektor

Beim Arbeiten mit einem Overheadprojektor ist zunächst darauf zu achten, dass man sich einen Standort zwischen dem Projektor und der Leinwand sucht, an dem man weder im Strahlengang des Projektors steht – und damit unbeabsichtigt einen Scherenschnitt der eigenen Person auf die Leinwand projiziert – noch den Blick der Zuhörerschaft auf die Leinwand einschränkt. In engen Seminarräumen kann dies durchaus dazu führen, dass sich Vortragende nicht, wie eigentlich angemessen, in der Mitte des Raumes positionieren dürfen, sondern eine dezentrale Position einnehmen müssen.

Für die Handhabung von Folien gibt es verschiedene Möglichkeiten, um eine plötzliche Reizüberflutung und damit Ablenkung zu verhindern und das Gesprochene mit dem Visualisierten zu synchronisieren. Nach STICKEL-WOLF & WOLF (2001:247) lassen sich die folgenden Techniken unterscheiden:

Aufdecktechnik

Sukzessive werden durch das Aufdecken eines vorher aufgelegten Blatts Papier die Folienabschnitte präsentiert.

Vorteile: Strukturierte Darstellung, Orientierungshilfe für den Referenten, Lenken der Aufmerksamkeit der Zuhörer.

Nachteile: Ständiges »Arbeiten am Projektor« notwendig, eventuell schwierig für Zuhörer, den roten Faden wieder aufzunehmen, da die Gesamtübersicht fehlt.

Aufklapptechnik

Mehrere Bildfelder werden durch sukzessives Aufklappen freigegeben.

Vorteile: wie Aufdecktechnik.

Nachteile: wie Aufdecktechnik, allerdings durch die zusammenhängenden Blöcke mehr Übersichtlichkeit für den Zuhörer.

Überlegtechnik

Bei komplexen Sachverhalten (Schaubildern, Diagrammen, Organigrammen etc.) wird durch das Übereinanderlegen verschiedener Folien (z. B. in verschiedenen Farben) sukzessive ein Gesamtbild aufgebaut.

Vorteile: Auflösen der Komplexität, schrittweise Konfrontation der Zuhörer mit den Zusammenhängen.

Nachteile: Große Genauigkeit beim Übereinanderlegen erforderlich (Markierungsstellen anbringen!).

Ergänzungstechnik

Es werden Folien aufgelegt, die erst während des Vortrages (eventuell in Interaktion mit dem Publikum) fertig gestellt werden.

Vorteile: Erhöhte Aufmerksamkeit beim Publikum, »Mitdenken« wird eingefordert, Offenheit.

Nachteile: Zeitaufwendig, präzise Vorbereitung auf mögliche Reaktionen notwendig.

5.4.2.2 Bildschirmpräsentation

Mit der erweiterten technischen Ausstattung der Hochschulen setzt sich allmäh-
lich die Bildschirmpräsentation als Standard der Visualisierung von Referaten
durch. Dazu werden ein PC (mit einem entsprechenden Programm, z. B. PowerPoint), ein »Beamer«, die entsprechenden Verbindungskabel und eine Pro-
jektionsfläche benötigt. Wer eine solche Präsentation plant, sollte sich also
zunächst erkundigen, ob die entsprechenden Geräte verfügbar sind und ein-
wandfrei funktionieren (auch an die Stromversorgung im Seminarraum denken!).

Beim Einsatz von Bildschirmpräsentationen sind zunächst die technischen
Aspekte zu beachten. Darunter fallen so banale Dinge wie die Funktion von
Tasten und das Navigieren durch die Präsentation. Darüber hinaus sollte man
aber auch so weit mit der Präsentationssoftware vertraut sein, dass man diese »beherrscht« und nicht durch die Voreinstellungen Effekte einbaut, die gar
nicht beabsichtigt sind. Schon gar nicht sollte man sich von den zahlreichen
Animationsmöglichkeiten, die die einschlägigen Präsentationsprogramme bieten, verführen lassen, und in die »Fallgrube Computer« fällt. Es ist immer daran zu denken, dass in einem wissenschaftlichen Vortrag Inhalte transportiert
werden sollen und es nicht darum geht, Worthülsen und/oder inhaltslose Graphiken mehr oder weniger gekonnt zu animieren! Denn auch bei gekonnter
Überblendung strebt der Lerneffekt für Referent und Zuhörer gegen null –
und der Seminarleitung kann man meist so oder so nichts vormachen!

HIERHOLD (2002:242 ff.) hat die wichtigsten Vor- und Nachteile computer-
unterstützter Präsentationen kurz und knapp zusammengestellt. Übergreifend
gelten folgende Richtlinien bei der Vorbereitung einer Bildschirmpräsentation:

• Nicht zum Computerfreak werden! (Niemals alle technischen Möglichkeiten
  des Programms ausschöpfen wollen!)
• Dem Bildschirm bezüglich der Wirkung in der Projektion misstrauen! (Gerade Bildausschnitte und Farben können mit Verwendung unterschiedlicher
  Geräte erheblich variieren! Immer vorab ausprobieren!)
• Erst die Idee, dann der PC! (Profis denken und texten erst auf dem Papier,
  dann erst folgt die Umsetzung am Rechner!)

Hat man die zu präsentierenden Inhalte selektiert und komprimiert (s. o.), geht es an die Umsetzung der Visualisierung, die sich letztendlich in nur wenigen Punkten von den in den Kapiteln 5.4.1.1 bis 5.4.1.4 dargelegten Grundsätzen unterscheidet. Es bietet sich an, auch die optische Bildschirmgestaltung zunächst auf DIN-A4-Blättern (Querformat!) grob zu skizzieren. Wie viel Text kann ich dem Publikum zumuten? Welche Elemente sind besonders wichtig und daher hervorzuheben? Um anschließend die vorhandenen Graphikprogramme effizient für die eigene Arbeit zu nutzen und nicht den unbegrenzten Möglichkeiten zu verfallen, sind die folgenden Hinweise zur Gestaltung digitaler Folien hilfreich (angelehnt an HIERHOLD 2002:238–254):

- Maximal **zwei Schriftarten** pro Präsentation verwenden!
- **Große, serifenlose Schrift** wählen (mindestens 20 Punkt), Überschriften deutlich abheben!
- Schriftarten können in der Projektion dünner oder blasser ausfallen. Im Zweifelsfall **fett** formatieren!
- Hervorhebungen je nach Grundschriftart *kursiv* oder **fett** formatieren oder **farblich gestalten** (Achtung: Farben können in der Projektion heller/blasser wirken!). Dabei möglichst auf eine durchgängige Hervorhebung festlegen (z. B. Zitate kursiv und Kernbegriffe rot).
- Unterstreichungen vermeiden!
- Möglichst **einfachen Hintergrund** wählen! Keine Photos, keine unruhigen Designs! Ein heller, klarer Hintergrund wirkt sachlicher, ein dunkler edler. Die Entscheidung fällt aber auch entlang der Zielsetzung und der Raumbedingungen. Sind die Folien dunkel wie der Raum und die Sauerstoffversorgung schlecht, wird sich später kaum jemand an die Inhalte des Vortrags erinnern (Abb. 5-8).
- Bei Farbwahl auf **starke Kontraste** (gelb auf schwarz oder blau; blau oder schwarz auf weiß) achten!
- (Vorgefertigte) Symbole und Aufheiterungen (Cartoons, Gimmicks) sparsam verwenden! Nur anbringen, wenn sie direkt etwas mit der Präsentation zu tun haben!
- Animationen nur einsetzen, wenn sie das Verständnis fördern! (Hereinflatternde Sätze und hüpfende Buchstaben sind lustig, aber nicht lesbar. Sinnvoll kann ein **sukzessiver Aufbau** von Argumenten sein, wenn er schlicht und knapp gehalten ist (s. Techniken zur Präsentation von Overheadfolien, Kap. 5.4.2.1). Es kann aber dem Auditorium auch zugemutet werden, vier auf einmal präsentierten Stichpunkten sukzessive zu folgen).

Der entscheidende Unterschied zwischen einer für einen Overheadprojektor und einer für einen Beamer geplanten Präsentation ist die für Beamer-Präsentationen notwendige Entscheidung über die Hintergrund- und Schriftfarben. Während bei Overheadfolien Weiß für den Hintergrund und Schwarz für die Schrift quasi vorgegeben ist, ermöglichen Beamer-Präsentationen eine Umkehrung, also helle Schrift auf dunklem Hintergrund. Beide Ansätze haben ihre Vor- und Nachteile, wie die Visualisierung des »Dilemmas der Diaprojektion« nach HIERHOLD (2002:291) in Abbildung 5-8 deutlich macht.

Heller Raum	Dunkler Raum
Dias blass Präsentator wirkt als Person	Dias leuchtstark »Stimme im Dunkel« oder »Gespenst am Pult«
Publikum wach Ablenkung im Raum	Publikum schläft Konzentration auf Bilder

Abb. 5-8: Das Dilemma der Diaprojektion (nach HIERHOLD 2002:291)

Eine Bildschirmpräsentation kann genau »getimt« werden, wenn sie ein paar Mal Probe gelaufen wird. Dann stellt sich auch schnell heraus, wo es sinnvoll ist, so genannte Schwarzfolien (Folien, die leer bleiben) einzubauen und wie viel Zeit in etwa für eine Folie benötigt wird. Je nach Strukturierung des Vortrags, Komplexität der dargestellten Sachverhalte und Erfahrung des Vortragenden ist mit einem Zeitaufwand von im Schnitt mindestens zwei bis drei Minuten pro Folie zu rechnen, solange Folien erläutert und nicht nur abgelesen werden. Es ist folglich aber auch damit zu rechnen, dass mit zunehmender Vortragspraxis und zunehmendem Hintergrundwissen der pro Folie zu veranschlagende Zeitrahmen im Laufe des Studiums eher steigt als fällt.

Die Wiederholung (Duplikation) von Folien im Ablauf der Präsentation verhindert lästiges Hin-und-her-Schalten während des Vortrags (wenn z.B. nach einer Verdeutlichung bzw. Explikation zu einer Gliederungsfolie zurückgekehrt werden soll). PowerPoint bietet übrigens auch die Möglichkeit, dass der Folienwechsel automatisch nach einer bestimmten Zeit erfolgt. Dies ist aber sehr sicheren Rednern vorbehalten. Besser ist, alles manuell zu steuern – außerdem belebt das An-den-Rechner-Herantreten und Knöpfchendrücken

> Für die Bildschirmpräsentation gilt wie für alle anderen Visualisierungsformen:
> Auf alles, was auf einer Folie zu sehen ist, sollte im Vortrag eingegangen werden!

den Vortrag.

5.4.2.3 Poster

Eine Präsentation kann auch anhand eines **Posters** erfolgen. Ein Poster ist ein großer Papierbogen (A1, A0), auf dem Theorie, Methode und zentrale Ergebnisse einer Arbeit zusammengefasst dargestellt werden. Obwohl der zur Verfügung stehende Platz vorgegeben ist, oder vielleicht gerade deswegen, werden Poster jedoch häufig »überfrachtet«. Bei der Erstellung von Plakaten oder Postern sind daher – gemäß SEIFERT (1998:44) – folgende gestalterische Regeln

> **Gestalterische Tipps für ein Poster**
> - Maximal drei Farben pro Darstellung verwenden!
> - Blöcke bilden! Sinneinheiten graphisch zusammenfassen!
> - Zusammengehörige Sachverhalte in gleicher Farbe gestalten!
> - Wichtiges (farblich oder durch Umrahmung) hervorheben!
> - Ausreichend Raum frei lassen!
> - Alles ausschreiben! (Keine »Abk.« oder sonstigen Kürzel)
> - Notwendigen Text groß und reduziert darstellen (ein Poster sollte aus einem Meter Entfernung noch gut lesbar sein)!
> - Kein oder nur ein sehr schwaches Hintergrundbild verwenden!

leitend:

5.4.3 Vortragsstil und Körpersprache

Die Grundsätze der Visualisierung gelten auch für das Vortragen selbst. Je kürzer und prägnanter gesprochen wird, desto mehr wird von den vorgetragenen Inhalten zum Zuhörer gelangen. Neben dem bloßen Informieren ist das **Ansprechen und Interessieren** ein wichtiger Teil der Präsentation. Dazu ist zunächst eine artikulierte und modulierte Sprechweise einem monotonen Ablesen unbedingt vorzuziehen – je weniger das Publikum das Gefühl hat, dass der oder die da vorne zu ihm spricht, desto schneller wird es eigenen Gedanken (»was koch' ich heut' Abend?«) nachhängen. Auch ein Dialog mit der Wand, auf die projiziert wird, ist für die Aufmerksamkeit wenig förderlich – wie schön der Rücken des Vortragenden auch sein mag. Im Übrigen sollte nicht vergessen werden, bei der Planung des zeitlichen Ablaufes **Redepausen** nach zentralen Aussagen oder Abschnitten zu berücksichtigen – die ermöglichen nicht nur dem Auditorium, Inhalte »sacken zu lassen«, sondern geben auch dem Vortragenden Gelegenheit, den Blick ruhig durch das Publikum streifen zu lassen, Kontakt herzustellen und sich »zu sammeln«!

Zu einer Übermittlung gehört, zusammenfassend, neben der Sprechweise auch eine angemessene Mimik, Gestik und Körperhaltung. In aller Kürze sind die wichtigsten Regeln unten aufgelistet (weiterführend STICKEL-WOLF & WOLF 2001:252 ff., KAYSER 1998):

- Nicht zum Himmel, zum Boden oder zur Wand reden, sondern einen direkten Blickkontakt mit dem Publikum suchen!
- Nicht auf den Overheadprojektor oder auf die Projektion starren, sondern bei Erläuterungen zwischen Bild und Publikum wechseln!
- Hinreichend laut und vor allem artikuliert vortragen – bei Unruhe im Publikum aber eher leiser reden, nicht schreien!
- Kurze, einfache Sätze bilden! Fremdbegriffe erläutern!
- Statt schnell zu reden, lieber weniger Inhalte präsentieren!
- Einen festen Stand einnehmen, die Hände zur Unterstreichung von zentralen Punkten benutzen, ansonsten in die Körpermitte legen (nicht krampfhaft irgendwo festhalten oder dauernd herumfuchteln)!
- Die Interaktion (Pausen, Blickkontakt!) suchen! Wenn das Publikum den Faden zu verlieren scheint, wichtige Punkte noch einmal wiederholen!

Vortragsstil und Sprache
Vernünftige Sätze bilden, ohne allzu viele und komplizierte Nebensätze! Aktive Formulierungen
wählen! Verben statt Substantivierungen verwenden!
(Cäsar sagte nicht: »Nach Erreichen der hiesigen Örtlichkeit und Besichtigung derselben war
mir die Erringung des Sieges möglich.« Sondern er rief aus: »Ich kam, sah und siegte!«).

Die meisten Verhaltensweisen während eines Vortrags laufen unreflektiert ab
(vom nervösen Auf- und Abwippen, zum Mit-dem-Dia-Sprechen bis zum
unkontrollierten Haareraufen). Daher wollen alle in der Literatur beschriebenen Vortragstechniken auch bezüglich Körperhaltung, Mimik und Gestik geübt sein. Anschauliche Hinweise zum persönlichen Auftreten gibt HIERHOLD
(2002:328–343). Ein Vortrag sollte unbedingt mindestens einmal zur Probe
gehalten werden, am besten vor einem Zuhörer, der eine differenzierte (scho-
nungslose, aber konstruktive) Rückmeldung über Stärken und Schwächen geben kann, also darüber Auskunft gibt, wie der Vortrag und der Vortragende
selbst tatsächlich »wirken«. Besser noch sind mehrere »geneigte« Zuhörer, um
ein umfassendes, differenziertes Feedback zu erhalten – es kann gut sein, dass
dem einen etwas negativ auffällt, was von einer anderen eher positiv bewertet
wird. Im gemeinsamen Gespräch lässt sich dann schnell herausfinden, ob und
wie das Problem zu lösen ist.

Eine solche intensive Vorbereitung auf anstehende Präsentationen mag dem
Studierenden anfangs übertrieben erscheinen (»ist ja nur ein kleines Unisemi-
nar, und die anderen machen's auch nicht besser …«). Wer sich die Tipps und
Tricks aber frühzeitig aneignet, und zumal in Situationen, in denen noch nicht
allzu viel auf dem Spiel steht, übt und sich eine Routine zulegt, wird davon später immer wieder profitieren. Dies gilt einerseits für Studierende, die eine wissenschaftliche Karriere anstreben, Vorträge vor Fachpublikum halten und ir-
gendwann vielleicht ihre Doktorarbeit »verteidigen« müssen. Insbesondere gilt
es aber auch für alle, die sich auf das Lehramt vorbereiten und damit auf einen
Beruf, der maßgeblich auf der mündlichen Präsentation und Vermittlung von
Information beruht. Schließlich sollte auch nicht vergessen werden, dass ein
auf das Studium folgendes Berufsleben meistens ganz entscheidend von kom-
munikativen Fähigkeiten geprägt ist und mit einer überzeugenden Bewerbung
und entsprechendem sicherem Auftreten beginnt.

Weiterführende Literatur

FEY, H. & G. FEY (1998): Sicher und überzeugend präsentieren: Kurzvortrag, Referat, Präsentation; Rhetorik, Didaktik, Medieneinsatz. Regensburg: Walhalla Fachverlag.

HIERHOLD, E. (2002): Sicher präsentieren – wirksamer vortragen. Tipps und Tricks für die Praxis, visuelle und verbale Techniken, Überzeugungsstrategie und Argumentationstechnik, von Flip-Chart bis Power-Point. Frankfurt a.M.: Redline Wirtschaft bei Ueberreuter.

SCHELER, U. (1996): Vortragsfolien und Präsentationsmaterialien: planen – gestalten – herstellen. Wien: Ueberreuter.

SCHMIDT, C. (2000): PowerPoint 2000: Visualisieren und Präsentieren. München: Markt und Technik.

SEIFERT, J. W. (1998[12]): Visualisieren – Präsentieren – Moderieren. Offenbach: Gabal.

STARY, J. (1997): Visualisieren: ein Studien- und Praxisbuch. Berlin: Cornelsen-Scriptor.

WINTELER, A. (2004): Professionell lehren und lernen. Ein Praxisbuch. Darmstadt: WBG.

5.5   Wie wird's cool?
Umgang mit der eigenen Nervosität, Umgang mit dem Publikum

Eine Präsentation wird – oder sollte sogar – immer eine aufregende Sache sein. »Ein gesundes Lampenfieber sorgt dafür, dass Sie zu einer hohen Leistung fähig werden«, schreiben STICKEL-WOLF & WOLF (2001:254). Die entscheidende Fähigkeit ist also nicht, sich der Nervosität vollständig zu entledigen, sondern mit ihr konstruktiv umzugehen und sie richtig zu nutzen. Wie aber soll das geschehen? Zunächst einmal sollten die Ziele für den Anfang nicht zu hoch gesteckt werden. Alle Tipps, die in der Literatur zu finden sind und im Folgenden kurz angeführt werden, lassen sich nur durch stetiges Üben umsetzen. Wer »dranbleibt«, wird jedes Mal ein wenig souveräner mit der Aufregung umgehen können. Im besten Fall werden dann anstehende Vorträge und Präsentationen zu Ereignissen, die mit freudiger Spannung erwartet werden.

5.5.1 Nervosität

Um nervöse Energie sinnvoll zu nutzen, helfen schon Kleinigkeiten. Nachfolgend sind einige Hinweise zur Vor- und Nachbereitung eines Vortrags sowie zum Verhalten während eines Vortrags zusammengestellt.

Vor dem Vortrag

- Sich Zeit lassen für die Vorbereitung! Die Situation nicht gedanklich verdrängen (»wird schon irgendwie gehen, wenn es so weit ist …«)!
- Die Zuhörerschaft analysieren: Welchen Wissensstand und welche Erfahrung bringen die Zuhörer mit? Was wird erwartet?
- Sich mit dem Vortragsort vertraut machen: Wie ist die Sitzordnung? Wo werde ich sitzen oder stehen?
- Sich mit den anzuwendenden Geräten vertraut machen!
- Den Vortrag gedanklich durchspielen, den groben Ablauf einstudieren (»roter Faden«) und sich mental auf die Konfrontation mit der Situation vorbereiten!
- Bei anderen Vorträgen auf Stärken und Schwächen achten und überlegen, wie andere mit Nervosität umgehen!
- Einen Probevortrag zu Hause oder vor Freunden halten! Dabei möglichst genau die zu erwartende Situation simulieren.
- Mögliche Fragen und mögliche Pannen überlegen! Diese nicht verdrängen oder als Angstmoment stehen lassen, sondern den Umgang mit ihnen mental vorbereiten!

Orientierung im Vortragsraum (vor Beginn des Referats!)

Sind alle Hilfsmittel vorhanden (Tafel, Kreide, Overhead, Folienschreiber, Diaprojektor, Zeigestab etc.) und einsatzbereit? Weiß ich, wie die Geräte funktionieren? Wie ist der Raum aufzuteilen, wo kann ich mich hinstellen, so dass allen Zuhörern die Sicht zu mir und zur Tafel/Leinwand ermöglicht wird? Sind alle Unterlagen bereit (nicht in der Tasche!)? Sind Folien, Dias etc. einsatzbereit?

Unmittelbar vor dem Vortrag

- Einen Spaziergang machen!
- Entspannen!

Einstieg – »erst mal ruhig die Lage checken«

Sind die Zuhörer körperlich anwesend, oder fehlt die Hälfte und trampelt während des Vortrages herein? Kontaktaufnahme mit den Zuhörern: Womit fange ich an? Wie lenke ich die Aufmerksamkeit auf mich?

Während des Vortrags

- Einen festen Stand einnehmen: Beide Füße mit voller Sohle am Boden!
- Energie in bildhafte, große Gesten fließen lassen, in eine laute Stimme und in kontrollierte Ortsveränderung!
- Blickkontakt zu einer Bezugsperson drei bis fünf Sekunden lang, dann zu einer nächsten Person. So wird ein Bezug zum Publikum hergestellt, und es reduziert die Nervosität!
- Visuelle Hilfsmittel einbeziehen! Sie helfen über eine »Mattscheibe« hinweg, und sie erlauben Ortsveränderungen und Gesten, wodurch der Körper größer und sicherer wirkt!
- Pausen, v. a. Atempausen sind wichtig. Eine Atempause ist kein Hänger!
- Pausen sind wichtig vor dem ersten Satz, jedes Mal wenn der Blick vom Publikum auf die Leinwand gerichtet wird, wenn mit Unterlagen oder Geräten hantiert wird, aber auch, wenn eine kleine Panne auftritt!
- Bei Pannen cool bleiben! Das Publikum mit einbeziehen in die Problemsituation. Gegebenenfalls einen Punkt überspringen und später nachreichen (zum Umgang mit Reaktionen aus dem Publikum s. auch STICKEL-WOLF & WOLF 2001:257–260)!
- Den bevorstehenden Schluss ankündigen (erhöht noch mal die Aufmerksamkeit) und den Vortrag pointiert, explizit und mit Blickkontakt beenden!

Unmittelbar nach dem Vortrag
• Entspannen, durchatmen, aber Konzentration bewahren!
• Fragen aufmerksam zuhören und gegebenenfalls Notizen machen!
• Diskussion gelassen in Angriff nehmen!
• Ruhig und überlegt antworten! Fragen bezüglich ihres Gehaltes abschätzen: Eine kurze, präzise Nachfrage kurz und präzise beantworten, eine ausführliche, komplexe Kritik ausführlich und strukturiert erwidern.
• Nicht verwendete Materialien, Argumente, Hintergründe und Wissensvorräte (wenn angebracht) nun präsentieren!

5.5.2 Timing

Besonders wichtig beim Vortrag ist das Einhalten der Zeit! Am besten ist es, im Vorfeld zu Hause den Vortrag mehrere Male durchzusprechen (auch vor dem Spiegel, vor Freunden oder mit Video aufnehmen) und auf diese Weise auszuprobieren, wie viel Zeit man braucht, um gegebenenfalls noch Kürzungen vornehmen zu können. Hilfreich ist es, wenn zum Ende hin bewusst eine »Kann«-Information eingebaut wird, auf die bei knapper Zeit verzichtet oder stark verkürzt eingegangen werden kann, ohne dabei Lücken im Argumentationsgang zu erzeugen.

Achtung: Vor Publikum und in der Aufregung des Vortrags besteht die Gefahr, das Zeitgefühl zu verlieren. Unbedingt eine Uhr sichtbar bereitlegen und die Zeiteinheiten vorab auf der Gliederung (nur für sich selbst) festlegen, gegebenenfalls die veränderte Anfangs- und Endzeit notieren.

5.6 Wie kommt's rüber?
Grundlagen für die Bewertung der Präsentation wissenschaftlicher Arbeiten/Ergebnisse

Ebenso wie eine schriftliche Arbeit unterliegt auch deren Präsentation einer Bewertung durch die jeweilige Zuhörerschaft bzw. durch den Seminarleiter. »Wissenschaft« zeichnet sich auch dadurch aus, dass Erkenntnisse öffentlich gemacht, diskutiert und bewertet werden. Jeder Wissenschaftler setzt sich durch entsprechende Publikationen und Vorträge der Kritik aus. Da dies für Studierende zu Anfang des Studiums eine Quelle von Unsicherheit oder gar Angst ist, gibt Tabelle 5-2 ein paar Regeln und Orientierungspunkte, die den »Umgang« mit Kritik erleichtern sollen.

Grundsätzlich muss jedem Studierenden klar sein, dass Kritik kein generell negatives Übel oder gar »der Feind« ist.

> Kritik (griech. κριτική = kritiké) ist die »Kunst der Beurteilung« (DUDENREDAKTION 2001:966) und bedingt eine genaue Prüfung und sachliche Auseinandersetzung mit einem zu kritisierenden Gegenstand. Wie die Beurteilung ausfällt, hängt dann an vielen Faktoren.

Seminarteilnehmer scheuen sich oft davor, ihre Kommilitonen kritisch zu begutachten, weil sie fürchten, ihnen damit etwas Schlimmes anzutun. Das Gegenteil ist der Fall. Ohne kritische Bemerkungen wird es keine fruchtbare Diskussion geben (»Das kann doch nicht alles einfach nur ›ganz gut‹ sein?«). Die Arbeit des jeweiligen Kandidaten – wie auch immer sie »angekommen« ist – würde nicht hinreichend gewürdigt werden (»interessiert sich überhaupt jemand für das, was ich gemacht habe?«). Und schließlich wären Verbesserungen und Korrekturen, also ein Lernprozess für alle Beteiligten, nicht möglich. Wer mit einer »schlechten« Kritik vom Vortragsort geht, hat etwas dazugelernt. Wer nach einer Periode intensiver Arbeit und Auseinandersetzung mit »seinem« Thema ohne jede Kritik vom Vortragsort geht, ist unbefriedigt und frustriert und wird beim nächsten Mal die gleichen Fehler machen.

Dennoch ist Kritik nicht gleich Kritik:

> Bei aller Kritik besteht der Anspruch an die »Kritiker«, nicht nur detailliert, sondern auch **sachlich**, **begründet** und **konstruktiv** zu einer Leistung Stellung zu nehmen!

Tab. 5-2: Kritik üben

Wie kritisieren?	
So: **Mir** hat gefallen, dass … **Ich** konnte gut nachvollziehen, … **Ich** hatte Schwierigkeiten, … **Mir** hat nicht gefallen, wie …	So nicht! **Dein** Referat war … **Du** hast vergessen, … **Du** hast nicht …
Was kritisieren?	
1. Inhalt Ich habe nicht verstanden, … Mir hat gefallen, … Ich konnte der Argumentation gut folgen, da …	**2. Form** Mir war deine Stimme zu leise. Mir haben die Folien nicht gefallen, weil … Ich hatte Schwierigkeiten, die Abbildung xy zu begreifen, weil …
Wie Kritik verarbeiten?	
Was kann ich nicht nachvollziehen? Was nehme ich nicht an? Was zielt nicht auf meine Leistung, sondern auf allgemeine Probleme?	Was kann ich annehmen? Was ist gerechtfertigt? An was kann ich momentan arbeiten? Was nehme ich mir vor, um daran zu arbeiten?

Beim Ausfüllen von Bewertungsbögen beachten: Kritik – positiv wie negativ – immer kurz begründen (Stichworte). Wenn überall »o.k.« oder »mäßig« steht, kann niemand etwas damit anfangen!

Die Kritik von Präsentationen wird, vor allem die formalen Aspekte betreffend, in den Seminaren häufig von allen Seminarteilnehmern geleistet. Dies ist eine gute Übung, um sich mit den angelegten Kriterien vertraut zu machen, die auf einen zukommen »wenn man selbst dran ist«. Es hilft auch, auf Dinge bei sich selbst zu achten, weil durch die geleitete Prüfung der Vortragenden der Blick für Details und oftmals unreflektierte Aspekte (Gestik, Körperhaltung etc.) geschärft wird. Dem Vortragenden soll die vielfältige Beurteilung zu einer möglichst umfassenden (anonymen) Einschätzung seiner Präsentation verhelfen. Die folgende Tabelle mit Bewertungskriterien (Tab. 5-3) kann als Richtlinie für die Vortragskritik innerhalb eines Seminars verwendet werden. Ausgefüllt, wird sie dem Vortragenden nach der Präsentation (und anschließender mündlicher Kritik) zur Verfügung gestellt.

Tab. 5-3: Bewertungskriterien einer Präsentation (1/2)

Struktur des Vortrags	Begründung		
Einleitung	schlechte Themeneinführung/keine Gliederung/keine Einordnung des Themas		gute Themeneinführung/Gliederung/Thema und Fragestellung in Kontext eingeordnet
Aufbau und Abfolge der Inhalte	unzusammenhängend, kein roter Faden		aufeinander aufbauend/roter Faden
Abdeckung des Themas	lückenhaft/Nebensächlichkeiten nehmen viel Platz ein		umfassend/Nebensächlichkeiten nur am Rande behandelt
Schluss/Zusammenfassung	ausführlich/neue bislang unbehandelte Ideen/kein Ausblick		kurz und prägnant/keine neuen Ideen/Ausblick
Darbietung			
Sprechweise	monoton/undeutlich/leise		variabel artikuliert/deutlich/laut genug
Blickkontakt mit den Zuhörern	unzureichend		angemessen
Haltung/Gestik	unruhig/vom Zuhörer abgewandt		ruhig/Einbeziehung der Zuhörer
Umgang mit didaktischen Mitteln	ungeschickt/unvorbereitet		souverän/flüssig
Timing	Vortrag zu lang/zu kurz		Vortrag im vorgegebenen Zeitrahmen
Visualisierung			
Qualität des Materials	schlecht lesbar/undeutlich/Information nicht ausgewählt		gut lesbar/deutlich/Information gut ausgewählt
Themenbezug des Materials	ohne Bezug zum Vortragsinhalt/keine Erläuterung		gute Einbettung in den Vortragsinhalt/Erläuterung

Umgang mit Fragen			
Thematische Sicherheit	unzureichendes Grundlagenwissen/keine Verknüpfung/keine Transferleistung		fundiertes Grundlagenwissen/Verknüpfungen mit anderen Themen/Transferleistung
Qualität der Antworten	vage Antworten/kein Bezug zur Frage/keine Aussagen (Blabla)		konkrete Antworten/direkter Bezug zur Frage/ aussagekräftig
Allgemeiner Eindruck	sehr schlecht		sehr gut
Bemerkungen			

Tab. 5-3: Bewertungskriterien der Präsentation (2/2)

Literatur

AG BODEN (1994[4]): Bodenkundliche Kartieranleitung. Hannover: BGR.

AGNEW, J. (1999): Regions on the Mind does not Equal Regions of the Mind. – Progress in Human Geography 23, 1, 91–96.

AMTHAUER, G. & M. K. PAVICEVIC (Hrsg.) (2001): Physikalisch-chemische Untersuchungsmethoden in den Geowissenschaften, 2: Beugungsmethoden, Spektroskopie, Physiko-chemische Untersuchungsmethoden. Stuttgart: Schweizerbart.

ATTESLANDER, P. (2003[10]): Methoden der empirischen Sozialforschung. Berlin/New York: de Gruyter.

AVIDOR, R. (2003): Murphy's Laws Site – Murphy's Laws. <http://www.murphys-laws.com/murphy/murphy-laws.html> (Stand: 2003-06-04) (Zugriff: 2003-09-22).

BAADE, J. (1994): Geländeexperiment zur Verminderung des Schwebstoffaufkommens in landwirtschaftlichen Einzugsgebieten. Heidelberger Geographische Arbeiten 95. Heidelberg: Selbstverlag

BACKHAUS, K., ERICHSON, B., PLINKE, W. & R. WEIBER (2003[10]): Multivariate Analysemethoden. Eine anwendungsorientierte Einführung. Berlin: Springer.

BÄRTLING, R., R. BRAUNS, R. RICHTER & T. SCHMIERER (1948): Anweisungen für die Verfasser naturwissenschaftlicher Arbeiten (Die Bonner Anweisungen) (Sonderdruck). Frankfurt a. M.: Kramer.

BAHRENBERG, G., E. GIESE & J. NIPPER (1992[2]): Statistische Methoden in der Geographie, Bd. 2. Multivariate Statistik. Teubner Studienbücher der Geographie. Stuttgart: Teubner.

BAHRENBERG, G., E. GIESE & J. NIPPER (1999[4]): Statistische Methoden in der Geographie, Bd. 1. Univariate und Bivariate Statistik. Teubner Studienbücher der Geographie. Stuttgart: Teubner.

BARTELS, D. (1968): Zur wissenschaftlichen Grundlegung einer Geographie des Menschen. Geographische Zeitschrift, Beihefte 19. Wiesbaden: Steiner.

BARTSCHERER, H.-C. (2004): Die Bilder an der Wand – Folien und Dias in Vorlesung und Vortrag. In: WINTELER, A.: Professionell lehren und lernen. Ein Praxisbuch. Darmstadt: WBG, 40–45.

BATHELT, H. & H. DEPNER (2003): Innovation, Institution und Region: Zur Diskussion über nationale und regionale Innovationssysteme. – Erdkunde 57, 2, 126–143.

BECHER, S. (1998): Schnell und erfolgreich studieren. Organisation, Zeitmanagement, Arbeitstechniken. Würzburg: Lexika.

BIRD, J. (1989): The Changing Worlds of Geography. A Critical Guide to Concepts and Methods. Oxford: Clarendon.

BLOTEVOGEL, H. H. (2002): Geographie. In: BRUNOTTE, E., H. GEBHARDT, M. MEURER, P. MEUSBURGER & J. NIPPER (Hrsg.): Lexikon der Geographie, Bd. 2. Heidelberg, Berlin: Spektrum, 14–16.

BORSDORF, A. (1999): Geographisch denken und wissenschaftlich arbeiten. Eine Einführung in die Geographie und in Studiertechniken. Gotha: Klett-Perthes.

BREDEMEIER, K. & H. SCHLEGEL (1994): Die Kunst der Visualisierung. Erfolg durch zeitgemäße Präsentation. Düsseldorf: Econ.

BRUNOTTE, E., H. GEBHARDT, M. MEURER, P. MEUSBURGER & J. NIPPER (Hrsg.) (2001 f.): Lexikon der Geographie in vier Bänden. Heidelberg: Spektrum.

BRUNOTTE, E., H. GEBHARDT, M. MEURER, P. MEUSBURGER & J. NIPPER (Hrsg.) (2001): Lexikon der Geographie, Bd. 1. Heidelberg: Spektrum.

BRUNOTTE, E., H. GEBHARDT, M. MEURER, P. MEUSBURGER & J. NIPPER (Hrsg.) (2002a): Lexikon der Geographie, Bd. 2. Heidelberg: Spektrum.

BRUNOTTE, E., H. GEBHARDT, M. MEURER, P. MEUSBURGER & J. NIPPER (Hrsg.) (2002b): Lexikon der Geographie, Bd. 3. Heidelberg: Spektrum.

BRUNOTTE, E., H. GEBHARDT, M. MEURER, P. MEUSBURGER & J. NIPPER (Hrsg.) (2002c): Lexikon der Geographie, Bd. 4. Heidelberg: Spektrum.

BÜNTING, K.-D., A. BITTERLICH & U. POSPIECH (1996): Schreiben im Studium. Ein Trainingsprogramm. Berlin: Cornelsen.

BURTON, I. (1970): Quantitative Revolution und theoretische Geographie. In: BARTELS, D. (Hrsg.): Wirtschafts- und Sozialgeographie. Neue wissenschaftliche Bibliothek 35. Köln: Kiepenheuer & Witsch, 95–109.

CAROL, H. (1963): Zur Theorie der Geographie. – Mitteilungen der Österreichischen Geographischen Gesellschaft 105, 1/2, 23–38.

DDB (Die Deutsche Bibliothek) (Hrsg.) (2002[3]): Regeln für den Schlagwortkatalog, 2. Erg. 2002. o. O.: Deutsche Bibliothek.

DE CERTEAU, M. (1988): Kunst des Handelns. Berlin: Merve.

DEMEK, J. (Hrsg.) (1976): Handbuch der geomorphologischen Detailkartierung. Wien: Hirt.

DIN 1421: Gliederung und Benummerung von Texten: Abschnitte, Absätze, Aufzählungen (Stand: 01.1983). [Berlin: Beuth].

DIN 1422-1: Veröffentlichungen aus Wissenschaft, Technik, Wirtschaft und Verwaltung: Gestaltung von Manuskripten und Typoskripten (Stand: 02.1983). [Berlin: Beuth].

DIN 1422-2: Veröffentlichungen aus Wissenschaft, Technik, Wirtschaft und Verwaltung: Gestaltung von Reinschriften für reprographische Verfahren (Stand: 04.1984). [Berlin: Beuth].

DIN 1422-3: Veröffentlichungen aus Wissenschaft, Technik, Wirtschaft und Verwaltung: Typographische Gestaltung (Stand: 04.1984). [Berlin: Beuth].

DIN 1422-4: Veröffentlichungen aus Wissenschaft, Technik, Wirtschaft und Verwaltung: Gestaltung von Forschungsberichten (Stand: 08.1986). [Berlin: Beuth].

DIN 1505-2: Titelangabe von Dokumenten: Zitierregeln (Stand: 01.1984). [Berlin: Beuth].

DINI (Deutsche Initiative für Netzwerkinformation) (Hrsg.) (2002): Elektronisches Publizieren an Hochschulen – Empfehlungen. <http://www.dini.de/documents/DINI-EPUB-Empfehlungen-2002-03-10.pdf> (Stand: 2002-03-10) (Zugriff: 2003-09-19).

DFG (Deutsche Forschungsgemeinschaft) (2003): Arbeitsbereich Koordinierung des Systems der überregionalen Literaturversorgung im Übergang zu einem Netzwerk virtueller Fachbibliotheken (inkl. Dokumentlieferung). Das System der überregionalen Literaturversorgung.<http://www.dfg.de/forschungsfoerderung/wissenschaftliche_infrastruktur/lis/foerder-bereiche/virt_fachbibliotheken.html> (Stand: 2003-02-12) (Zugriff: 2003-09-17).

DODDS, K. (2001): Forschungsreisen. In: BRUNOTTE, E., H. GEBHARDT, M. MEURER, P. MEUSBURGER & J. NIPPER (Hrsg.): Lexikon der Geographie Bd. 1. Heidelberg: Spektrum, 404–405.

DÖRNER, D. (1997): Die Logik des Mißlingens. Strategisches Denken in komplexen Situationen. Reinbek: Rowohlt.

DONNERT, R. & M. STERZENBACH (1999²): Präsentieren – gewusst wie. Praktischer Leitfaden für Vortrag, Moderation und Seminar unter Einsatz neuer Medien. Würzburg: Lexika.

DUDENREDAKTION (Hrsg.) (2000²²): Die deutsche Rechtschreibung (mit CD-ROM). Duden 1. Mannheim: Dudenverlag.

DUDENREDAKTION (Hrsg.) (2001a⁴): Deutsches Universalwörterbuch. Mannheim: Dudenverlag.

DUDENREDAKTION (Hrsg.) (2001b⁵): Richtiges und gutes Deutsch. Duden 9. Mannheim: Dudenverlag.

EBSTER, C. & L. STALZER (2003²): Wissenschaftliches Arbeiten für Wirtschafts- und Sozial-wissenschaftler. UTB 2471. Wien: WUV Faculas.

ECK, H. (1983): Methoden wissenschaftlichen Arbeitens. Eine Einführung für Geographie-studenten. Werkhefte der Universität Tübingen, Reihe A: Naturwissenschaften 7. Tübingen: Attempto.

ECO, U. (1993⁶): Wie man eine wissenschaftliche Abschlussarbeit schreibt. Doktor-, Diplom-und Magisterarbeiten in den Geistes- und Sozialwissenschaften. UTB 1512. Heidelberg: C. F. Müller.

ECO, U. (2002): Gesammelte Streichholzbriefe. München: dtv.

EGGS, F. (2000): Gestaltung einer wissenschaftlichen Arbeit. <http://www.hausarbeiten.de/diehausarbeit.html> (Stand: 2000-02) (Zugriff: 2003-09-19).

ENGEL, S. & A. WOITZIK (Hrsg.) (1997): Die Diplomarbeit. UTB 1917. Stuttgart: Schaeffer-Poeschel.

ESSBACH, W. (1996): Studium Soziologie. UTB 1928. München: Fink.

ESSELBORN-KRUMBIEGEL, H. (2002): Von der Idee zum Text. Eine Anleitung zum wissenschaftlichen Schreiben. UTB 2334. Paderborn: Schöningh.

EULER, D. & A. HAHN (2004): Wirtschaftsdidaktik. UTB 2525. Bern: Haupt.

EWERT, G. & W. UMSTÄTTER (1997): Lehrbuch der Bibliotheksverwaltung. Stuttgart: Hiersemann.

FLICK, U. (1998³): Qualitative Forschung. Theorie, Methoden, Anwendung in Psychologie und Sozialwissenschaften. Reinbek: Rowohlt.

FLICK, U., E. von KARDORFF & I. STEINKE (Hrsg.) (2000): Qualitative Forschung. Ein Handbuch. Reinbek: Rowohlt.

FRANCK, N. (2003): Lust statt Last: Wissenschaftliche Texte schreiben. In: FRANCK, N. & J. STARY (Hrsg.): Die Technik wissenschaftlichen Arbeitens. Paderborn: Schöningh, 117–178.

FRANCK, N. & J. STARY (Hrsg.) (2003): Die Technik wissenschaftlichen Arbeitens. Eine praktische Anleitung. UTB 724. Paderborn: Schöningh.

GBV (Gemeinsamer Bibliotheksverbund) (2003): Über den GBV. <http://www.gbv.de/du/info/uebergbv.shtml> (Stand: 2003-02-07) (Zugriff: 2003-09-17).

GIDDENS, A. (1992): Die Konstitution der Gesellschaft. Grundzüge einer Theorie der Strukturierung. Frankfurt a.M.: Campus.

GOUDIE, A., B. W. ATKINSON, K. J. GREGORY, I. G. SIMMONS, D. R. STODDART & D. SUDGEN (eds.) (1994²): The Encyclopedic Dictionary of Physical Geography. Oxford: Blackwell.

HACKENBROCH-KRAFFT, I. & E. PAREY (1998): »Was, das muss ich auch noch lesen?« In: KRUSE, O. (Hrsg.): Handbuch Studieren. Von der Einschreibung bis zum Examen. Frankfurt a.M.: Campus, 177–192.

HÄGERSTRAND, T. (1970): Der Computer und der Geograph. In: BARTELS, D. (Hrsg.): Wirtschafts- und Sozialgeographie. Neue wissenschaftliche Bibliothek 35. Köln: Kiepenheuer & Witsch, 278–300.

HAGGETT, P. (1990): The Geographer's Art. Oxford: Blackwell.

HAKE, G. (1982⁶): Kartographie I. Sammlung Göschen 2165. Berlin: de Gruyter.

HAKE, G., D. GRÜNREICH & L. MENG (2002⁸): Kartographie: Visualisierung raum-zeitlicher Informationen. Berlin: de Gruyter.

HARLEY, J. B. (2002): Deconstructing the Map. In: DEAR, M. J. & S. FLUSTY (eds.): The Spaces of Postmodernity. Readings in Human Geography. Oxford: Blackwell, 277–289.

HARTMANN, M., M. RIEGER & M. LUOMA (1999²): Zielgerichtet moderieren. Ein Handbuch für Führungskräfte, Berater und Trainer. Weinheim: Beltz.

HARVEY, D. (1973): Explanation in Geography. London: Arnold.

HEINRITZ, G. & R. WIESSNER (1994): Studienführer Geographie. Braunschweig: Westermann.

HERRMANN, D. & K. P. C. SPATH (2003⁷): Forschungshandbuch 2003/2004. Förderprogramme und Förderinstitutionen für Wissenschaft und Forschung. Lampertheim: Alpha.

HETTNER, A. (1895/1975): Die Methode und das System der Geographie. In: WINKLER, E. (Hrsg.): Probleme der Allgemeinen Geographie. Wege der Forschung 299. Darmstadt: WBG, 40–45.

HETTNER, A. (1925³): Grundzüge der Länderkunde. Band 1: Europa. Leipzig: Teubner.

HIERHOLD, E. (2002): Sicher präsentieren – wirksamer vortragen. Tipps und Tricks für die Praxis, visuelle und verbale Techniken, Überzeugungsstrategie und Argumentationstechnik, von Flip-Chart bis Power-Point. Frankfurt a.M.: Ueberreuter.

HÖGE, H. (1994): Schriftliche Arbeiten im Studium. Ein Leitfaden zur Abfassung wissenschaftlicher Texte für Psychologen und Sozialwissenschaftler. Stuttgart: Kohlhammer.

HOLLAND, M. (2003): Citing references. Bournemouth University. <http://www.bournemouth.ac.uk/academic_services/documents/Library/Citing_References.pdf> (Stand: 2003-07) (Zugriff: 2003-09-23).

HOMBERGER, D. (2000): Sachwörterbuch zur Sprachwissenschaft. Stuttgart: Reclam.

HORATSCHEK, S. & T. SCHUBERT (1998): Richtlinien für die Verfasser geowissenschaftlicher Veröffentlichungen. Hannover: BGR.

ISO 690-2: Information and documentation – Bibliographic references – Part 2: Electronic documents or parts thereof. <http://www.nlc-bnc.ca/iso/tc46sc9/standard/690-2e.htm> (Stand: 2002-08-22) (Zugriff: 2003-10-08).

JAMES, P. E. (1972): All Possible Worlds. A History of Geographical Ideas. Indianapolis: Odyssey Press.

JOHNSTON, R. J., D. GREGORY & D. A. SMITH (1997³) (eds.): The Dictionary of Human Geography. Oxford: Blackwell.

JUNG, M. (2001): Hermeneutik zur Einführung. Hamburg: Junius.

KAYSER, D. (1998): Präsentieren statt Referat. So hört man Ihnen zu. In: KRUSE, O. (Hrsg.): Handbuch studieren. Von der Einschreibung bis zum Examen. Frankfurt a.M.: Campus, 238–249.

KELLER, R., A. HIRSELAND, W. SCHNEIDER & W. VIEHÖVER (Hrsg.) (2001): Handbuch Sozialwissenschaftliche Diskursanalyse Bd. 1. Theorien und Methoden. Opladen: Leske + Budrich.

KIRCKHOFF, M. (1997¹²): Mind Mapping. Einführung in eine creative Arbeitsmethode. Offenbach: Gabal.

KLIPPERT, H. (2004¹⁴): Methodentraining. Übungsbausteine für den Unterricht. Weinheim: Beltz.

KLUGE, F. (2002²⁴): Etymologisches Wörterbuch der deutschen Sprache (bearb. v. E. SEEBOLD). Berlin: de Gruyter.

KMK (Kultusministerkonferenz) (1992): Einheitliche Prüfungsanforderungen in der Abiturprüfung: Geographie. Beschluß vom 1.12.1989. Beschlüsse der Kultusministerkonferenz. Neuwied: Luchterhand.

KMK (Kultusministerkonferenz) (2000): Muster-Rahmenordnung für Diplomprüfungsordnungen: Universitäten und gleichgestellte Hochschulen. Beschluss vom 16.10.1998 i.d.F. vom 13.10.2000. Bonn: Sekretariat der KMK. <http://www.kmk.org/hschule/ros/musteru.pdf> (Stand: 2000-10-13) (Zugriff: 2003-10-27).

KOHLSTOCK, P. (2004): Kartographie. Eine Einführung. UTB 2568. Paderborn: Schöningh.

KRAJEWSKI, M. (2003¹¹): Elektronische Literaturverwaltung. Kleiner Katalog von Merkmalen und Möglichkeiten. In: FRANCK, N. & J. STARY (Hrsg.): Die Technik wissenschaftlichen Arbeitens. Eine praktische Anleitung. UTB 724. Paderborn: Schöningh, 97–115.

KRÄMER, W. (1999): Wie schreibe ich eine Seminar- oder Examensarbeit? Campus concret 47. Frankfurt a. M.: Campus.

KROMREY, H. (1990⁴): Empirische Sozialforschung: Modelle und Methoden. UTB 1040. Opladen: Leske + Budrich.

KUHN, T.S. (1976²): Die Struktur wissenschaftlicher Revolution. Suhrkamp Taschenbuch Wissenschaft 25. Frankfurt a.M.: Suhrkamp.

LAZAR, S. (2001): Wissenschaftlich Arbeiten. Hinweise zur Literatursuche & Strukturierung von Referaten und wissenschaftlichen Arbeiten. <http://www.kulturgeo.uni-freiburg.de/forber/lazar-skript/Skript.pdf> (Stand: 2001-02-08) (Zugriff: 2003-10-27).

LEHRBERGER, G. (2004): Hochschullehre mit digitaler Projektion. In: WINTELER, A.: Professionell lehren und lernen. Ein Praxisbuch. Darmstadt: Wissenschaftliche Buchgesellschaft, 46–69.

LESER, H. & H.-J. KLINK (Hrsg.) (1988): Handbuch und Kartieranleitung Geoökologische Karte 1:25.000 (KA GÖK 25). Forschungen zur deutschen Landeskunde 228. Trier: Selbstverlag.

LIVINGSTONE, D. (1997³): History of Geography. In: JOHNSTON, R. J., D. GREGORY & D. A. SMITH (eds.): The Dictionary of Human Geography. Oxford: Blackwell, 223–225.

MATTES, W. (2002): Methoden für den Unterricht. 75 kompakte Übersichten für Lehrende und Lernende. Paderborn: Schöningh.
MÜLLER-HOHENSTEIN, K. (1981²): Die Landschaftsgürtel der Erde. Teubner Studienbücher. Stuttgart: Teubner.

NIPPER, J. (2002): Statistik. In: BRUNOTTE, E., H. GEBHARDT, M. MEURER, P. MEUSBURGER & J. NIPPER (Hrsg.): Lexikon der Geographie, Bd. 3. Heidelberg: Spektrum, 286.
NOLZEN, H. (Hrsg.) (1988): Handbuch des Geographieunterrichts. Köln: Aulis.

PAVICEVIC, M. K. & G. AMTHAUER (Hrsg.) (2000): Physikalisch-chemische Untersuchungsmethoden in den Geowissenschaften, Bd. 1: Mikroskopische, analytische und massenspektrometrische Methoden. Stuttgart: Schweizerbart.
PLETSCH, A. (1997): Frankreich. Darmstadt: WBG.
POHL, J. (1998): Die Wahrnehmung von Naturrisiken in der »Risikogesellschaft«. In: HEINRITZ, G., R. WIESSNER & M. WINIGER (Hrsg.): Nachhaltigkeit als Leitbild der Umwelt- und Raumentwicklung in Europa. In: Verhandlungen des 51. Deutschen Geographentages. Stuttgart: Steiner, 153–163.
PRIM, R. & H. TILMAN (1989⁶): Grundlagen einer kritisch-rationalen Sozialwissenschaft. Studienbuch zur Wissenschaftstheorie. UTB 221. Heidelberg: Quelle & Meyer.

RATZEL, F. (1881): Die Erde in vierundzwanzig gemeinverständlichen Vorträgen über Allgemeine Erdkunde. Ein geographisches Lesebuch. Stuttgart: Engelhorn.
RAUSCHER, E. (1991): Wissenschaft lernen. Beiträge zur Lehrerfortbildung 35. Wien: Österreichischer Bundesverlag.
REUBER, P. (2002): Die politische Geographie nach dem Ende des kalten Krieges. Neue Ansätze und aktuelle Forschungsfelder. – Geographische Rundschau 54, 7–8, 4–9.
REUBER, P. & G. WOLKERSDORFER (Hrsg.) (2001): Politische Geographie. Handlungsorientierte Ansätze und Critical Geopolitics. Heidelberger Geographische Arbeiten 112. Heidelberg: Selbstverlag der Universität Heidelberg.
RICHTHOFEN, F. von (1883/1975): Aufgaben und Methoden der heutigen Geographie. In: WINKLER, E. (Hrsg.): Probleme der Allgemeinen Geographie 299. Darmstadt: WBG, 22–39.
RICHTHOFEN, F. von (1886/1983): Führer für Forschungsreisende. Anleitung zu Beobachtungen über Gegenstände der physischen Geographie und Geologie (Nachdruck, hrsg. v. G. STÄBLEIN). Berlin: Reimer.
ROST, F. (1997): Lern- und Arbeitstechniken für pädagogische Studiengänge. UTB 1994. Opladen: Leske + Budrich.
ROST, F. (2003¹¹): Wissenschaftliche Texte lesen und verstehen. In: FRANCK, N. & J. STARY (Hrsg.): Die Technik wissenschaftlichen Arbeitens. Eine praktische Anleitung. UTB 724. Paderborn: Schöningh, 75–95.

ROST, F. & J. STARY (2003): Schriftliche Arbeiten »in Form« bringen. Zitieren, Belegen, ein Literaturverzeichnis anlegen. In: FRANCK, N. & J. STARY (Hrsg.): Die Technik wissenschaftlichen Arbeitens. Paderborn: Schöningh, 179–195.

RÜCKRIEM, G., J. STARY & N. FRANCK (1994[8]): Die Technik wissenschaftlichen Arbeitens: Eine praktische Anleitung. UTB 724. Paderborn: Schöningh.

SACK, R. D. (1986): Human Territoriality: Its Theory and History. Cambridge: Cambridge University Press.

SCHNELL, R., P. B. HILL & E. ESSER (1999[6]): Methoden der empirischen Sozialforschung. München: Oldenbourg.

SCHRAMKE, W. (1975): Zur Paradigmengeschichte der Geographie und ihrer Didaktik. Eine Untersuchung über Geltungsanspruch und Identitätskrise eines Faches. Geographische Hochschulmanuskripte 2. Göttingen: Ahlbrecht.

SCHREPFER, H. (1934/1975): Das Ende der Allgemeinen Geographie. In: WINKLER, E. (Hrsg.): Probleme der Allgemeinen Geographie 299. Darmstadt: WBG, 152–156.

SCHRÖDER, H. & I. STEINHAUS (2000): Mit dem PC durchs Studium. Eine praxisorientierte Einführung. Darmstadt: Primus.

SCHULTZ, H.-D. (1989): Versuch einer Historisierung der Geographie des Dritten Reiches am Beispiel des geographischen Großraumdenkens. – Urbs et Regio 51: 1–75.

SEDLACEK, P. (1990[4]): Anleitung zur formalen Gestaltung schriftlicher Arbeiten. Studienblätter 4. Münster: Selbstverlag.

SEIFERT, J.W. (1998[12]): Visualisieren – Präsentieren – Moderieren. Offenbach: Gabal.

SEIFFERT, H. (1980[9]): Einführung in die Wissenschaftstheorie Bd. 1. Sprachanalyse, Deduktion, Induktion in Natur- und Sozialwissenschaften. Beck'sche Schwarze Reihe 60. München: Beck.

SESINK, W. (1990): Einführung in das wissenschaftliche Arbeiten ohne und mit PC. München: Oldenbourg.

SOEFFNER, H.-G. (2000): Sozialwissenschaftliche Hermeneutik. In: FLICK, U., E. von KARDORFF & I. STEINKE (Hrsg.): Qualitative Forschung. Ein Handbuch. Reinbek: Rowohlt, 164–175.

STANDOP, E. (1981[9]): Die Form der wissenschaftlichen Arbeit. UTB 272. Heidelberg: Quelle & Meyer.

STANDOP, E. & M. L. G. MEYER (2002[16]): Die Form der wissenschaftlichen Arbeit. Ein unverzichtbarer Leitfaden für Studium und Beruf. Wiebelsheim: Quelle & Meyer.

STARY, J. & H. KRETSCHMER (1994): Umgang mit wissenschaftlicher Literatur. Eine Arbeitshilfe für das sozial- und geisteswissenschaftliche Studium. Frankfurt a.M.: Cornelsen Scriptor.

STICKEL-WOLF, C. & J. WOLF (2001): Wissenschaftliches Arbeiten und Lerntechniken. Erfolgreich studieren – gewusst wie! Wiesbaden: Gabler.

STOCK, W.G. (2000): Was ist eine Publikation? In: FUCHS-KITTOWSKI, K., H. LAITKO, H. PARTHEY & W. UMSTÄTTER (Hrsg.): Wissenschaft und Digitale Bibliothek. Jahrbuch der Gesellschaft für Wissenschaftsforschung 1998. Berlin: GeWiF, 239–282.

STRAHLER, A.H. & A.H. STRAHLER (2002[2]): Physische Geographie. UTB für Wissenschaft: Große Reihe. Stuttgart: Ulmer.

TAYLOR, P. J. (ed.) (1992): The Political Geography of the Twentieth Century. London: Belhaven.

THEISEN, M. R. (1993[7]): Wissenschaftliches Arbeiten. WiSt-Taschenbücher. München: Vahlen.

THEISEN, M. R. (2000[10]): Wissenschaftliches Arbeiten. Technik – Methodik – Form. WiSt-Taschenbücher. München: Vahlen.

TROLL, C. (1947): Die geographische Wissenschaft in Deutschland in den Jahren 1933 bis 1945. Eine Kritik und Rechtfertigung. – Erdkunde 1, 1, 3–48.

TUAN, Y.-F. (1991): A View of Geography. – The Geographical Review 81, 1, 99–107.

UB (Universitätsbibliothek) HEIDELBERG (2003): »Zettelkatalog für Literatur bis 1935« im Netz. <http://www.ub.uni-heidelberg.de/allg/profil/digi2.html> (Stand: 2003-03-12) (Zugriff: 2003-09-17).

UNIVERSITÄT OLDENBURG (2000): Drittmittel und sonstige Mittel: Drittmittel. <http://www. admin.uni-oldenburg.de/DEZ5/Controlling/HSCO/COLEIST/Hc35.HTM> (Stand: 2000-08) (Zugriff: 2003-09-22).

UTERMANN, J. (2000): Labormethoden-Dokumentation. Geologisches Jahrbuch G8. Hannover: BGR, 3–215 u. CD-ROM.

VIDAL DE LA BLACHE, P. (1896/1975): Das Prinzip der Allgemeinen Geographie. In: WINKLER, E. (Hrsg.): Probleme der Allgemeinen Geographie 299. Darmstadt: WBG, 46–64.

WAGNER, W. (1992[3]): Uni-Angst und Uni-Bluff. Wie studieren und sich nicht verlieren. Rotbuch Taschenbuch 65. Hamburg: Rotbuch.

WARDENGA, U. (2001): Zur Konstruktion von Raum und Politik in der Geographie des 20. Jahrhunderts. In: REUBER, P. & G. WOLKERSDORFER (Hrsg.): Politische Geographie. Handlungsorientierte Ansätze und Critical Geopolitics. Heidelberger Geographische Arbeiten 112, Heidelberg: Selbstverlag, 17–32.

WEBIS (2003a): Sammelschwerpunkt Geographie. Allgemeine Informationen. <http://webis. sub.uni-hamburg.de/ssg/bib.7/ssg.14> (Zugriff: 2003-09-17).

WEBIS (2003b): Sammelschwerpunkte nach Fächergruppen. Geowissenschaften. <http://webis. sub.uni-hamburg.de/ssg/themen/themen10.html> (Zugriff: 2003-09-17).

WENTURIS, N., W. VAN HOVE & V. DREIER (1992): Methodologie der Sozialwissenschaften. Eine Einführung. UTB 1704. Tübingen: Francke.

WERLEN, B. (1993): Gibt es eine Geographie ohne Raum? Zum Verhältnis traditioneller und zeitgenössischer Gesellschaften. – Erdkunde 47, 4, 241–255.

WERLEN, B. (1997): Sozialgeographie alltäglicher Regionalisierungen Bd. 2: Globalisierung, Region und Regionalisierung. Erdkundliches Wissen 119. Stuttgart: Steiner.

WERLEN, B. (1998): Thesen zur handlungstheoretischen Neuorientierung sozialgeographischer Forschung. In: SEDLACEK, P. & B. WERLEN (Hrsg.): Texte zur handlungstheoretischen Geographie. Jenaer Geographische Manuskripte 18. Jena: Institut für Geographie, 85–102.

WERLEN, B. (2000): Sozialgeographie. Eine Einführung. UTB 1911. Bern: Haupt.

WERLEN, B. (2001a): Deduktion. In: BRUNOTTE, E., H. GEBHARDT, M. MEURER, P. MEUSBURGER & J. NIPPER (Hrsg.): Lexikon der Geographie, Bd. 1. Heidelberg: Spektrum, 235.

WERLEN, B. (2001b): Erklärung. In: BRUNOTTE, E., H. GEBHARDT, M. MEURER, P. MEUSBURGER & J. NIPPER (Hrsg.): Lexikon der Geographie, Bd. 1. Heidelberg: Spektrum, 331–332.

WERLEN, B. (2002a): Induktion. In: BRUNOTTE, E., H. GEBHARDT, M. MEURER, P. MEUSBURGER & J. NIPPER (Hrsg.): Lexikon der Geographie, Bd. 2. Heidelberg: Spektrum, 151.

WERLEN, B. (2002b): Theorie. In: BRUNOTTE, E., H. GEBHARDT, M. MEURER, P. Meusburger & J. Nipper (Hrsg.): Lexikon der Geographie, Bd. 3. Heidelberg: Spektrum, 342–343.

WERLEN, B. (2002c): Wissenschaft. In: BRUNOTTE, E., H. GEBHARDT, M. MEURER, P. MEUSBURGER & J. NIPPER (Hrsg.): Lexikon der Geographie, Bd. 4. Heidelberg: Spektrum, 47–48.

WERLEN, B. (2002d): Modell. In: BRUNOTTE, E., H. GEBHARDT, M. MEURER, P. MEUSBURGER & J. NIPPER (Hrsg.): Lexikon der Geographie, Bd. 2. Heidelberg, Berlin: Spektrum, 392.

WETZEL, R.G. (2001³): Limnology. Lake and River Ecosystems. San Diego: Academic Press.

ZEPP, H. & M.J. MÜLLER (1999): Landschaftsökologische Erfassungsstandards. Ein Methoden-buch. Forschungen zur deutschen Landeskunde 244. Flensburg: Selbstverlag.

ZMARSLY, E., W. KUTTLER & H. PETHE (2002²): Meteorologisch-klimatologisches Grundwissen. Eine Einführung mit Übungen, Aufgaben und Lösungen. UTB 2281. Stuttgart: Ulmer.

ZSW (Zentrum für Studienberatung und Weiterbildung) (Hrsg.) (1996²): Kleine Anleitung zum wissenschaftlichen Arbeiten. Heidelberg: Universität Heidelberg.

Anhang

Grundlagenliteratur zum Geographiestudium

Nachschlagewerke/Lexika

BRUNOTTE, E., H. GEBHARDT, M. MEURER, P. MEUSBURGER & J. NIPPER (Hrsg.) (2001 f.): Lexikon der Geographie in vier Bänden. Heidelberg: Spektrum.

BOLLMANN, J. & W. G. KOCH (Hrsg.) (2001): Lexikon der Kartographie und Geomatik in zwei Bänden. Heidelberg: Spektrum Akademischer Verlag.

GOUDIE, A., B. W. ATKINSON, K. J. GREGORY, I. G. SIMMONS, D. R. STODDART & D. SUDGEN (eds.) (1994²): The encyclopedic dictionary of physical geography. Oxford: Blackwell Publishers.

JOHNSTON, R. J., D. GREGORY & D. M. SMITH (eds.) (1994³): The dictionary of human geography. Oxford: Blackwell Publishers.

MATTHEWS, J. A., E. M. BRIDGES, C. J. CASELDINE, A. J. LUCKMAN, G. OWEN, A. H. PERRY, R. A. SHAKESBY, R. P. D. WALSH, R. J. WHITTAKER & K. J. WILLIS (eds.) (2003): The encyclopaedic dictionary of environmental change. London: Arnold.

Lernmethodik/Lerntechnik

BÄR, S. (1992): Forschen auf Deutsch: Der Machiavelli für Forscher und solche, die es werden wollen. Thun: Harri Deutsch.

BORSDORF, A. (1999): Geographisch denken und wissenschaftlich arbeiten. Eine Einführung in die Geographie und in Studientechniken. Perthes Geographiekolleg. Gotha: Klett-Perthes.

BÜNTING, K.-D., A. BITTERLICH & U. POSPIECH (1996): Schreiben im Studium. Ein Trainingsprogramm. Berlin: Cornelsen.

ECO, U. (1993⁶): Wie man eine wissenschaftliche Abschlussarbeit schreibt. UTB 1512. Heidelberg: C.F. Müller.

KNEALE, P.E. (1999): Study Skills for Geography Students. A Practical Guide. London: Arnold.

STANDOP, E. & M. L. G. MEYER (2002¹⁶): Die Form der wissenschaftlichen Arbeit. Ein unverzichtbarer Leitfaden für Studium und Beruf. Wiebelsheim: Quelle & Meyer.

STARY, J. & H. KRETSCHMER (1994): Umgang mit wissenschaftlicher Literatur. Eine Arbeitshilfe für das sozial- und geisteswissenschaftliche Studium. Frankfurt a. M.: Cornelsen Scriptor.

STICKEL-WOLF, C. & J. WOLF (2001): Wissenschaftliches Arbeiten und Lerntechniken. Erfolgreich studieren – gewusst wie! Wiesbaden: Gabler.

THEISEN, M.R. (2000¹⁰): Wissenschaftliches Arbeiten. Technik – Methodik – Form. WiSt-Taschenbücher. München: Vahlen.

WINTELER, A. (2004): Professionell lehren und lernen. Ein Praxisbuch. Darmstadt: Wissenschaftliche Buchgesellschaft.

Didaktik der Geographie

HAUBRICH, H., G. KIRCHBERG, A. BRUCKER, K. ENGELHARD, W. HAUSMANN & D. RICHTER (1997): Didaktik der Geographie konkret. München: Oldenbourg.

RINSCHEDE, G. (2003): Geographiedidaktik. Grundriss Allgemeine Geographie UTB 2324. Stuttgart: Schöningh.

SCHULTZE, A. (Hrsg.) (1996): 40 Texte zur Didaktik der Geographie. Geographische Bausteine, N.R., 43; Pädagogische Schriften 3. Gotha: Justus Perthes Verlag.

Allgemeine Geographie

ATKINS, P., I. SIMMONS & B. ROBERTS (1998): People, Land and Time. A Historical Introduction to the Relations Between Landscape, Culture and Environment. London: Arnold.

GOUDIE, A. (1995³): Environmental Change. Contemporary Problems in Geography. Oxford: Oxford University Press.

HAGGETT, P. (19912): Geographie: Eine moderne Synthese. Stuttgart: Ulmer.

LESER, H. & R. SCHNEIDER-SLIWA (1999): Geographie: Eine Einführung. Das Geographische Seminar. Braunschweig: Westermann.

ROGERS, A., H. VILES & A. GOUDIE (eds.) (1992): The Student's Companion to Geography. Oxford: Blackwell.

WAUGH, D. (1990): Geography. An Integrated Approach. Walton-on-Thames: Nelson.

Physische Geographie

Gesamtdarstellungen/Allgemeines

BARSCH, H., K. BILLWITZ & H.-R. BORK (2000): Arbeitsmethoden in der Physiogeographie und Geoökologie. Perthes GeographieKolleg. Gotha: Klett-Perthes.

BRADSHAW, M. & R. WEAVER (1995): Foundations of Physical Geography. Dubuque: Brown.

EHLERS, E. & H.-R. BORK (2002): Geographie heute – für die Welt von morgen. Perthes GeographieKolleg. Gotha: Klett-Perthes.

FINKE, L. (1996³): Landschaftsökologie. Braunschweig: Westermann.

GOUDIE, A. (1995): Physische Geographie. Eine Einführung. Heidelberg: Spektrum.

HAMBLIN, W.K., & E.H. CHRISTIANSEN (1995⁷): Earth's Dynamic Systems. Englewood Cliffs: Prentice Hall.

HENDL, M. & H. LIEDTKE (1997³): Lehrbuch der Allgemeinen Physischen Geographie. Perthes GeographieKolleg. Gotha: Klett-Perthes.

JÄGER, H. (1994): Einführung in die Umweltgeschichte. Darmstadt: Wissenschaftliche Buchgesellschaft.

STRAHLER, A.H. & A.H. STRAHLER (2002²): Physische Geographie. UTB für Wissenschaft: Große Reihe. Stuttgart: Ulmer.

WHITE, I.D., D.N. MOTTERSHEAD & S.J. HARRISON (1992²): Environmental Systems. An Introductory Text. London: Chapman & Hall.

Bodengeographie/Bodenkunde

EITEL, B. (1999): Bodengeographie. Das Geographische Seminar. Braunschweig: Westermann.

KUNTZE, H., G. ROESCHMANN & G. SCHWERDTFEGER (1994⁵): Bodenkunde. Stuttgart: Ulmer.

SCHEFFER, F. & P. SCHACHTSCHABEL (1998): Lehrbuch der Bodenkunde. Stuttgart: Enke.

SCHLICHTING, E. (1993³): Einführung in die Bodenkunde. Hamburg: Parey.

Geomorphologie

AHNERT, F. (1996): Einführung in die Geomorphologie. Stuttgart: Ulmer.

BREMER, H. (1989): Allgemeine Geomorphologie. Berlin: Borntraeger.

LESER, H. (1998⁸): Geomorphologie. Braunschweig: Westermann.

OWENS, P.N. & O. SLAYMAKER (eds.) (2004): Mountain geomorphology. London: Arnold.

ZEPP, H. (2002): Geomorphologie: Eine Einführung. Grundriss Allgemeine Geographie. UTB 2164. Paderborn: Schöningh.

Klimageographie/Klimatologie

FEZER, F. (1995): Das Klima der Städte. Perthes Geographiekolleg. Gotha: Klett-Perthes.

LAUER, W. (1995²): Klimatologie. Braunschweig: Westermann.

WEISCHET, W. (1991⁵): Einführung in die Allgemeine Klimatologie. Stuttgart: Teubner.

Hydrogeographie/Hydrologie

HERMANN, R. (1977): Einführung in die Hydrologie. Stuttgart: Teubner.

MARCINEK, J. & E. ROSENKRANZ (1996²): Das Wasser der Erde. Eine geographische Meeres- und Gewässerkunde. Perthes GeographieKolleg. Gotha: Klett-Perthes.

SYMADER, W. (2003): Was passiert, wenn der Regen fällt? Eine Einführung in die Hydrologie UTB 2496. Stuttgart: Ulmer.

WILHELM, F. (1993²): Hydrogeographie, Grundlagen der allgemeinen Hydrogeographie. Braunschweig: Westermann.

Vegetationsgeographie

ELLENBERG, H. (1996⁵): Vegetation Mitteleuropas mit den Alpen in ökologischer, dynamischer und historischer Sicht. Stuttgart: Ulmer.

KLINK, H.-J. (1996²): Vegetationsgeographie. Braunschweig: Westermann.

RICHTER, M. (2001): Vegetationszonen der Erde. Perthes GeographieKolleg. Gotha: Klett-Perthes.

SCHULTZ, J. (2002³): Die Ökozonen der Erde. UTB 1514. Stuttgart: Ulmer.

Gletscherkunde/Glaziologie

LIEDTKE, H. (1990): Eiszeitforschung. Darmstadt: Wissenschaftliche Buchgesellschaft.

SEMMEL, A. (1994²): Periglazialmorphologie. Darmstadt: Wissenschaftliche Buchgesellschaft.

Humangeographie

Gesamtdarstellungen

AGNEW, J. A. (ed.) (1997): Human Geography: An Essential Anthology. Oxford: Blackwell.

BENKO, G. & U. STROHMAYER (eds.) (2004): Human Geography. A History for the Twenty-First Century. London: Arnold.

CLOKE, P., P. CRANG & M. GOODWIN (eds.) (2004): Envisioning Human Geographies. London: Arnold.

GEBHARDT, H., REUBER, P. & G. WOLKERSDORFER (2003): Kulturgeographie. Aktuelle Ansätze und Entwicklungen. Heidelberg: Spektrum.

GREGORY, D., R. MARTIN & G. SMITH (1994): Human Geography. Society, Space and Social Science. London: Macmillan.

HEINEBERG, H. (2003): Einführung in die Anthropogeographie/Humangeographie. Grundriss Allgemeine Geographie. UTB 2445. Stuttgart: Schöningh.

JOHNSTON, R. J. & J. D. Sidaway (2004⁶): Geography & Geographers. Anglo-American Human Geography since 1945. London: Arnold.

KNOX, P. L. & S. A. MARSTON (2001): Humangeographie. Heidelberg: Spektrum.

SEDLACEK, P. (Hrsg.) (1982): Kultur-/Sozialgeographie. Beiträge zu ihrer wissenschaftstheoretischen Grundlegung. UTB 1053. Paderborn: Schöningh.

WIRTH, E. (1979): Theoretische Geographie. Grundzüge einer theoretischen Kulturgeographie. Teubner Studienbücher der Geographie. Stuttgart: Teubner.

SCHENK, W. & K. SCHLIEPHAKE (2004): Allgemeine Anthropogeographie. Perthes Geographie-Kolleg. Gotha: Klett-Perthes.

Kulturgeographie

ANDERSON, K., M. DOMOSH, S. PILE & N. THRIFT (eds.) (2003): Handbook of Cultural Geography. London: Sage.

COOK, I., D. CROUCH, S. NAYLOR & J. R. RYAN (eds.) (2000): Cultural Turns/Geographical Turns: Perspectives on Cultural Geography. Harlow: Pearson.

CRANG, M. (1998): Cultural Geography. London: Routledge.

GEBHARDT, H., P. REUBER & G. WOLKERSDORFER (Hrsg.) (2003): Kulturgeographie. Aktuelle Ansätze und Entwicklungen. Berlin: Spektrum.

MITCHEL, D. (2000): Cultural geography. A Critical Introduction. Oxford: Blackwell.

Bevölkerungsgeographie

BÄHR, J. (1997³): Bevölkerungsgeographie: Verteilung und Dynamik der Bevölkerung in globaler, nationaler und regionaler Sicht. UTB 1249. Stuttgart: Ulmer.

KULS, W. & F.-J. KEMPER (2000³): Bevölkerungsgeographie. Eine Einführung. Stuttgart: Teubner.

Sozialgeographie

BARTELS, D. (1968): Zur wissenschaftstheoretischen Grundlegung einer Geographie des Menschen. Wiesbaden: Steiner.

GIDDENS, A. (1995²): Sociology. Cambridge: Polity Press.

GREGORY, D. & J. URRY (1985): Social Relations and Spatial Structures. London: Macmillan.

WERLEN, B. (2000): Sozialgeographie. Eine Einführung. UTB 1911. Bern: Haupt.

Politische Geographie

AGNEW, J., K. MICHELL & G. Ó Tuathail (eds.) (2003): A Companion to Political Geography. Oxford: Blackwell.

Ó TUATHAIL, G., S. DALBY & P. ROUTLEDGE (eds.) (1998): The Geopolitics Reader. London: Routledge.

REUBER, P. & G. WOLKERSDORFER (Hrsg.) (2001) Politische Geographie. Handlungsorientierte Ansätze und Critical Geopolitics. Heidelberger Geographische Arbeiten. Heidelberg: Selbstverlag der Universität Heidelberg.

TAYLOR, P.J. (1991²): Political Geography. World-Economy, Nation-State and Locality. Harlow: Longman.

Siedlungsgeographie

HÄUSSERMANN, H. & W. SIEBEL (2004): Stadtsoziologie. Eine Einführung. Frankfurt a.M.: Campus.

HEINEBERG, H. (2001²): Grundriss allgemeine Geographie: Stadtgeographie. UTB 2166. Paderborn: Schöningh.

HENKEL, G. (1995²): Der ländliche Raum. Teubner Studienbücher der Geographie. Stuttgart: Teubner.

HOFMEISTER, B. (1994⁶): Stadtgeographie. Das Geographische Seminar. Braunschweig: Westermann.

LICHTENBERGER, E. (1986): Stadtgeographie Bd. 1. Begriffe, Konzepte, Modelle, Prozesse. Teubner Studienbücher der Geographie. Stuttgart: Teubner.

WEBER, E. & B. BENTHIEN (1986³): Einführung in die Bevölkerungs- und Siedlungsgeographie. Gotha: Haack.

ZEHNER, K. (2001): Stadtgeographie. Perthes GeographieKolleg. Gotha: Klett-Perthes.

Wirtschaftsgeographie

ARNOLD, A. (1997): Allgemeine Agrargeographie. Perthes GeographieKolleg. Gotha: Klett-Perthes.

BATHELT, H. & J. GLÜCKLER (2002): Wirtschaftsgeographie. Ökonomische Beziehungen in räumlicher Perspektive. UTB 8217. Stuttgart: Ulmer.

MAIER, J. & R. BECK (2000): Allgemeine Industriegeographie. Perthes GeographieKolleg. Gotha: Klett-Perthes.

SCHÄTZL, L. (2001[8]): Wirtschaftsgeographie Bd. 1. Theorie. UTB 782. Paderborn: Schöningh.

SEDLACEK, P. (1988): Wirtschaftsgeographie. Eine Einführung. Darmstadt: Wissenschaftliche Buchgesellschaft.

BENTHIEN, B. (1997): Geographie der Erholung und des Tourismus. Perthes GeographieKolleg. Gotha: Klett-Perthes.

STAUDACHER, C. (1991): Dienstleistungen, Raumstruktur und räumliche Prozesse: Eine Einführung in die Dienstleistungsgeographie. Wien: Service-Fachverlag.

SCHAMP, E. W. (2000): Vernetzte Produktion: Industriegeographie aus institutioneller Perspektive. Darmstadt: Wissenschaftliche Buchgesellschaft.

Orts-, Regional- und Landschaftsplanung

BARSCH, H., H.-R. BORK & R. SÖLLNER (2003): Landschaftsplanung – Umweltverträglichkeitsprüfung – Eingriffsregelung. Perthes GeographieKolleg. Gotha: Klett-Perthes. 540 pp.

SCHMIDT-KALLERT, E., C. RIEBENSTAHL & C. PORSCHMANN (1998): Umweltplanung und -bewertung. Perthes GeographieKolleg. Gotha: Klett-Perthes.

SPITZER, H. (1995): Einführung in die räumliche Planung. Stuttgart: Ulmer.

Checklisten

Checkliste »Schreiben« (individuell erweiterbar)	
Wurde die Literatur umfassend aufgearbeitet?	
Gibt es eine zentrale Fragestellung?	
Enthält die Einleitung eine Übersicht zur Gliederung?	
Ist der »rote Faden« erkennbar?	
Wurde eine Rechtschreibkorrektur vorgenommen?	
Wurde die Arbeit von einer anderen Person Korrektur gelesen?	
Ist das Literaturverzeichnis formal korrekt und einheitlich?	
Ist das Literaturverzeichnis mit der zitierten Literatur (Kurzbelege) deckungsgleich?	
Stimmen die Kapitelüberschriften im Text mit den Kapitelüberschriften im Inhaltsverzeichnis überein?	
Stimmen die Abbildungslegenden mit den Angaben im Abbildungsverzeichnis überein?	
Wurde eine Silbentrennung durchgeführt?	
Sind die Abbildungen korrekt positioniert?	
Sind die Seitenangaben im Inhaltsverzeichnis korrekt?	
Stimmen die Seiten- und Kapitelverweise?	
Sind die Seitenangaben im Abbildungs-, Tabellen-, Karten- und Bilderverzeichnis korrekt?	

Checkliste »Präsentieren« (individuell erweiterbar)	
Ist der Ort der Präsentation vertraut?	
Muss Zeit für die Vorstellung der eigenen Person eingeplant werden?	
Ist die Präsentation auf die Zielgruppe abgestimmt?	
Ist die Sitzordnung für die Präsentation geeignet?	
Sind die benötigten technischen Medien (z. B. Overheadprojektor, Beamer, Mikrophon) vorhanden?	
Ist die Bedienung der Technik bekannt?	
Gibt es ein Rednerpult?	
Ist die Beleuchtung ausreichend?	
Kann der Raum verdunkelt werden?	
Ist das eigene Manuskript auch aus einer gewissen Entfernung lesbar?	
Sind die Präsentationsziele klar formuliert?	
Gibt es eine zentrale Fragestellung?	
Ist die zentrale Botschaft (Kernargument) deutlich?	
Sind die Materialien (Folien etc.) überzeugend und verständlich?	
Ist das Materialangebot ausgewogen (z. B. eine Folie = mindestens zwei Minuten)?	
Sind die Materialien in der richtigen Reihenfolge angeordnet?	
Gibt es Vermerke bezüglich des Materialieneinsatzes im eigenen Manuskript (wann kommt was)?	
Sind die Quellenbelege auf den Folien korrekt?	
Sind sonstige Unterlagen vollständig?	
Wurde der Ablauf geprobt?	

Entspricht die Präsentation dem Zeitrahmen?	
Ist das Thesenpapier oder Handout korrekt ausgearbeitet?	
Wurde Zeit für die Diskussion eingeplant?	
Enthält der Schluss eine Überleitung zur Diskussion?	

Register

Bitte beachten Sie auch die folgenden Seiten

CIPRA
(Internationale Alpenschutz-Kommission, Hrsg.)

1. Alpenreport

Daten – Fakten – Probleme – Lösungsansätze

472 Seiten, 88 Abbildungen und zahlreiche Karten und Grafiken, broschiert
€ 24.90 / CHF 38.–
ISBN 3-258-05672-2

2. Alpenreport

Daten – Fakten – Probleme – Lösungsansätze

2001. 434 Seiten, zahlreiche Abbildungen, broschiert
€ 24.90 / CHF 38.–
ISBN 3-258-06371-0

Ein unerschöpfliches Nachschlagewerk für alle, die in den Alpen leben und arbeiten, planen und Politik machen. Zugleich auch ein spannender Reiseführer für Touristinnen und Touristen, die nicht nur durchreisen, sondern durchblicken wollen.

«Wer sich intensiv mit dem Thema ‹Alpen› beschäftigen will, kommt nicht am ‹Alpen-report› der Internationalen Alpenschutzkommission (Cipra) vorbei. Hier gibt es den umfassendstens Überblick, basierend auf den aktuellsten Daten.»
Die Rheinpfalz

François Jeanneret
Doris Wastl-Walter
Urs Wiesmann
Markus Schwyn (Hrsg.)

Welt der Alpen – Gebirge der Welt

Ressourcen, Akteure, Perspektiven

280 Seiten, zahlreiche farbige Abbildungen, gebunden
EUR 38.–/CHF 58.–
ISBN 3-258-06624-8

Eine internationale Gruppe von Expertinnen und Experten beleuchtet die Alpen im Kontext anderer Weltgebirge. Es geht um die aktuellen Dynamiken und um Langzeit-signale, um Risikomanagement und Nachhaltigkeit, aber auch um Mythen und Lebensalltag sowie um Autonomie und Fremdbestimmung im globalen geopolitischen Zusammenhang. Jeweils zwei Beiträge pro Themenbereich stellen die Situation in den Alpen dar, zwei weitere beschreiben die Lage entweder in den Anden, im Karakorum und im Kaukasus oder im Himalaja, in Ostafrika oder Neuseeland.

 **Haupt Verlag** Bern · Stuttgart · Wien
verlag@haupt.ch · www.haupt.ch

Werlen, Benno

Sozialgeographie

Eine Einführung

Benno Werlen
Sozialgeographie
2. Auflage

Haupt UTB

UTB 1911
2., überarb. Aufl. 2004. 401 Seiten, 31 Abbildungen, kartoniert
€ 19.90 / CHF 34.90
ISBN 3-8252-1911-9 (UTB)

Was bisher als ein Problem der Theoriebildung in der Sozialgeographie diskutiert wurde, die Klärung des Verhältnisses von «Gesellschaft» und «Raum», wird im letzten Jahrzehnt des 20. Jahrhunderts als sozialphilosophisches und gesellschaftspolitisches Problemfeld manifest. Damit gewinnt die Sozialgeographie eine besondere politische und gesellschaftstheoretische Relevanz. Gleichzeitig hat der Begriff «Landschaft» in den ökologischen Auseinandersetzungen der letzten Jahre einen ungeahnten Aufschwung erlebt.
Diese Einführung bietet einen Einstieg in den aktuellen Stand der Wissenschaft.

«Das Buch bietet einen ausgezeichneten Zugang zu den theoretischen Grundfragen einer sozialwissenschaftlichen Humangeographie, zur Disziplingeschichte der Sozialgeographie und nicht zuletzt zu dem gewichtigen Ansatz, den Benno Werlen selbst in den letzten 15 Jahren beigesteuert hat.»
(Hans Heinrich Blotevogel, Geographische Rundschau, 7-8/2001)

«Ein faszinierendes Netzwerk von Einsichten, Verknüpfungen und Abhängigkeiten unterschiedlicher wissenschaftlicher Denkansätze und Fragestellungen, wobei die Klarheit der Argumentation ein stets angenehmer Begleiter auf dem Weg durch die vielfältige Perspektivenlandschaft sozialgeographischer Orientierungen bleibt. (. . .) Alles in allem ist Benno Werlen mit diesem Buch ein großer Wurf gelungen (. . .) Wäre da abschließend noch etwas über dieses Buch zu sagen? Ja, vielleicht eines noch: Ich wollte, ich hätte es geschrieben!» (Christian Vielhaber, Universität Wien)

⋮ Haupt **Haupt Verlag** Bern · Stuttgart · Wien
verlag@haupt.ch · www.haupt.ch